재해보도와 미디어

국립중앙도서관 출판시도서목록(CIP)

재해보도와 미디어 /
히라츠카 치히로 지음; 김경환 옮김.
 -- 서울: 논형, 2012
    p. ;   cm. - (논형학술 ; 72)

원표제: 災害情報と メディア
원저자명: 平塚千尋
일본어 원작을 한국어로 번역
ISBN 978-89-6357-137-9 94300 : ₩20000

재해[災害], 매체[媒體], 언론[言論]

070.42-KDC5
070.43-DDC21   CIP201200564

재해보도와 미디어

히라츠카 치히로 지음 / 김경환 옮김

SAIGAI JOUHOU TO MEDIA
by Chihiro Hiratsuka 平塚千尋
Copyright ⓒ 2000 by Chihiro Hiratsuka
Original Japanese edition published by Publishers Liberta Co., Ltd.
Korean translation rights arranged with Publishers Liberta Co., Ltd. through Tony International.
Korean translation copyright ⓒ 2012 by Nonhyung Publishing Co.

이 책의 한국어판 저작권은 저작권자와 독점 계약한 논형출판사에 있습니다.
저작권법에 의해 한국 내에서 보호를 받는 저작물이므로 무단 전재와 복제를 금합니다.

재해보도와 미디어

지은이 히라츠카 치히로
옮긴이 김경환

초판 1쇄 인쇄 2012년 10월 10일
초판 1쇄 발행 2012년 10월 20일

펴낸곳 논형
펴낸이 소재두
등록번호 제2003-000019호
등록일자 2003년 3월 5일
주소 서울시 관악구 성현동 7-77 한립토이프라자 6층
전화 02-887-3561
팩스 02-887-6690
ISBN 978-89-6357-137-9 94300

값 20,000원

이 책은 MBC재단 방송문화진흥회의 지원을 받아 출간되었습니다.

한국독자께 드리는 글

 "재해는 항상 새로운 얼굴을 하고 나타난다"고 말한다. 재해는 지형이나 지반, 지질(地質), 기상 등 자연환경뿐만 아니라 국가나 지역의 문화, 사회, 역사를 반영하면서 약한 부분만을 골라서 공격하는 형태로 나타나기 때문이다. 당연한 일이지만 재해는 한국과 일본에서 다른 양상을 보인다. 한국에서는 재해라고 하면 주로 풍수해가 일반적이고 지진이나 쓰나미, 화산재해는 거의 없는 반면 이를 전달하는 재해정보의 형태, 기본 구조는 일본과 크게 다르지 않다. 본서에서는 일본에서 발생한 재해 사례를 중심으로 다루고 있으나 재해정보의 구조, 미디어의 역사적 발달을 고려한 분석·검증은 디지털미디어의 전개와 보급이 활발한 한국에서도 공통된 부분이 많을 것이다.
 재해는 이제 국경을 넘어 인접 국가는 물론 지구 전체적인 규모로 영향을 미친다. 2004년 수마트라 섬 연안 지진의 쓰나미는 인도양을 건너 인도나 아프리카 대륙, 마다가스카르를 덮쳤다. 2011년 일본의 동일본 대지진 때는 쓰나미가 태평양을 넘어 미국 서해안에까지 도달했다. 동해 중부 지진이나 홋카이도 남서연안 지진은 쓰나미가 동해를 넘어 한국 연안에까지 피해를 미쳤다.
 화산의 대분화도 세계 기상에 영향을 미칠 뿐만 아니라 국경을 넘어 직접적인 피해를 초래한다. 최근에는 2010년 아이슬란드 화산 분화로 유럽 공항이 폐쇄되면서 일본을 포함하여 세계 항공 운송에 거대한 피해를 끼쳤다. 과거에는 일본 화산에서도 거대 분화가 일어났고, 한국에서도 약 천 년 전에 백두산에서 대분화가 일어나면서 화산재가 일본 동북부지역까지 날아왔다.

자연재해뿐만이 아니다. 인재도 국경을 초월해 피해를 준다. 동일본 대지진의 원자력발전소 방사능 재해는 실로 지구 전체적인 규모의 오염을 확산시켰다.

재해정보도 더 빠르고 간단하게 국경을 넘어 글로벌하게 흘러다닌다. 체르노빌 원자력발전소 사고는 당시 패닉이나 기밀 누설의 염려 때문에 소련 정부 당국이 사고를 숨겼지만 방사능 오염의 이상을 알아차린 스웨덴 정부의 통보로 세상에 알려졌다. 인터넷 시대인 지금은 더욱 말할 필요도 없다. 동일본 대지진의 원자력발전소 방사능 오염 사고도 마찬가지다. 각국은 정보를 얻어 자국민의 귀국, 서일본으로의 이동 또는 농산물수입규제 등 독자적인 판단으로 대응과 행동을 취했다. 일본 행정 당국이나 도쿄전력이 정보를 은폐하는 가운데 일본인 중에서도 꽤 많은 사람이 원자력발전소 폭발의 진행예측, 오염예측정보 등을 국내외 인터넷을 통해 얻었다.

올바른 정보만 흘러 다니면 좋겠지만, 재해에 항상 따라다니는 유언비어나 소문도 쉽게 전달된다. 4장에서 다룬 미나미간토(南關東) 지진 예측이 있었던 2003년에는 5월에 미야기(宮城)현 연안, 7월에 미야기현 북부, 9월에 도카치(十勝) 연안에서 똑같이 26일에 큰 지진이 발생했고 11월 26일에 다음 대지진이 일어날 것이라는 유언비어가 퍼졌다. 예지예측에 익숙한 일본에서는 큰 혼란으로 이어지지는 않았으나 인접국가 유학생, 특히 중국 유학생이나 일본 거주 외국인 사이에서는 소문이 크게 퍼져 혼란이 일어났다. 본국의 부모로부터 연락을 받아 귀국한 학생도 꽤 있었다고 한다. 정보뿐만 아니라 유언비어도 인터넷을 통해 글로벌하게 흐르는 시대가 된 것이다.

언어나 생활습관, 문화 차이에서 오는 오해나 질곡도 재해정보가 잘못 또는 과장되게 전해지는 이유 중 하나이다. 고베 대지진 때 일본어를 잘 이해하지 못한 베트남 난민이 자위대의 출동을 보고 쿠데타가 일어난 것으로 착각한 일이 있었고, 관동 대지진 때는 우물에 독을 집어넣었다는 소문이 퍼져 많은 한국인이 목숨을 잃었다. 고정관념이나 차별, 편견이 재해정보에 선입견을 불어넣어 잘못 전달되었던 것이다.

재해는 비일상적인 것으로 언어나 문화의 장벽을 뛰어넘어 정확한 정보 발신 및 유통이 필수적이다. 국제화와 다문화 시대에 재해정보의 적절한 표현·발신·유통·수용의 리터러시(literacy)가 점점 더 중요해지고 있다. 더욱이 재해정보는 불명확한 정보가 많고 편견에 빠지기 쉬우므로 보다 정확한 지식을 고정관념이나 선입견 없이 적절하게 전달하고 수용하는 리터러시가 반드시 필요하다. 이러한 의미에서 부디 본서가 적절한 참고서가 되기를 바란다.

마지막으로 본서를 한국어로 번역해준 김경환 교수와 어려운 출판 사정 속에서도 본서를 한국에 소개하는 논형 출판사에 감사의 마음을 전한다.

2012년 9월 30일
히라츠카 치히로(平塚 千尋)

서문

2011년 3월 11일 발생한 동일본 대지진은 지진·쓰나미 희생자 약 2만 명, 동일본 전역에 영향을 미친 원자력 발전소 방사능 오염, 수도권의 대규모 액상화, 귀가 곤란자 515만 명 등 여러 방면에서 대규모 복합재해를 초래했다.

매그니튜드9.0(M9.0)의 지진이 일으킨 거대 쓰나미는 동북지방의 치바(千葉)·보소(房總)와 일본열도의 태평양 연안을 덮쳤다. 2004년 약 28만 명이란 전대미문의 희생자를 낸 수마트라 섬 연안 지진과 같이 TV에서만 보던 먼 나라의 충격적인 광경이 바로 눈앞에서 펼쳐진 것이다. 쓰나미가 몰려오는 동영상은 TV뿐만이 아니라 인터넷의 유튜브 등을 통해서도 세계 어디서나 볼 수 있었다.

16년 전 고베 대지진 때는 스틸 사진 몇 장만이 인터넷을 떠돌았고 사망자 명부가 해외로 유출된 것이 화제가 될 정도였지만 이번 사태는 국내에서 애서 감추고자 했던 방사능 오염 실태가 인터넷을 통해 국내보다 먼저 해외에 알려졌다.

고베 대지진 직후 NHK는 교육채널과 FM 라디오를 통해 약 320시간 동안 안부확인정보를 내보냈지만, 방송할 수 있었던 것은 5만4천 건 가운데 3만여 건에 지나지 않았다. 반면 동일본 대지진은 NTT의 재해용 음성메시지나 이동통신사의 재해용 음성메시지를 통해 1,000만 건이 넘는 정보가 전달됐다. 매스미디어와 지자체에서 제공된 구글의 퍼슨파인더에도 60만 건이 넘는 정보가 실렸다. 안부확인정보나 피난정보가 매우 대규모이면서도 간단하게 전달된 것이다.

고베 대지진 때는 무허가로 시작한 커뮤니티 FM 방송국이 외국인을 위한 다중언어로 재해정보를 방송했지만, 동일본 대지진 때는 인터넷을 통해 빠르게 번역된 재해정보가 각 지역의 커뮤니티 FM, 임시재해 FM 방송국에서 신속하게 전파를 탔다. 고베 대지진을 계기로 만들어진 '눈으로 듣는 텔레비전' 방송국도 청각장애인을 위한 독자적 프로그램을 방송하기도 했다.

이러한 사례들은 멀티미디어 시대의 초입에서 일어난 고베 대지진이 지금까지 계속되는 재해정보의 원점이었다는 것을 분명히 보여주고 있다.

재해정보를 둘러싼 미디어 환경은 16년 동안 큰 변화를 겪었다. 이 책의 초판이 발행된 2000년은 인터넷이나 휴대폰 i모드가 급속히 보급되던 시기였고, 제2판이 나온 2005년에는 인터넷의 초고속화로 블로그가 빠르게 확산하였다. 그리고 2011년, 동일본 대지진은 스마트폰의 보급으로 방송·신문과 함께 인터넷 미디어, 트위터가 큰 위치를 차지하는 실로 스마트 미디어 시대에 일어난 재해였다. 기존의 매스미디어 중심의 보도가 아닌 새로운 정보 유통의 출현은 재해정보를 둘러싼 미디어와 사회 사이에 큰 변화를 불러왔다.

정보는 미디어를 매개로 사람과 사회에 전달된다. 재해정보는 생명과 재산에 직결되는 매우 중요한 정보로 다종·다양한 대량의 정보가 신속히 전달돼야 한다. 정보의 취합 선택 및 편집, 발표 등은 이를 전달하는 미디어의 형태와 더불어 사회적으로 큰 영향력을 지닌다. 자연과학뿐만 아니라 사회과학적 측면도 중시되는데 원자력발전소 사고로 말미암은 방사능 재해 같은 인재는 한층 더 그러하다.

재해정보는 기상학, 지구과학 또는 방사능 의학 등 새로운 과학적 지식이 증가함에 따라 함께 변화했다. 미디어도 신문·방송·전화 중심 시대에서 인터넷, 모바일·디지털 방송 등 디지털 시대로 크게 변모했다. 사회 또한 과거의 역사나 체험이 전승되는 공동체 사회로부터 매스미디어가 거대한 영향력을 미치는 대중사회, 인터넷으로 연결되는 글로벌화·다원화·세분화된 사회로 변했다. 석유화학공업이나 원자력발전 등의 고도산업화, 고령화, 도시화 그리고 생활의 다양화가 새로운 재해형태와 재해정보에 대한 수요를 창출했다. 정보, 미디어, 사회가 각각 시대와 함께 크게 변화한 것이다.

재해정보는 정보론, 커뮤니케이션론을 논하는 데 있어 매우 구체적이고 전형적인 모델이다. 정보, 미디어, 사회가 각각 변수로 작용하는 동적 관계이자, 자연과학의 지식 상황, 미디어의 특성과 장단점, 커뮤니케이션의 가능성과 한계, 시대나 사회의 실상을 날카롭게 드러내기 때문이다.

고베 대지진은 자연봉사의 원년이었으나, 동일본 대지진은 일본사회의 모습과 사람들의 생활방식을 근본적으로 되묻고 살펴보는 계기이자 시대와 사회의 전환점이었다. 이 같은 상황을 고려하여 이번 신판에서는 2부를 제외하고 구성을 대폭 변경 및 수정하여 고베 대지진 이후의 많은 재해사례를 살펴보면서 디지털 미디어 시대의 재해정보 구도를 더욱 명확히 전망하고자 했다.

1부에서는 동일본 대지진, 니가타 현 주에츠(中越) 지진의 재해보도와 미디어 환경의 특성을 고려하면서 상징적 사례로서 우스잔(有珠)산 분화 재해 시의 화산류 보도에 중점을 맞추어 재해보도와 미디어 전체에 대한 문제점을 제기했다. 그리고 재해보도의 역사를 지구과학의 발달과 관측체제의 정비, 미디어 변화와 관련해서 살펴보고, 도카이(東海) 지진에서 비롯된 지진 예지 및 예측까지 다뤘다.

2부에서는 지진예지의 요동기인 1973년에 일어난 전국적 규모의 유언비어 소동에 중점을 두고 당시 마치 판도라 상자가 열린 것처럼 신문·텔레비전·잡지 등 매스미디어의 지진보도 홍수를 오일쇼크, 물자 부족이란 전환기의 시대상황과 연관시켜 분석했다.

  3부에서는 고베 대지진을 사례로 재해정보의 특징·구조·내용과 종류, 이를 전하는 각종 미디어의 특징을 분석·고찰한 후, 이후 동일본 대지진까지의 지진·화산 재해가 정보의 발신·전달이라는 측면에서 구체적으로 어떻게 각종 미디어에서 전개·기능했는가를 고찰했다.

  동일본 대지진의 방사능 오염 재해에서는 방사선량의 불확실성이 문제로서 부각되어 이후 오랫동안 논란이 지속됐다. 4부에서는 재해 시 사회적 혼란의 원인이 되기 쉬운 정보의 신빙성, 방사능 오염이나 지진예지·예측 등 재해정보 자체가 내포하는 정보의 불확실성에 중점을 두어 고찰하고 디지털 미디어 시대의 재해정보, 더욱 넓게는 고도정보사회가 안고 있는 과제를 고찰했다.

2012년 1월
히라츠카 치히로

차례

한국어판 서문   5
서문   8

1부 재해보도의 역사

  1. 항상 새로운 얼굴을 하고 나타나는 재해
    1) 지진·쓰나미와 방사능 오염의 복합재해— 동일본 대지진   19
    2) 지역미디어의 정착— 니가타현 주에츠 지진   22

  2. 봉인된 '화산류' 보도— 우스잔산 분화
    1) 최대 관심사였던 '화산류'   25
    2) 보도가 불러일으킨 열운 소동   27
    3) 간발의 차이로 모면한 화산류   33

  3. 재해정보에서 방재정보로
    1) 전승에서 가와라판으로   39
    2) 기상예보와 미디어   41
    3) 긴급경보방송과 쓰나미 경보   46
    4) 지진예지·터부에서 적극 보도로   51

2부 매스미디어 보도가 초래한 지진 쓰나미 유언비어 소동

머리말　63

1. 대지진·거대 쓰나미 발생
   1) 매스미디어가 유포한 유언비어　64
   2) 쓰나미 상습지대　69
   3) 난기 연안 각지의 유언비어 소동　75

2. 격변하는 매스미디어의 지진보도
   1) 판도라 상자의 개봉　86
   2) 홍수처럼 밀려든 지진정보　89
   3) 확립되지 못한 보도체계　94

3. 난기의 매스미디어 보도
   1) 9월말에 발생한 연속 지진　98
   2) 충격적으로 보도된 지진 보고서　99
   3) 지진학회의 엔슈나다 지진 예측　101
   4) 와카야마의 연속지진　104
   5) 소문을 부추긴 유언비어 소동 뉴스　106

4. 보도의 문제점과 시대 배경
   1) 지진보도의 공통적 문제점　113
   2) 미래가 불안한 시대　118

3부 디지털 미디어 시대의 재해정보

머리말　125

1. 고베 대지진의 정보 및 미디어
　1) 멀티미디어 시대 초입의 대재해　126
　2) 정보행동과 미디어 이용　128

2. 재해보도와 미디어 특성
　1) 재해정보의 구조와 시계열적 변화　132
　2) 재해보도와 미디어 특성　137

3. 방송미디어의 전개와 재해정보
　1) 커뮤니티FM, 임시재해FM　143
　2) 재해정보의 약자와 미디어　146
　3) 케이블TV　148
　4) 문자방송에서 데이터 방송으로　152

4. 인터넷 미디어의 전개와 재해정보
　1) PC통신의 가능성과 한계— 고베 대지진　153
　2) 매스 미디어가 된 인터넷— 우스잔산 분화　156
　3) 인터넷 저널리즘의 등장— 미야케지마섬 분화　162

5. 소셜 미디어 시대— 동일본 대지진
　1) 최대 약점·전원상실　168
　2) 미디어·정보원의 활용　170
　3) 인터넷의 재해정보　177
　4) 소셜 미디어 이용　180

4부 디지털 시대의 과제— 정보의 신빙성과 모호성

머리말   187

1. 재해정보의 신빙성
    1) 다시 그려진 미디어 지도   188
    2) 재해정보의 생산·발신   192
    3) 인터넷의 편집   197

2. 지진예지·예측 정보의 불확실성
    1) 도카이 지진예지의 불확실 정보   202
    2) 과거의 지진예지 불확실성 정보   210

3. 방사능 오염 재해의 불확실 정보
    1) 안전·안심 편중의 매스미디어 보도   219
    2) 방사선 피폭 허용량의 불확실성   227

4. 불확실 정보를 전제로 한 사회
    1) 정상화 편견 및 공포행동화 편견   231
    2) 불확실 정보, 미나미간토 지진예측   233
    3) 불확실 정보를 전제로 한 사회   237

    마치는 글   242
    참고문헌   246
    역자후기   249
    색   인   252

일러두기

1. 일본어의 한글 표기는 한글맞춤법의 외래어 표기법에 따랐다.
2. 모든 한자는 현재 한국에서 사용하는 한자체(이른바 정자)를 따르는 것을 원칙으로 했으나 일부 지명의 경우는 일본식 한자로도 표기했다.
3. 일본의 행정구역 단위인 정(町)은 경우에 따라 일본식 표기인 초로 표기했다.
   예) 다이키(大紀)초
4. 연도 표기의 경우 일본 연호는 꼭 필요한 경우를 제외하고는 모두 서기로 바꾸었다.
5. 본문의 이해를 돕기 위해 필요한 경우 해당 페이지에 역자주를 달았다.
6. 일부 용어는 현재 한국에서 사용하는 표현으로 바꾸었다. 예) 관동대지진

1부
재해보도의 역사

산기슭에서 화산분화로 연기가 피어오르는 우스잔산
(2000. 3. 31. 도우야코초[町] 제공)

1. 항상 새로운 얼굴을 하고 나타나는 재해

1) 지진·쓰나미와 방사능 오염의 복합재해— 동일본 대지진

'재해는 항상 새로운 얼굴을 하고 나타난다'라는 말이 있다. 재해의 발생·추이의 형태, 피해지의 지형이나 사회·풍토·산업, 미디어의 상황이나 시기와 시대를 반영하여 항상 개별적이고 독특한 면모를 보이기 때문이다. 2011년 3월 11일 발생한 도호쿠(東北)지방의 태평양 연안 지진에 의한 동일본 대지진도 예외는 아니다. 동일본 대지진은 세 가지의 얼굴을 갖고 동시 진행된 복합재해였다. 첫 번째는 지진·쓰나미 재해, 두 번째는 후쿠시마(福島) 제1원자력발전소 사고에 의한 인재 및 방사능 오염 재해 그리고 세 번째는 진원지에서 떨어져 있는 수도권에서 발생한 액상화 재해와 귀가 곤란재해다.

관측사상 최대규모인 매그니튜드 9.0(이하 M9.0)의 지진, 길었던 지진의 주기와 장기간의 진동은 수도권의 연약지반 위 개발지나 매립지에 대규모 액상화 현상을 불러 일으켰다. 전기·가스·수도 등 라이프라인은 피해를 입지 않았지만 교통기관의 마비에 의해 수도권 전체에서 515만 명(내각부 추정)의 귀가난민을 발생시켜 우려되어왔던 수도권 직하형 지진에서의 대혼란을 방불케 했다.

거대 쓰나미는 전국 제1의 어업·수산가공지로서 고령화가 진행된 산리쿠(三陸) 해안지역이나 센다이(仙台)평야, 원자력발전소가 있는 후쿠시마 해안을 덮쳐 2만 명에 가까운 사망자·행방불명자를 발생시켰다. 고베 대지진의 희생자 6,400명의 80% 이상이 주택붕괴에 의한 압사로, 부상자도 4만 3,800명에 달했던 것에 비해, 동일본 대지진의 희생자는 90% 이상이 쓰나미에 의한 익사이고 부상자는 6,000명으로 고베 대지진보다 훨씬 적었다.

당시의 인구 규모를 고려하면 메이지(明治)시대의 산리쿠 쓰나미의 희생자 2만 2,000명에 비해 희생자는 적었다고 생각할 수도 있겠지만, 신속하고 적절하게 피난했으면 희생자수는 훨씬 줄일 수 있었을 것이다. 정보발령과 전달체계가 정비된 환경하에서 지진발생으로부터 쓰나미가 급습하기까지 30분 전후의 시간적 여유가 있었음에도 이 정도의 희생자가 발생한 것은 단지 상상을 초월한 대지진과 쓰나미 때문이었다는 핑계만으로는 의문이 해소되지 않는다. 다각적이고 철저한 분석과 해석이 필요한 대목이다.

장기간의 정전과 전원상실에 의해 방송, 통신 특히 고정전화나 휴대전화가 통신 불능이 되면서 복구까지 거의 한 달 반이나 걸렸다. 때문에 재해정보의 필요성이 높았던 지진발생 상태에 대한 정보가 전해지지 않고 지진 피해지에서는 정보공백의 기간이 길어졌다. 또한 제조업 분야의 공급망 붕괴, 피난소 생활이나 복구 부흥의 장기화라는 이제까지는 볼 수 없었던 양상이 나타났다.

한편, 원자력발전소 사고에 의한 방사능피해는 1999년 도카이무라(東海村)의 JCO 임계사고와는 비교가 되지 않는 대규모였다. 도쿄전력, 정부, 매스 미디어 그리고 피해 지역 시민 모두가 이제까지는 경험해보지 못한 것이었다. 더욱이 방사능재해는 지진이나 쓰나미와 같이 일회성의 재해와는 다르게 수 십 년이란 장기간에 걸쳐 지속되는 재해이고 토양·해양오염, 식수오염, 농수산물·축산물 피해 등을 합하면 도호쿠(東北)에서 간토(關東), 중부지방까지 포함한 거대한 지역과 직간접의 수천만 명의 피해자 등 이제까지는 없었던 대규모 재해다. 방사능 재해는 국내 문제에만 머무르지 않는다. 국경을 넘어 지구 규모로 영향이 미치는 실로 이제까지 유형을 보지 못했던 새로운 재해의 모습이다.

이와 같이 동일본 대지진은 세 가지 각기 다른 얼굴을 가진 재해이고 실제 정보의 유통형태와 미디어의 이용도 각각의 피해 지역마다 다르다.

1995년 고베 대지진은 멀티미디어 시대, 인터넷 사회의 초입에서 발생한 재해다. 2000년 우스잔산이나 미야케지마의 화산분화 재해 때는 인터넷이 아직 메일 리스트나 게시판 중심으로 활성화된 정도였고, 휴대전화에서도 i모드 서비스가 시작된지 채 1년이 되지 않은 시기였다. 그러나 동일본 대지진 때는 스마트폰이 보급되기 시작했고 완전히 인터넷 중심의 디지털미디어 시대로 접어든 시점이었다. 텔레비전·신문의 주류 미디어와 대안적 미디어인 잡지·주간지, 인터넷 상 트위터나 페이스북, SNS 등 소셜 미디어가 공존하는 환경이고 인터넷 상에서도 저널리즘 공간이 형성됐다. 다종·다양한 방대한 양의 재해정보는 중층적·복합적인 미디어믹스 상황에서 자유자재로 이들 미디어 사이를 흘러 다니는 한편, 국내에서는 은폐하고자 했던 정보가 매우 간단히 국경을 넘어 역류하는 시대로 변모했다.

원자력발전소 사고와 방사능재해를 둘러싸고 전문가나 관계자, 시민운동가, 일반시민들로부터 인터넷에 다양한 분석·해석이나 견해·제언이 올라왔다. 도쿄전력, 정부, 원자력위원회, 원자력안전·보안원의 발표를 중심으로 보도하는 텔레비전이나 신문의 거대 매스미디어와 인터넷이나 잡지 등의 비주류 미디어가 전하는 정보, 평가는 크게 달랐고 결과적으로는 후자가 전하는 정보가 정확했고 여론을 주도해갔다.

방사능의 위험성, 건강에의 영향, 허용피폭량에 대해서는 과학 분야에서도 반드시 정해진 정설은 없다. 더욱이 피폭량과 건강에의 영향에 관한 평가는 영향이 있다는 의견과 전혀 없다는 의견으로 나뉘어 어디에서 선을 그어 기준량을 정할 것인가도 큰 논쟁거리다. 피폭선량은 실로 불확실성 정보 그 자체였고, 매스미디어 뿐만아니라 인터넷에서도 제각각이었기 때문에 시민한 사람 한 사람에게 방사능 오염재해의 문제에 대한 판단을 요구했다.

소위 매스미디어, 즉 언론사가 재해정보를 재해보도의 형태로 전달했던 시대로부터 재해정보가 다양한 미디어를 통해 복합적이고 쌍방향으로 전달되는 시대로 접어들었다. 이제까지는 텔레비전이나 신문이 사회의 상황을 판단하고 취사선택, 정리, 가치평가하고 게다가 정보를 받는 사람의 얼굴을 보면서 정보를 보냈던 시대에서 정보를 받는 시민이 넘치는 정보 중에서 스스로 취사선택하고 때로는 정보발신에 참여하면서 가치판단하고 행동하는 시대다.

2) 지역미디어의 정착― 니가타현 주에츠 지진

2004년 10월 23일에 일어난 니가타 주에츠 지진(M 6.8)은 예기치 않은 장소에서 일어난 직하형 지진으로 이제까지 없었던 특징적 면모를 보였다.

본진·여진형의 지진이라고는 하나 산발 지진에 가까운 형태로 여진이 매우 많고 규모도 컸다. 이 때문에 피해가 증가하여 사망자 67명, 부상자 4,805명, 가옥 전파 3,175동, 가옥 반파가 1만 3,794동에 달했다. 계속되는 여진을 우려해서 피난소보다도 자동차 안으로 피난해서 라디오를 듣는 사람이 많았다. 지진발생은 10월 말로 겨울의 폭설기까지 피해는 계속됐다.

피해지는 산사태와 폭설지대였다. 더욱이 과소(過疎)한 산간지역이었고, 특히 중년자·고령자가 많았다. 고령자·장애인, 정보 취약자에 대한 정보나 자동차 피난자의 이코노미 증후군 등 건강관리 정보가 매우 자세하게 퍼졌다. 글로벌화도 진행되어 지역에서의 외국어방송이 피해 초기부터 실시됐다.

고베 대지진으로부터 10년이 경과하여 기존의 매스 미디어와는 다른 새로운 미디어가 정착했다. 인터넷의 보급은 다양한 재해 피해자가 세분화되고 개별적인 구체적 정보 요구에 대응할 수 있게 만들었다. NPO, 자원봉사자의 역할도 컸다. 개인의 안부확인 정보는 재해전언(음성메시지)다이얼 171이나 재해용 전언판 등을 활용한 모바일 인터넷에 의한 정보유통도 많았다. 한편 안부확인 전국방송이 '현금이체 사기'에 악용되고 재해 피해지와 재해 피해자를 사칭하거나 재해를 빙자한 범죄 행동이 초기부터 빈발했다. 이것도 새로운 현상이었다고 할 수 있다.

특히 주목해야 하는 것은 커뮤니티 FM, 케이블TV가 지역 미디어로서 보급·정착하여 큰 역할을 했다는 것이다.

케이블 텔레비전 '엔·씨·티(NCT)', 커뮤니티 FM의 'FM 나가오카'는 NHK, 니가타 방송과 함께 피해지인 나가오카(長岡)시의 지역 방재 계획에 편입되어 방재협정도 맺고, 중요 지역의 재해정보를 담당하는 기관으로 자리매김했다. 같은 해 여름 7·13 니가타 수해의 교훈도 있었고, NHK와 니가타방송국과의 재빠른 초동대응으로 24시간 체제의 방송을 실시하여 철저한 지역 내의 재해정보를 재해 피해자의 시선에 맞춰 방송했다. 방송내용은 재해대책본부의 정보에서 지역 개인의 안부확인 정보나 호출정보, 영업하고 있는 슈퍼마켓이나 주유소, 대중목욕탕, 미용실 등 지역에 밀착한 생활 정보까지 매우 자세했다. 독자취재나 지자체로부터의 정보 외에 지역주민으로부터의 정보제공도 많았다.

커뮤니티 FM과 케이블TV는 NHK와 니가타방송국과 타 커뮤니티 FM방송국이나 계열국, 인근 또는 전국적 케이블TV의 조직적 응원하에 피해방송을 계속했다. 이는 이제까지 없었던 현상으로 케이블TV, 커뮤니티FM이 지역 정보 미디어로 정착했고, 지역정보에 관해서는 매스미디어 이상으로 중요한 재해정보를 담당했다.

'FM나가오카'는 정전과 심한 여진 때문에 자동차 안에서 주로 청취했다. 주에츠 지진발생 4일 후에는 고베 대지진에서 제도가 시작된 임시재해 FM방송국이 허가를 얻어 출력을 높여 방송 범위를 북쪽의 재해지 전역으로 넓혔다. 기존시설·기자재나 인력을 이용할 수 있고 빠르게 방송을 시작할 수 있다는 점에서 이후 이 방식이 선호되고 있다.

11월 1일부터는 영어, 중국어, 타가로그어(필리핀어)와 외국인도 이해하기 쉽도록 '느린 일본어'의 4개 국어에 의한 외국인 대상 방송도 정식으로 시작했다. 나가오카 국제교류센터가 코디네이터 역할을 맡아 전국 교류센터나 고베 대지진 때 탄생한 'FM 와이와이'의 협력 하에 인터넷에도 번역전송을 실시했다.

지역의 안부나 생활, 행정정보를 전달하면서 방송 중에 눈이 잘 보이지 않는 사람, 귀가 잘 들리지 않는 노인에게 방송 내용을 전해 주도록 계속적으로 반복하여 호소하고 전국 FM방송국에서 모은 전광게시판・파파라비전[1]을 피난소에 설치하여 보이는 라디오에 의한 방송도 실시했다. 조용하게 지역 재해정보가 문자만으로 계속 반복하여 방송되었기 때문에 매우 효과적이었다.

케이블 텔레비전 '엔・씨・티'의 재해방송에서 주목할 부분은 매일 열린 나가오카시 재해대책본부 회의를 전부 생중계했다는 것과 의외로 동네를 자동차로 천천히 이동하면서 풍경을 찍은 녹화 중계 방송프로그램이었다.

재해대책본부회의 생중계는 최신 재해대책과 관련된 논의 및 결정 정보를 그대로 시민들에게 전하는 것으로 기자회견에 가까웠다. 거리 녹화중계 방송프로그램은 관계없는 사람에게는 지루하고 재미없는 프로그램이었으나 재해피해지의 주민에게 있어서는 친척이나 친구가 있는 거리, 연고지이지만 갈 수는 없는 곳의 상황을 피해가 있는지 없는지를 포함하여 확인할 수 있다는 점에서 매우 중요한 정보였다. 우스잔산 화산 분화 시 자위대의 공중 촬영 영상이 피난주민에게 환영받은 것과 같은 맥락이다.

이러한 방송은 전국의 케이블TV나 방송국 OB 자원봉사자의 참여, 테이프 및 편집기 등 기자재의 지원 하에서 지속됐다. 케이블TV 사업자의 인식과 태세도 고베 대지진 때와는 전혀 달랐다. 완전한 재해정보 대응 태세가 조직 및 제도적으로는 물론 내용적으로도 정착했다.

---

1) 대형전광판이 부착된 FM다중수신기.

니가타현 주에츠 지진 때는 블로그를 포함하여 인터넷이 필수적인 재해정보 미디어로 자리잡았다. 케이블TV나 FM방송국의 지원 연락은 인터넷이나 메일링 리스트가 이용됐다. 인터넷은 중환자, 장애인 등의 대상을 구분하여 세분화가 이뤄진 개별·특수한 집단·조직이나 사람들 사이에서는 특히 편리하면서도 없어서는 안 될 정보미디어였다. 세세한 개별·구체적 정보를 넓은 지역에 전달하고, NPO나 자원봉사자, 관계자의 정보연락에도 도움이 됐다.

그러나 인터넷이 재해정보 미디어로서 획기적 역할을 담당하며 새로운 시대를 연 것은 그보다 4년 전인 2000년 우스잔산과 미야케지마의 2회에 걸친 화산분화때부터였다. 2000년 우스잔산 분화 때는 분화 현상 중에서도 가장 위험한 화산류 발생이 우려됐다. 인터넷에서도 이러한 소문이 빈번하게 나돌았다. 하지만 1977~8년 매스미디어 전성시대에 발생했던 우스잔산 분화 때는 '화산류'란 말 자체의 보도가 완전히 봉쇄됐다. 그 과정이 어떠했는지 2000년 3월 시작된 우스잔산 분화와 약 20년 전 분화 당시의 보도를 서로 비교하며 설명하기로 한다.

2. 봉인된 '화산류' 보도 — 우스잔산 분화

1) 최대관심사였던 화산류[2]

2000년 3월 31일 오후 1시 10분, 홋카이도(北海道)의 우스잔산이 22년 만에 분화를 일으켰다. 전조인 화산성 지진이 3일 전부터 시작되면서 관측을 맡고 있던 홋카이도대학의 오카다 히로시(岡田弘) 교수와 기상청과 화산분화 예

---

[2] 화산에서 분출하여 흘러내리는 가스와 암석으로 이루어진 유동체로 구름 모양의 상태를 이루며, 밀도가 높고 이동 속도가 빨라 큰 파괴력이 있다.

지연락회가 화산 폭발 가능성을 지적했고, 주민이 피난한 가운데의 분화였다.

화산 폭발이 이렇게 정확하게 예지된 사례는 거의 없었다. 더욱이 신문이나 TV는 화산 폭발이 시작되기 이전부터 가장 위험한 '화산류'의 발생가능성에 관해 보도하고 있었다. 그리고 화산 폭발 당일 석간 일면 머리기사에 '화산류 확인'이란 커다란 제목으로 보도까지 한 전국일간지도 있었다. 이는 지레짐작한 것으로 사실이 아니었다. 지자체와 주민도 이러한 기사에 특별히 충격을 받지 않고 패닉 상황도 발생하지 않았다. 우스잔산 기슭 주변지역을 대상으로 해저드맵(재해예측지도)을 각 가정에 배포했고, 도우야코(洞爺湖) 온천지에는 호텔 로비나 식당 벽에 부착해서 화산류가 발생할 가능성을 미리 알렸다. 발빠르게 시작한 홋카이도신문의 우스잔산 분화 관련 홈페이지, 관련용어 코너에서도 '화산류'는 톱에 실렸다. '화산류'는 최대의 관심사이면서도 매우 평범하고 당연한 단어가 됐다.

그러나 지난 1977년 우스잔산 화산 폭발 때는 전혀 달랐다. '화산류'란 단어는 매스미디어 보도에서 거의 찾아 볼 수 없었다.

우스잔산은 원래 화산류를 일으키기 쉬운 특성을 갖고 있다. 이는 지금이나 그때나 다르지 않다. 그럼에도 불구하고 당시 보도에서는 토사류의 위험성에 대해서는 다루었지만, '화산류'란 단어는 신문, 잡지, 방송에 전혀라고 해도 좋을 정도로 나오지 않았다. 다만 같은 의미인 '열운'이란 말을 매우 조금 볼 수 있을 뿐이다. 그것도 한쪽 구석에 눈에 띄지 않도록 매우 조심스럽게….

열운·화산류의 한 종류라고 할 수 있는 화산서지(화쇄난류)[3]는 1978년 8월부터 산정상부의 분화와 더불어서 발생했다. 특히 9월 12~13일 심야의 분화는 매우 격렬했으나 화구원(火口原) 밖으로 튀어 나오지는 않았다. 외

---

3) 화쇄난류는 화산 폭발로 생긴 물질들이 가스 및 수증기와 뒤섞여 사막의 모래폭풍처럼 **빠르게** 지표면을 흘러가는 현상이다.

륜(外輪)산[4] 내에 머무는 정도였다.

    연구자들은 그 가능성과 위험성을 걱정하면서도 매우 지나칠 정도로 신중하게 대처했고, 매스미디어에서도 다루지 않았다. 1977~78년의 우스잔산 폭발 때는 '열운'과 '화산류'는 분화의 현상에서 뿐만 아니라 보도의 세계에서도 봉인됐다. 따라서 그때는 일반 시민에게 정확하게 전달되지도 않았고 알려지지도 않았다.

    그로부터 약 10년 후인 1991년, '열운'은 갑자기 '화산류'란 이름으로 충격적으로 우리 앞에 모습을 드러냈다. 보도관계자들을 중심으로 44명의 희생자를 낸 운젠후겐다케(雲仙普賢岳) 폭발 때문이다. 하늘을 뒤덮고 화면 가득 다가오는 검은 가스 구름은 TV, 신문, 잡지에서 계속 반복 보도되며 피해와 함께 화산류의 공포가 사람들의 뇌리에 각인됐다. 화산류란 단어는 이때 갑자기 나타나 모든 미디어에 등장했고 빈도가 가장 많은 단어로 정착하여 1991년 유행어 대상 신조어 부문에서 금상에 뽑혔다(『현대용어의 기초지식』).

    이렇게 위험한 화산류가 왜 1977~78년의 우스잔산 분화 때에는 봉인되어 버렸던 것일까. 여기서 재해정보와 재해보도, 자연과학과 이를 전하는 언론과 사회과학 사이의 문제점을 전형적으로 볼 수 있다. 당시의 분화와 보도의 궤적을 거슬러가면서 좀 더 명확하게 밝혀보기로 한다.

2) 보도가 불러일으킨 열운 소동

도시를 전멸시킨 열운

    열운·화산류에 관해 간단히 설명하면, 화산류란 고온의 화산성 가스와 분체상(粉体狀)의 용암이 섞여 빠른 속도로 산의 경사면을 흘러 내려오는 분화 현상으로 규산이 많은 석영 안산암질로 이루어져 있고 점성이 높은 마그마를

---

[4] 겹화산에서 중앙의 분화구를 둥글게 둘러싸고 있는 산.

갖는 화산에서 발생하기 쉽다. 1902년 서인도 제도 멀티닉섬의 몬플레 분화에서는 열운이 산기슭의 마을 상피에르를 덮쳐 한순간에 폐허로 만들었다. 마을 사람의 전부인 약 28,000명이 사망했고 유일하게 살아난 사람은 지하 감옥에 수감된 25세의 사형수로 전신에 화상을 입었다. 몬플레 분화는 이후도 계속되어 3개월 후인 8월에는 다시 열운이 발생하여 2,000명의 희생자가 나왔다. 일련의 대참사로 열운·화산류가 화산학자에게 알려지기 시작했다.

우스잔산에서는 1769년(메이와[明和]5), 1822년(분세[文政]5) 그리고 1853년(카에[嘉永]6)에 3회 열운이 발생하여 분세(文政) 열운 때는 한 부락 전체가 전멸되는 큰 피해를 기록했다. 우스잔산도 점성이 높은 마그마로 이루어져 있어 연구자들 사이에서는 열운의 위험성이 높은 화산으로 알려져 있었다. 그리고 이때 쯤부터 연구자들 사이에서 보다 폭넓게 분화현상을 포함하는 의미로 열운을 대체하여 화산류란 단어가 정착했다.

분화는 8월 7일 오전 9시 12분, 산 정상부에서 발생했다. 전날 밤에 산기슭 소우베츠(壯瞥)초에서 화산성 지진의 진동 속에서 7만 명이 모여 불꽃놀이 축제가 열려 그 여운이 남아 있던 가운데의 분화였다. 화산 폭발의 연기는 일만 이천 미터 상공까지 치솟아 활발한 분화가 8~9일 계속됐다. 소우베츠초, 아부타(虻田, 현 도우야코[洞爺湖]초)초, 도우야무라(洞爺村), 다테(伊達)시의 주민들이 차례로 집을 떠나 피난길에 올랐다.

분화 다음 날인 8월 8일, 도쿄·기상청에서 열린 화산분화 예지연락회는 최초로 일치된 견해를 발표했다. 이때 이미 '화산활동(토사류나 화산류 등의 유출 포함)을 계속 반복하는 경향…'이라고 괄호를 치고 '화산류'란 단어를 사용했다. 그러나 일치된 견해가 나온 것은 이것이 처음이자 마지막으로 이후 '화산류'도 '열운'도 예지연락회의 일치된 견해나 기상청의 화산정보 어디에서도 거론되지 않았다.

신문은 최초의 견해인 화산류를 그대로 소개했다. 그러나 토사류의 위험성에 관해서는 설명 및 언급하고 있었지만 화산류에 관해서는 단어만 나올 뿐 설명도 없었고 강조도 하지 않았다. 아마도 그 의미를 이해하지 못했다고 생각된다.

보도가 초래한 열운 소동

그러나 곧 언론보도를 계기로 열운 소동이 발생한다. 당시 오카무라 마사키츠(岡村正吉)·아부타초(虻田町)장은 『분화의 인간 기록— 우스잔산으로부터 감사의 마음을 담아—』(아부타초 교육위원회 편집, 講談社, 1978) 속에 그 경위를 다음과 같이 썼다.

〈NHK 뉴스 해설에 의한 '열운' 공포증〉
8월 11일 오후 10시 NHK뉴스 해설이 방송된 뒤, 주민들은 '열운' 공포증에 휩싸이고 말았다. …'특히 두려운 것은 마그마가 지표에 쏟아져 내려와 1200~1300℃의 열운이 생겨 바람이 불어가는 쪽에 초속 30미터로 강하하면 600℃의 고온수증기가 온천가를 덮쳐 한순간에 폐허가 될 지도 모른다…'는 것이었다.
도쿄 스튜디오가 마치 외국의 화산활동처럼 설명하는 무신경함에 화가 났다. 그로부터 며칠 간은 '열운은 언제 오는가?', '열운은 반드시 오는 건가?', '열운이 오면 어떻게 해야 하는가?'라는 전화와 문의가 쇄도했다. 아무리 그래도 'NHK를 들으세요'라고는 못하고 응답에 고역을 치를 뿐이었다.

이 문장은 직·간접적으로 재해정보 관련 책에 자주 인용된다. 그리고 이 사건이 계기가 되어 '열운'이란 단어가 매스미디어로부터 자취를 감췄다. 봉인된 것이다. 그러나 살펴보면 열운 소동이 일어난 것은 실제로는 훨씬 나중 일로 배경도 보다 복잡하다.

매스미디어가 열운의 가능성에 주목하기 시작한 것은 오카무라 씨의 기술이 있었던 11일 경부터다. 11일 요미우리신문, 12일 아사히신문에 비교적 큰 제목으로 '열운'이란 단어를 사용하며 '위험한 화산', '과거에 페허로'란 내용의 기사를 실었다. 이때부터 열운 정보는 흘러나왔지만, 11일 NHK 뉴스 해설은 우스잔산 분화와는 전혀 관계가 없었다.

초기의 분화가 진정되자, 예지연락회나 기상청의 신중하고 경계적 입장과는 반대로 도우야코 온천의 관광협회를 중심으로 마을 주민 중에 "빨리 피난 해제를 원한다, 돌아가고 싶다, 한시라도 빨리 관광객을 다시 불러 모으고 싶다"는 분위기가 강해지기 시작했다. 그리고 당초 분화 활동이 거의 수습된 12일, 소형버스 4대로 강행에 가까운 1시간의 일시귀가가 이뤄졌다.

관광협회, 관광으로 생활을 꾸리는 지역 주민, 재정을 관광수입에 의존하고 있는 지자체, 지역은 이를 계기로 일거에 피난해제로 움직였다. 일시귀가는 1시간에서 3시간으로 늘었다. 비록 200대에 한정되어 있었으나 자가용을 이용한 일시귀가도 허용됐다. 최대의 관광특수기를 놓쳐서 빨리 관광객을 불러 모으고 싶고, 생활이나 지역의 흥망성쇠가 걸려 있어 주민들의 초조함은 더해갔다.

그러던 중 현지에 설치된 분화 예지연락회 우스잔산 종합관측반은 20일 오전 회합 후 3번째의 일치된 견해를 낸다. '…지형변화와 17일 이후 약간 강한 지진이 관측된 것을 고려하면 점성이 높은 마그마가 비교적 얕은 곳까지 상승하고 있다고 판단된다. …이후의 마그마의 활동에 대해 충분하게 경계할 필요가 있다'라고 경계를 호소하는 내용이었다. 지역 주민의 입장에서는 화산분화의 휴지부터 이미 1주일이나 경과했다고 생각할 수 있지만 연구자 입장에서는 분화 개시로부터 아직 2주일도 지나지 않았고 마그마 상승의 움직임도 있으므로 분화활동은 이제 막 시작된 것에 지나지 않았다.

20일의 일치 견해를 매스미디어는 비교적 크게 다루었다. 아사히신문은 같은 날 석간 일면 톱기사로 '우스잔산 바깥둘레 내 융기 조짐, 폭발 위험성

있음, 마그마 상승·예지연락회가 일치된 견해'의 제목, 또한 같은 날 요미우리신문과 홋카이도신문도 석간에서 열운의 가능성에 관해서 언급했다.

NHK가 열운에 관해 방송한 것은 이때였다. 일치된 견해를 낸 20일 토요일 밤 7시부터 우스잔산 분화의 특별 프로그램을 만들어 도쿄 스튜디오와 피난소인 아부타초 체육관을 연결하여 중계방송했다. 이 프로그램 속에서 당시 과학부 디렉터였던 지구과학전문 이토 카즈아키(伊藤和明)가 열운의 가능성과 위험성을 몸플레 분화 사례를 들어가며 설명하고 아부타초를 현장중계로 연결했다. 이야기를 이어가며 아나운서가 피난소의 아부타초 체육관에 있던 요코야마 이즈미(横山 泉)·홋카이도대학교수에게 열운의 가능성에 관해 물었다. 직접적인 질문에 요코야마 교수는 대답을 못하고 한동안 말을 잇지 못했다고 한다. 피난민들이 가만히 보고 있는 가운데 이러한 열운 방송은 적지 않은 반향을 불러 일으켰다.

더욱이 다음 날 21일 홋카이도신문도 일요판에서 2페이지의 '분노한 우스잔산'을 특집으로 다루면서 열운에 관해 크게 보도했다.

피난해제에의 움직임

열운·화산류에 관한 매스미디어 보도가 상승효과를 불러와 주민들에게 동요를 일으켰다는 것은 상상이 간다. 더욱이 피난해제를 위해 지역이 크게 술렁이고 있던 때이니 만큼 예지연락회의 일치된 견해를 지지했던 매스미디어 보도는 주민 사이에 동요를 일으켰을 뿐만 아니라 지역의 의견과 흐름에 찬물을 끼얹은 것이었다. 지자체와 업계가 피난해제로 방향을 잡고 크게 움직이기 시작했던 때이니만큼 열운 보도는 큰 장애였다. 이런 의미에서 앞서 인용했던 문장에 있는 것처럼 열운 보도는 초장(町長)의 격한 분노를 불러와 전단지를 만들어 신문에 넣어 배포하는 사태까지 발전한다.

경각심을 호소하는 보도는 이러한 연유로 심한 반발을 샀다. 그 이후 '열운', '화산류'란 단어는 예지연락회나 언론으로부터 터부시됐다. 학자와 연구자들은 언론 관계자에게 입이 무거워졌고, 보도도 조심스럽고 신중해졌다. 열운·화산류 보도는 그림자를 감췄다. 소위 정보로서 봉인된 것이다.

확실히 당시 화산류는 언제 일어날 것인가, 어느 정도 어느 범위까지 영향을 미칠 것인가는 예상도 하지 못한 채, 단지 공포심을 부추기는 것일 뿐이었다. 행정적인 대책을 세울수도 없었다. 이유도 제대로 알지 못하는 것 때문에 피난생활을 계속하는 것은 참을 수 없다, 빨리 일상생활로 돌아가고 싶다는 것이 지역 주민들의 속내였다.

지자체·관광협회와 예지연락회·현지 우스잔산관측반 사이에 생긴 벽은 이후에도 매워지지 않았다. 지역이 모든 것에 대해 안전의 보증을 구하는 것에 대해 예지연락회는 위험성이 남아 있다고 지적하며 안전 보증은 할 수 없다는 입장을 취했다. 관계자 회의에서도 예지연락회 관측반은 과학적 견해를 말한 뒤 곧 자리를 떠나버리고 피난해제 등 기타 행정적 대응을 둘러싼 논의에는 결코 참가하지 않았다.

열운·화산류가 봉인된 채 안전 중시인지 생활 중시인지의 대립이 계속되는 가운데 조금씩 피난해제가 진행됐다. 교통통제가 계속되던 중 아부타초는 9월 7일 도우야코 온천 주민들에게 피난명령을 전면 해제했다. 23일에는 경찰과 도청이 지역에 떠밀려서 제한적 조건을 붙이는 형태로 주간 교통통제를 해제하여 관광객이 자동차로 방문할 수 있게 했다. 이 결정은 '온천 지역이 안전해져서 규제를 해제한 것은 아니다. 온천지역은 분화 전보다 오히려 위험한 상태이다…, 예지연락회 관측반의 관측결과를 신뢰하여 긴급시에 대비하길 바란다'(같은 날, 다테시 경찰서장 명의로 배포된 문서)라는 상황 속에서 내려진 조치였다.

3) 간발의 차이로 모면한 화산류

극비리에 진행된 열운 대책

　보도 현장에서 화산류 정보를 봉인할 수는 있어도, 분화 현상으로서의 화산류를 봉인하는 것은 불가능하다. 일단 소강 상태를 보인 우스잔산은 다음 해 1월말에 다시 소분화를 반복하며 마그마 활동이 활발해지고, 외륜산 내 (화구원) 대지의 융기가 계속됐다. 마그마가 상승하며 지표면에 가까워짐에 따라 예지연락회의 열운에 대한 염려도 커졌다. 산 정상부에서 마그마가 지표면으로 분출되면 이전의 분세(文政), 카에(嘉永) 분화처럼 열운의 발생 가능성을 충분히 생각할 수 있었기 때문이다.

　2월 9일, 분화 예지연락회는 도쿄 기상청에서 4개월만에 일치 견해를 발표한다. 일치 견해 문건에는 없었지만 이어진 기자회견 석상에서는 지하의 마그마가 지표면에 나타나면 그때는 열운 발생도 일어날 수 있다는 견해가 제시됐다. 매스미디어는 간략히 열운을 보도했고 사람들 사이에서 불안과 동요가 퍼져나갔다. 소방서나 파출소에는 '열운은 언제 발생하는가', '일어나면 나에게는 알려 주면 좋겠다'라는 문의와 의뢰가 계속됐다. 봉인하면 봉인할수록 열운·화산류의 공포는 사람들의 의식 밑바닥에 머무르며 점점 커지고 있었다.

　예지연락회 종합관측반은 열운의 발생을 완전하게 부정할 수 없는 이상, 지자체에 피난계획의 수립을 권고해야 한다고 판단하며 극비리에 움직이기 시작했다. 그 과정은 요코야마 이즈미 교수의 논문 「1977~1978 우스잔산 분화 시 화산분화 예지연락회 우스잔산 종합관측반이 취한 지역 행정당국과의 대응」(『화산분화 예지연락회 회보』 제24호)과 「우스잔산 화산분화예지-그 회고」(『월간 지구』 호외 7, 1993), 「화산분화 예지연락회 공죄(功罪)에 관한 제2, 3의 코멘트」(『화산분화 예지연락회 20년의 발자취』)에 상세하게 기록되어 있다. 이들 자료에 따르면 3월 7일 홋카이도가 암암리에 요청해, 홋카이도대학 이학부의 한 회의실에서 지자체, 자위대, 경찰, 소방, 재해대책 관계자 13명이 모여 열운 대책회의를 열었다. 도쿄에서 전문가인 아라마키 시게오(荒牧重雄) 도쿄대 지진연구소 교수도 불러 논의한 결과, 피난 주민 운송, 차량 동원 계획 그리고 종합관측반의 열운 위험이 임박했다는 정보를 토대로 피난명령까지 결정했다. 이 회합에 관해서는 부적절한 보도로 쓸데없이 주민에게 불안과 동요를 불러올 수 있다고 하여 매스미디어는 보도를 하지 않았다.

비밀 회합의 결정을 받아들여 각 시(市), 정(町), 촌(村)에서는 개별적으로 열운 피난 계획을 수립했다. 주민에게는 알리지 않고 피난 계획임을 알지 못하도록 애매한 명칭을 붙였다. 요코야마 이즈미 교수는 "열운 발생 '위험'이 임박했다는 상황에 관해 '종합관측반으로서는 우스잔산 또는 기타 화산에서 열운 위험이 임박했다고 판단할 수 있는 경험은 물론 확실한 이론적 근거도 갖고 있지 않은 것이 사실이다. 어느 현상을 열운의 전조로 인정하여 피난명령을 발표한다면 그 현상이 계속되는 한 피난명령을 해제할 수 없게 된다. 만약 그것이 오인이었다면 수습이 불가능하게 될 것이다"(전게재 논문)라고 당시 상황을 토로했다. 일반적으로는 용암이 지표에 흘러 나왔다고는 말할 수 있지만 구체적으로 어떤 때에, 어떤 형태로, 어느 방향으로 어떤 규모의 화산류를 일으킬 것인가는 아직 과학적으로 확실하게 밝혀지지 않았다.

다행히도 1~3월의 소분화 이후 화산 활동은 다시 수습됐다. 5월 10일 분화 예지연락회는 화산 활동 수습을 발표, 매스미디어도 이를 보도했다. 당시 필자는 NHK에서 '스튜디오 102'를 담당했다. 다음 날 아침 요코야마 이즈미 교수를 도쿄의 NHK 스튜디오로 불러 출연시켰다. 요코야마 교수는 지진 에너지 방출 그래프를 보여주면서 마그마 융기가 계속되고 있으나 흘러나오지는 않는 한계점에 머물러 있는 것이 아닌가라고 그 이유를 설명했다.

텔레비전이나 신문은 화산 분화 활동이 수습됐다고 전하며 강우에 의한 토사류 위험과 복구로 관심을 옮겼다. 『분화의 인간 기록 -우스잔산에서 감사를 담아-』(전게재), 『다큐멘터리 · 우스잔산 대분화』(NHK 취재반, 1978, NHK출판협회), 「특집 · 우스잔산 분화」(『지리』 78. 4) 등 우스잔산 분화에 관한 회고록, 기록, 다큐멘터리, 잡지 특집기사 등이 연속해서 나온 것도 이때였다. 이는 하나의 전환기이었고 우스잔산 분화가 뉴스로서의 가치가 끝났다는 것을 의미했다. 이후, 우스잔산 분화는 토사류 재해를 제외하고 매스미디어의 세계에서도 필자의 관심에서도 멀어졌다.

최대 위기

그러나 최대 위기는 이후 바로 찾아왔다.

도우야코 온천은 빠르게 복구됐고 토사류를 제외하고는 별 걱정 없이 관광 시즌을 맞이했다. 8월이 되어 다시 소분화가 시작됐지만 우즈잔산의 분연(噴煙)이나 소분화는 재해를 불러일으키는 것이 아니라 관광객을 불러 모으는 관광자원이 됐다.

8월부터 시작된 화산활동은 불기둥이 솟아오른다거나 마그마로 산 정상부가 붉어지고 소규모인 화산류 · 화산서지가 발생하는 등 관계자의 주목을 끌었다. 이러한 가운데 9월 12~13일 심야, 전년도의 폭발 이후 가장 큰 분화가 일어났다. 이때 모습을 요코야마 이즈미 교수는 다음과 같이 생생하게 보고하고 있다.

> 분화는 1977년 8월 이후 일어난 분화 중에서 최대급에 해당하는 것으로 미동(微動) 기록은 종료되고 산 정상부에서 불기둥이 솟아올라 산 경사면에 분연이 충만하는 등 화산류 발생을 염려하게 만드는 상황이었다. …현실적으로 눈앞에서 일어나고 있는 심각한 분화에 대해 '위험'이란 표현을 사용해야만 하는 것인가 망설였다.

학자나 관측반의 예측을 뛰어넘는 것으로 마치 살얼음판을 걷는 것과 같은 최대 위기였다. 삿뽀로(札幌) 기상대에서 화산정보를 담당하고 있었던 세이노 마사아키(淸野政) 주임기술전문관은 이 시기 열운 발생 가능성을 의미하는 '위험' 표현을 집어넣은 것과 집어넣지 않은 두 가지의 화산정보를 만들어 관계자와 연락을 취하면서 분화의 추이를 지켜보았다고 한다. 이후 작은 분화를 마지막으로 화산 활동은 안정화됐다. "분화활동이 급속히 약해진 9월 말 드디어 한시름 놓을 수 있게 됐다는 생각이 들었다"고 요코야마 이즈미 교수는 이렇게 기록해 놓고 있다. 화산류는 매우 위험천만한 곳에서 멈췄다. 이것은 행운이라고 밖에 말할 수 없는 사건이었다.

당시 과학이 분화현상에 대해 어느 정도까지 알 수 있었는가는 매우 의문이다. 최초 분화 후 관측체제를 정비하여 데이터를 전화회선으로 전송할 수 있었으나 해석이나 분석에는 시간이 필요했고 열운 발생을 정확하게 단정할 수 있는 것은 아니었다. 또한 열운 자체를 실제로 목격한 연구자가 거의 없었고 주로 지질조사와 문헌, 고기록으로부터 추측한 것뿐이었다. 몸플레형 열운뿐만 아니라 보다 광범위한 분화 현상으로서 화산류란 단어가 일반적으로 사용된 시기였다.

분화 예지연락회를 비롯해 연구자, 기상청 관계자 중에는 화산류를 언급하는 것에 대해 신중파(愼重派)가 많았다. 언론 대응에 익숙하지 않은 측면도 있었으나 매스미디어에 정확하게 전달되지 않고 부적절한 보도가 패닉을 초래하지 않을까 하는 염려가 강했다. 더욱이 1년 전에는 몸플레 주변 서인도제도의 스프리엘 화산에서 화산류 발생의 가능성이 높다고 해서 8만 명의 주민을 강제 피난시킨 소동도 있었다. 최종적으로 열운은 발생하지 않았고 화산 활동도 안정화되면서 피난은 3개월 후 해제됐지만 프랑스 화산학회의 대립 소동을 연일 매스미디어가 보도하면서 일본 연구자들의 귀에도 들어왔다. 관계자는 직접적인 관계는 없다고 했으나 의식의 기저에는 어떠한 형태든지 영향을 미쳤다고 생각된다.

이 활동을 마지막으로 분화는 진정됐다. 그리고 1982년 5월, 화산분화 예지연락회는 우스잔산 화산 활동의 종식을 선언한다.

1977~78년 우스잔산 분화에서 열운·화산류는 간발의 차이로 멈췄다. 정보를 대중에게 전달하는 미디어는 신문·방송의 매스미디어 밖에 없었기 때문에 시민들에게 화산류를 보도하는 것 자체를 봉인할 수 있었다. 그러나 봉인된 열운은 13년 후 운젠후겐다케(雲仙普賢岳) 화산류로서 얄궂게도 보도진을 덮친다.

화산류 보도 봉인의 평가

1977~78년 분화는 화산류에 의한 피해나 참사는 없었고 패닉이나 헛소문 소동도 일어나지 않았다는 점에서 결과적으로 다행이라 할 수 있을지도 모른다. 그러나 화산류에 대한 정보를 숨기고 봉인했다는 점에 관해서는 평가가 나뉜다.

분화 예지연락회나 기상청도 너무나 신중한 나머지 지나치게 소극적이었다. 당시 학자들은 경험이 없어서 매스미디어 대응에 익숙하지 않았고 언론 보도도 배려가 부족했지만 그래도 냉정하게 전달해야 했다고 반성하는 연구자도 있다. 한편, 학문적으로도 불분명한 점이 많고 대책을 강구할 수도 없는 상황이었고, 더구나 약간의 보도만으로도 상당한 소동이 일어날 수 있었기 때문에 주민이나 지자체가 생활 복구로 움직이고 있는 환경 하에서 신중할 수밖에 없었으며 일단 피난대책도 극비리에 세워졌고 쓸데없는 혼란을 일으키지 않은 것만으로도 다행이었다라는 관계자도 있다.

도쿄대학 신문연구소(현 도쿄대학 정보학환[情報學環] 대학원)에서 1978년 6월부터 7월까지 피난명령이 내려진 아부타초 도우야코 온천 등 몇 개 지역 주민에게 설문 조사를 실시했다. 조사 내용의 하나는 우스잔산의 위험은 이미 사라졌다고 생각하는가라고 질문한 항목으로 그 중에는 '분화' 및 '토사류'와 병행하여 '열운 위험'에 관해 묻는 질문이 있었다. 응답률은 23%, 91명으로 매우 적지만, 열운은 '아직 위험'(13%), '위험이 사라지지 않았다'(32%)를 합하여 걱정하고 있는 사람이 약 50% 가까이로 적지 않았다(「재해와 주민의 피난행동」, 『피난 예지와 사회적 반응』, 1979, 도쿄대학 신문연구소). 봉인되었다고는 하지만 열운·화산류에 대한 두려움은 사람들의 의식 속에 남아 있다는 것을 엿볼 수 있다.

우스잔산 분화 때의 이러한 인식은 이후에도 계속 남아 운젠후겐다케 분화 때도 영향을 미쳤다. 화산류의 위험성을 호소하는 연구자도 있었으나 분화 예지연락회, 기상청은 이때까지도 화산류란 단어 사용에 신중한 입장이었다. 화산류가 확인된 다음 날, 기상청 운젠다케 관측소의 임시 화산 정보에서 처음으로 그것도 '해설' 부분에 "규슈대학, 지질조사소 등의 조사에 의하면 …소규모인 화산류였다."(방점 필자)란 문장으로 등장했다. 나중에 문제가 된 '소규모'란 표현도 화산학적으로 고려하여 타당하다는 이유 외에 실제로 이런 형용사를 사용하지 않으면 화산류란 단어 자체가 다시 봉인될 수밖에 없었기 때문이었다고 말한 학자도 있었다.

매스미디어, 언론 관계자도 화산류에는 둔감했다. 기자나 취재 관계자는 '화산류'란 말을 들어도 어떤 현상인가 거의 알지 못하고 어떤 한자를 써야하는가라고 질문하는 사람도 많았다고 한다. 영상 시대가 되면서 박진감 있고, 그림이 되는 영상에 대한 욕구가 강해지면서 이는 다시 매스미디어 간 심한 경쟁으로 이어졌다. 그러한 가운데 한편으로는 취재나 보도 현장에서 자연현상에 대한 이해력이나 상상력이 결여되는 경향이 있었다는 점도 부인할 수 없다.

동일한 우스잔산의 분화임에도 화산류를 둘러싼 보도는 20년 간격으로 매우 달라졌다. 이는 화산류에 국한되지 않는다. 태풍, 화산, 분화, 지진, 쓰나미 등 모든 재해보도에 해당된다. 여기에서 재해보도의 기본적 성격을 볼 수 있다. 이는 시대 상황 및 사회 상황과 맞물려 이뤄질 수밖에 없는 재해보도의 과제이기도 하다.

재해보도는 이과와 문과 또는 자연과학과 사회과학에 걸쳐 있다. 자연과학에서의 재해과학의 측면과 커뮤니케이션, 매스미디어 보도, 사회심리 등의 사회현상을 다루는 사회과학의 측면을 갖는다. 따라서 재해보도는 지진이나 화산·기상이란 자연과학의 새로운 지식, 관측체제의 정비와 기술혁신, 예지 체계나 발표 체계, 이를 전달하는 미디어 환경의 변화 뿐만 아니라 정보를 받아들이는 사람들의 지식이나 이해도와 같은 수용능력, 상상력, 사회 변화, 사회 체제나 사회 분위기와도 크게 관련된다. 재해보도는 실로 사회와 시대 변화에 대응하여 변화해오고 있는 것이다.

3. 재해정보에서 방재정보로

1) 전승에서 가와라판[5]으로

어린 시절 태풍이 접근해서 바람이 거세게 불면 공포와 동시에 왠지 꺼림칙한 기분이 들면서도 무엇인가 두근두근거리는 느낌을 받았다. 이는 필자뿐만 아니라 많은 사람이 공통으로 느낀 감정이었을 것이다.

폭풍우나 화산 분화, 지진·쓰나미는 지구 위에서 벌어지는 거대한 자연현상으로 자연의 심오함, 불가사의함을 보여 준다. 수수께끼의 무(Mu) 대륙이나 해저에 가라앉은 아틀란티스 대륙, 노아의 방주까지 거슬러올라가지 않더라도 지진에 의한 고대 이집트·클레오파트라 왕궁의 해저 침몰, 베

---

5) 에도시대에 천재지변이나 대화재, 동반자살 등의 시사성이 높은 뉴스를 빠르게 전달했던 정보지의 일종.

스비오스 화산분화에 의한 폼페이 멸망, 지진으로 벳부(別府)만에 가라앉은 우류지마(瓜生)섬의 전설 등은 유구한 시간의 흐름과 어느 정도 낭만을 느끼게 한다. 동시에 우리들은 이로부터 전율이나 공포감을 느끼는 것과 함께 강력한 힘이나 신성(神性)을 보아 오래 전부터 신앙의 대상으로 삼았다. 인간은 거친 자연 현상을 겪으면서 긴 역사 속에서 독특한 감정이 길러졌고 이것이 유전자에 자리잡았다고 생각된다.

이는 다시 지구의 고동과 숨결을 알고 싶고 불가사의를 이해하고 싶다는 욕구를 만들어 기상학, 화산학, 지진학, 지구과학이란 학문을 탄생시켰다. 그러나 자연의 힘이 직접 그 창끝을 견주고 다가오면 단순히 낭만만으로는 끝나지 않는다. 개인의 생사로부터 가정생활, 사회생활에까지 큰 영향을 미치기 때문이다. 그러므로 과학 지식은 정보로서 확실하게 사람들에게 공유되지 않으면 안된다.

옛날에는 재해나 자연 현상에 관한 정보는 동일본 대지진 때 널리 알려진 '쓰나미 텐덴코'[6]처럼 노인으로부터 자식 세대로 전승(伝承)되거나 또는 공동체 생활 속에서 전해졌지만 근대화, 도시사회화와 함께 그 역할은 매스 미디어를 중심으로 하는 미디어로 옮겨갔다.

에도(江戸) 시대, 도시 사회가 형성되면서 정보 전달의 중요한 미디어로 가와라판(瓦版)이 성행했다. 재해는 비일상 세계를 출현시켜 대량의 다양한 정보를 만들어낸다. 더욱이 재해는 정보로서의 뉴스적 성격 뿐만 아니라 자연현상, 재해 피해 이느 것이니 소위 그림이 되는 영상성, 구경거리의 성격을 갖추고 있어 오늘날로 말하자면 주간지(週刊誌)적인 흥미, 세속적인 흥미, 대중적 관심에 부응하므로 가와라판에 있어서는 매우 적합한 소재였다. 가와라판은 지진, 화산, 분화, 태풍 수해 등의 재해를 다룬 것이 가장 많고,

---

[6] 일본 이와테현 산리쿠 해안지역에 내려오는 쓰나미 격언으로 쓰나미가 오면 욕심내지 말고 몸만 빨리 피해야 된다는 내용을 담고 있다.

도쿄대학 사회정보연구소의 오노(小野) 컬렉션의 약 4분의 1을 차지한다. 이중에서도 직하형 지진으로 큰 피해를 낸 안세(安政) 에도(江戶) 지진을 전달하는 가와라판과 나마즈에[7]가 많다.

가와라판의 재해정보는 메이지(明治) 시대가 되어 신문의 재해보도로 계승됐다. 기상대나 기상관측체제 정비, 자연과학·지구과학의 발전은 재해발생 이전에 예보·예지의 길을 열었다. 재해정보는 기상정보, 일기예보와 방재정보로 넓혀져 관련 정보의 전달 및 보도가 중요한 과제가 됐다. 재해보도로부터 방재보도로 전개되는 역사를 지구과학의 진보와 예보·예지제도 정비, 이를 전달하는 미디어 역사라는 시점에서 간단히 거슬러 올라가보고자 한다.

2) 기상예보와 미디어

일기예보, 태풍정보의 시작

크림 전쟁 중인 1854년 11월 14일, 흑해의 세바스트폴리 앞바다에 결집 중이던 영국·프랑스 연합 함대를 갑자기 폭풍우가 덮쳐 프랑스 군함 '앙리 4세'가 침몰했다. 이를 계기로 프랑스 정부는 기상대를 설치하여 유럽의 날씨지도를 작성하고 일기 예보를 시작했다. 이것이 오늘날의 일기 예보의 시작이다. 이를 가능하게 한 것은 전기통신미디어의 발명이었다. 사람의 손이나 말, 배 등으로 운반했던 정보를 전기통신기술로 즉시 전달할 수 있게 됐기 때문이다.

일본은 기상대가 20년이 지난 1884(메이지 17)년 6월 1일 설치됐다. 처음에는 일기예보를 도쿄 시내 파출소에만 게시했지만 이후 전국 각지의 기상대 앞, 정류장이나 별도 설치된 일기예보 게시판에 게시했다.

---

[7] 나마즈에는 에도시대 일본에서 출판된 메기를 그린 채색 우키에(浮世繪)를 지칭하는 용어로 메기가 땅 속에서 활동하면 지진이 발생한다는 전설로 인해 1855년 안세이(安政) 2년 10월 2일에 발생한 안세이 대지진 이후 에도를 중심으로 나마즈에가 대량 출판됐다.

신문 게재는 1888(메이지 21)년 4월 지지신보(時事新報)가 최초였다. 호평을 얻자 5월에는 호치(報知)신문, 6월부터는 마이니치신문, 아사노신문, 요미우리신문, 히비신문 등이 일제히 뒤를 쫓았다. 이 중에는 알기 쉽게 그림을 그려 넣어서 전달한 신문도 있었다. 폭풍경보는 1903년(메이지36)부터 신문 등을 통해 전달되기 시작했고, 1924년(다이쇼13) 8월에는 기상도가 신문(국민신문)에 게재됐다. 신문이 가와라판을 대신하여 시작한 재해정보가 방재정보로 넓혀져 시민에게 전달된 것이다.

라디오는 처음부터 속보성, 광역성 때문에 재해정보전달에 있어 중요한 미디어로 인식됐다. 방송 개시와 함께 도쿄, 오사카, 나고야의 각 방송국에서 지역의 일기예보를 방송했고, 1928년(쇼와3) 전국방송망의 완성에 따라 전국 날씨 개황 및 어업기상을 방송했다.

1934년(쇼와9), 무로토(室戶)태풍이 오사카를 덮쳐 등교 중이던 학생 등 사망자 및 행방불명자가 약 3,000명이나 발생하는 큰 피해를 냈다. 이때 정전으로 라디오 방송을 거의 들을 수 없어서 '라디오는 촛대로도 쓸 수 없는 쓸데 없는 물건'으로 불렸다. 방송국도 정전이었다. 그래서 전원을 축전지로 바꿨지만 전지가 오래 유지되지 않아 단속적으로만 정보를 전달할 수밖에 없었다. 이를 계기로 방송국에서 자가발전장치를 설치했으나 전원 확보는 이후 오늘날의 동일본 대지진 재해까지 재해 시 정보전달에 있어 가장 중요한 과제로 남았다.

무로토 태풍 때에는 태풍 관측, 예보 태세, 예보 발령 방법도 문제였다. 이전까지는 기상도를 1일 3회 작성했으나 스피드가 빠른 태풍의 움직임에 쫓아가지 못했고, 예보도 3종류의 간단한 '폭풍경보'만 있었기 때문이다. 기대상로부터 기상전보의 신속화, 임시관측, 임시기상전보, 임시기상도 작성, 나아가 오늘날의 주의보, 경보, 태풍정보의 원형인 방재기상정보의 발령 등 무로토 태풍을 계기로 태풍정보는 태풍이 오기 전에 정보를 신속 · 정확하게 전달하여 재해를 미연에 방지하기 위한 방재정보로 크게 변했다.

국제정세의 긴박, 중국대륙에서의 전쟁 국면의 확대에 따라, 기상정보는 군사기밀이 되어 전보 취급이 암호가 되는 등 기상 관제가 진행됐다. 1941년(쇼와16), 2차 세계대전과 함께 기상무선통보를 모두 암호화하여 신문, 라디오의 일기예보도 중지됐다. 그러나 방재상의 견지에서 폭풍경보 등 중요한 정보는 기상대와 육해군과의 협의 하에 '특례 폭풍경보'로서 상당한 제한 조건이 붙기는 했지만 전달이 이뤄졌다.

제2차 세계대전이 종료된 1945년(쇼와20) 8월 22일 밤부터 라디오에서 일기예보가 부활했다. 이때부터 한 달도 경과하지 않은 9월 17일, 마쿠라자키(枕崎) 태풍이 규슈(九州)·마쿠라자키(枕崎)에 상륙하여 무로토(室戶) 태풍과 비슷한 세력으로 히로시마 부근을 거쳐 마츠에(松江)를 통과해 일본해로 빠져나갔다. 종전 직후로 관측데이터도 적었고, 태풍 상륙이 관측보다도 빠르게 진행되면서, 전쟁으로 통신시설의 파괴 등 정보를 제대로 전달하지 못해 많은 피해를 냈다. 특히 원폭으로 폐허가 된 히로시마는 기상대가 일기예보도 낼 수 없는 상태여서 태풍경보도 방송할 수 없었다. 따라서 히로시마 주변에서는 태풍이 온다는 것조차 알지 못한 채 재해에 휩쓸린 사람이 많았다. 히로시마현의 사망자·행방불명자는 약 2,000명, 가옥 전파는 2,100동 이상에 달했다.

1950년대 민간 라디오방송과 텔레비전 방송이 시작되면서 기상정보가 정시 편성됐다. 속보성, 동시성, 광역성 때문에 방송은 기상정보, 방재정보를 전달하는 중요한 역할을 맡았다.

태풍정보에서 집중호우정보로

1968년 8월 18일 미명, 기후(岐阜)현의 히다가와(飛驒)강에서 단체관광객을 태운 관광버스 2대가 토석류에 쓸려 강에 전락, 사망자·행방불명자

104명이란 최대 희생자를 낸 버스 사고가 발생했다. 기후현의 미노(美濃)·히다(飛驒) 지역은 전날부터 국지적인 집중호우가 계속되면서 곳에 따라서는 강수량이 1시간에 150밀리미터 가까이 달하는 곳도 있었다. 히다가와강을 따라 나 있는 국도 41호는 곳곳에서 토석류가 발생하여 몇 번이나 버스나 승용차를 직격하기도 했다.

그날 밤 NHK의 보도특집은 버스전락이 왜 일어났는가, 사고를 미연에 방지할 수 없었는가가 주제였다. 프로그램은 유해 안치소로부터의 중계를 섞어가며 스튜디오에서 직접 사고를 겪은 당사자로부터 재판소 법정과 같이 증언을 구하는 형태로 진행됐다.

기상대는 전날 주의보를 몇 번 발령했으나 오후 5시가 지나서 일단 해제했다. 그 후 다시 뇌우주의보, 호우경보, 홍수주의보, 호우홍수경보를 차례로 발령했다. 프로그램에서는 우선 기상대가 주의보, 경보를 몇 시 몇 분에 어떻게 발령했는가, 계속해서 NHK에 언제 전달되어, 몇 시, 몇 분에 방송됐는가, 더욱이 단체 관광여행 주최자, 관광업자, 버스회사, 버스운행관리자나 운전수에게 정보를 어떻게 전달했고 이에 어떻게 대응했는가 그리고 도로 관리자인 건설청 중부지방 건설국에서는 이를 언제 알았고 어떻게 대응했는지 관계자로부터 하나하나 이야기를 들어가면서 문제점을 명확히 밝혀내고자 했다.

이때 프로그램의 처음 부분에서 먼저 검증한 것이 기상대의 경보 발령 시간이었다. 다음으로 NHK 나고야 방송국이 이를 언제 방송했는가였는데 기상대가 발령한 경보는 즉시 방송된 것으로 파악됐다. 나고야 방송국은 이세완(伊勢湾)만 태풍의 경험이 생생하게 남아 있어서 경보의 속보방송에는 세심한 주의를 기울였기 때문이다.

사망자·행방불명자 5,041명이란 사상 최대의 희생자를 낸 이세완만 태풍은 방재정보나 방재태세를 수정하는 계기가 됐다. 다음 해 칠레 지진 쓰나미로 큰 피해 발생이 있었고, 1961년에는 국가의 기본적 준비태세를 나타내는 재해대책기본법을 제정하여 1962년 시행했다. 재해대책기본법에는 국철, 전기공사, 일본적십자, 전기·가스사업자 등과 함께 NHK를 국민의 생명재산을 지키기 위해 책임을 다해야 하는 지정공공기관으로 지정하여 이제까지의 기상업무법보다도 더 적극적인 법률적 의무를 부담하게 했다. 재해 예측, 예보, 정보를 신속하게 국민에게 알리기 위해 필요한 조직을 항상 정비 개선하여(재해대책기본법 47조), 방재훈련을 실시해야한다(동법 48조)라고 명문화가 이뤄졌다.

다시 이야기를 NHK 프로그램으로 되돌리면, 결국 이 방송에서 부각된 것은 국지적인 집중호우 예보의 어려움과 자동차 시대 도래에 따른 정보전달의 문제점이었다.

철도의 경우는 정보 루트가 확립되어 강우량에 따라 운행 규제를 실시하는 체제를 이미 구축하고 있었다. 실제로 당시 다카야마선(高山線)은 열차의 운행을 정지했으나, 도로교통에 관해서는 자가용이 늘어나고 단체 관광버스 여행이 성행했음에도 불구하고 사전규제는 없었다. 이 사고를 계기로 도로교통 정보센터를 만들어서 규정 강우량을 넘으면 통행을 차단하는 체제를 갖추게 됐고, 도중의 휴게소에서 관광버스에 기상 등의 최신정보를 전달하는 체제도 갖추게 됐다.

그러나 국지적 집중호우 예보에 대해서는 정확히 이 시점부터 기상청에 대한 극심한 비판과 기대가 모아졌다. 집중호우는 1960년대부터 1970년대를 거치면서 빈번하게 재해를 일으켰다. 히다가와강 사고 전년도의 7월 장마전선 집중호우 때는 371명, 1972년 7월 전국에 걸친 국지적 집중호우 때는 441명의 사망자가 발생했다. 급격한 도시개발, 경사지나 저습지의 주택 건립, 그 결과 절벽 붕괴나 도시하천 및 중소하천의 범람으로 이어졌다. 이는 고도성장에 따른 부정적 모습이자 사회와 시대가 만들어낸 새로운 재해

형태로 긴급하게 대책을 필요로 하는 것이었다.

　기상청은 1970년 전후부터 예보대책에 조직적으로 대응하기 시작해 레이더 관측망의 강화, 강우량 관측망의 정비를 도모하고 1974년에는 기상청과 전국 각지의 기상대를 연결하여 기상과 지진 정보를 전달하는 아데스, 전국의 로봇 강우계 등으로부터 무인관측기의 데이터를 모으는 아메다스 시스템을 가동했다. 이 데이터는 NHK에도 직접 전달되어 방송에 내보내고 있다. 이렇게 함으로써 태풍에 이어 국지적 집중호우의 예보시스템도 현저하게 발전했다. 현재는 레이더와 아메다스로부터 1km 반경의 정확도로 1시간마다 단기 강수 예보가 가능하다.

3) 긴급경보방송과 쓰나미 경보

긴급경보방송

　매월 1일 오전 11시 59 분부터 1분 동안 NHK 종합 텔레비전에서는 '삐뽀-삐뽀-'라는 경보음으로 시작되는 긴급경보방송이 실시된다. NHK 뉴스센터 탁자의 긴급방송 버튼을 누르면 정해진 전기 신호가 흘러 TV수상기에 장치가 부착되어 있는 경우 전원 대기상태에서 자동적으로 스위치가 켜지고 경보방송이 나온다. 이 뿐만이 아니라 동시에 방송 중인 NHK의 모든 TV, 라디오 방송프로그램을 도중에 중단하고 뉴스센터로부터 긴급방송으로 전환할 수 있다. 이런 장치를 구비한 TV수상기는 방재관계기관을 중심으로 배치되어 있다.

　이 버튼을 누르는 경우는 ① 쓰나미 경보가 발령되었을 때, ② 유일하게 예지 가능한 체계가 갖추어져 있는 도카이 지진의 경계 선언이 나왔을 때, ③ 지자체장으로부터 긴급요청이 있을 때다. 이 중에서도 가장 긴급을 요하는 것이 쓰나미 경보다. 쓰나미 정보는 해당지역에서 1분 1초를 다투는 사안이다. TV든 라디오든 방송을 보거나 듣고 있는 사람 모두에게 전해져야 한다. 현재는 기상청의 아데스와 연결하여 자동적으로 방송이 나오도록 되어 있다. 그러나 이렇게 되기까지는 오랜 시간이 소요됐다.

쓰나미 경보

산리쿠(三陸)나 난기(南紀)의 리아스식 해안 쓰나미 상습 지대에서는 경험적으로 쓰나미를 예측하여 정해진 루트를 통해 고지대로 피난이 이뤄져 왔다. 라프가디오 한(일본명 고이즈미 야쿠모)[8]의 유명한 작품 「이나무라노 희(볏단더미의 불)」는 지어낸 이야기이지만 1854년 안세난카이(安政南海) 지진의 난기・히로무라(広村, 현 와카야마현 히로가와(広川초), 하마구치고료(浜口儀兵衛)의 실화를 모델로 한 것이다. 또 지진 후에 대포와 같은 굉음이 들린다거나 바닷물이 많이 빠지면 쓰나미가 밀려온다고 전해져 쓰나미에 대비하여 해안에서 산까지 연결되는 쓰나미 도로라고 이름 붙여진 피난로가 만들어졌다.

그러나 쓰나미의 과학적 예지・예보체제가 체계적으로 갖춰진 것은 한참 뒤다. 대쓰나미로 1896년(메이지29) 2만 2,000명, 1933년(쇼와8) 3,000명이라는 많은 희생자를 낸 산리쿠 지방에서는 특히 쓰나미 예보에 대한 요구가 강했다. 쓰나미 경보 시스템이 정식으로 운용 개시된 것은 1952년 4월부터였다. 전국 44개소의 기상대로부터 수집된 관측데이터를 기초로 지진이 발생하면 10분 이내에 쓰나미 판정을 내리고, 쓰나미가 온다고 판정되면 전신전화, 라디오로 시・정・촌(市町村)장이 연안 주민에게 전달하도록 했다.

첫 번째 쓰나미 경보는 1952년 토카치오키(十勝沖) 지진(M8.2)으로, 이 때는 홋카이도부터 산리쿠 연안까지 쓰나미가 밀려왔다. 가장 피해가 컸던 홋카이도의 하마나카무라(浜中村, 하마나카초) 끼리타푸(霧多布)에서는 태평양으로부터 밀려온 쓰나미가 갯뻘 위 마을을 덮치면서 어선을 들어 올려

---

8) 영국 출신으로 일본에 귀화한 작가(1850~1904).

반대 측의 하마나카(浜中)만으로 들어 옮겨놓았다. 전체 가옥 600채 중 절반 이상이 유실됐으나 쓰나미 경보 발령으로 경보 종이 울려 주민은 언덕으로 피난했기 때문에 사망자는 3명에 그쳤다.

그러나 경보도 없었고, 전조도 없이 생각지도 않게 밀려온 쓰나미가 있었다. 1960년 칠레 지진이다. 5월 24일 새벽 2시 반에서 3시 반까지 도호쿠 지방의 산리쿠 해안이나 홋카이도 동부의 태평양 해안에 조수 차이의 변화가 나타났고, 곧 난기, 시고쿠(四國), 규슈 등 일본의 태평양 연안에 쓰나미가 밀려 왔다. 칠레 앞 태평양 연안에서 발생한 사상 최대급 M9.5의 칠레 지진이 일으킨 쓰나미가 제트기와 비슷한 속도로 22시간 동안 태평양을 넘어 왔다. 2004년 12월 수마트라 지진 쓰나미가 인도양을 넘어 아프리카 대륙에 도달한 것과 같다.

이때도 기상대의 쓰나미 경보발령 전에 NHK가 쓰나미 급습 및 경고, 피난 정보를 방송했다. 조수의 이상으로부터 미야코(宮古)시나 가마이시(釜石)시의 소방본부가 발령한 쓰나미 경보나 피난명령을 NHK가 방송했던 것이다. 삿뽀로와 센다이의 관구(管區)기상대[9]가 쓰나미 경보를 발령한 것은 오전 5시 전후, 기상청의 경보 발령은 오전 5시 20분, 나고야는 오전 6시가 지나서였다.

실제로 기상청에는 하와이로부터 쓰나미 가능성과 도달 연락이 들어왔지만 정보를 무시한 채 활용하지 못했다. 먼 곳으로부터의 쓰나미에 대해서는 예보 체제도 없었고, 또한 지구 반대편에서 태평양을 넘어 쓰나미가 밀려올 것이라고는 생각조차 못했다고 기상청은 변명했다. 지금이라면 생각할 수도 없는 사태였지만 당시 142명의 희생자, 약 1,500동의 가옥 전파란 큰 피해를 입었으면서도 기상청의 책임을 묻는 목소리나 국가 배상을 요구하

---

[9] 관구기대상대는 기상청의 지방지국의 하나로 일본 전역에 5개가 설치되어 있다. 주로 기상 정보의 발표 및 지진, 화산의 관측 관련 업무를 담당한다.

는 움직임은 없었다. 칠레 쓰나미를 계기로 중·장거리 지진에 의한 쓰나미의 예보체제가 정비됐다. 나아가 쓰나미 업무는 특히 긴급성을 필요로 한다는 점에서 다른 기상업무보다 우선한다는 기본방침도 정해졌다.

1983년 일본해 중부 지진의 뒤를 이어, 1993년 7월 12일 밤 22시 17분, 홋카이도 남서부 앞바다에서 M 7.8의 지진이 발생했다. 쓰나미 경보가 발령됐고, 방송 사고에 가장 신경을 쓰는 정당 정견방송을 중단하면서까지 쓰나미 긴급경보방송을 실시했으나 오쿠시리토(奧尻)섬을 중심으로 사망자·행방불명자 약 230명이란 피해가 발생했다. 이때 지진발생 후 바로 5분 후인 밤 22시 22분에 삿뽀로 관구기상대는 쓰나미 경보를 발령했고 22시 24분 27초에 쓰나미 경보방송을 실시했다. 지진발생 후 7분 반 만에 나온 쓰나미 긴급경보방송은 당시로서는 획기적으로 빠른 것이었지만, 쓰나미가 급습한 것은 오쿠시리토섬 지진발생 후 3~5분 후로 긴급경보방송보다도 빨랐고 밤이었기 때문에 큰 피해를 냈다. 이후 쓰나미 경보의 신속화를 더욱 도모하여 경보 발표와 동시에 긴급방송이나 방재무선 방송을 실시하도록 했다. 이로써 쓰나미 경보체계는 거의 완성단계에 접어들었다.

쓰나미 경보체계의 과제

2011년 동일본 대지진 때는 지진발생 3분 후인 14시 49분에 쓰나미 경보가 내려져 미야기(宮城)현 6미터, 이와테(岩手)현, 후쿠시마(福島)현 3미터의 거대 쓰나미가 발표됐다. 그러나 이때의 지진 규모는 M7.9, 이틀 전인 9일 산리쿠 앞 바다의 M7.3 지진에서도 쓰나미 주의보가 내려졌으나, 실제로는 최대 1미터 정도밖에 되지 않았기 때문에 도쿄의 자동차 안에서 경보를 들었던 필자는 M7.9 정도라면 쓰나미가 아무리 높아도 경보 정도로 끝나지 않을까 생각했다. 쓰나미 경보는 해상 관측으로부터 지진 30분 후인 15시 14분 미야기현 10미터 이상, 이와테현과 후쿠시마현 6미터, 아오모리(青

森)현 태평양측 해안 3미터, 최종적으로는 15시 30분 이와테현에서 치바99리(里)의 소보(外房)까지 10미터 이상, 아오모리현 태평양 해안 8미터로 갱신됐지만, 이미 일부 지역은 쓰나미가 밀려들고 있었다. 지진 규모를 나타내는 매그니튜드는 16시 8.4, 17시 30분 8.8, 더욱이 이틀 뒤인 13일에는 9.0으로 수정됐다.

쓰나미는 썰물 현상으로부터 시작된 곳도 있었지만, 빨랐던 곳에서는 지진발생 10~20분 후에 제1파, 이어서 30분 후에는 10미터를 넘는 거대한 파도가 도호쿠 태평양 연안을 급습했다. 쓰나미 경보는 방재무선, TV와 라디오 방송, 지자체의 홍보방송차, 경찰 및 소방단원들이 돌아가며 전달했지만, 방재무선이 지진으로 파손되어 별다른 도움이 되지 못했거나, 정전으로 방송을 듣지 못하면서 새롭게 갱신된 정보가 전달되지 않는 사례들이 나타났다. 각종 조사에 따르면 거대 쓰나미 경보를 듣지 못했거나 전혀 알지 못했던 사람들도 적지 않았다. 전전날인 9일의 지진에서도 쓰나미 주의보가 발령됐지만, 1미터 정도로 제방을 넘지 않았다는 점과 전년인 2010년 2월 칠레지진에서도 거대 쓰나미 경보가 있었지만 최대 1.9미터, 거의 대부분의 장소에서 1미터 이하로 방파제를 넘지는 않았기 때문에 쓰나미를 대수롭지 않다고 생각하는 사람들이 많았다. 소위 경보의 일상화로 늑대와 양치기 소년 현상이 나타난 것이다.

이와 더불어 또 다른 하나의 원인은 미야기현 연안 지진의 연상 효과다. 미야기현 연안 지진은 앞으로 30년 이내 발생 확률이 99%로 추성된 지진으로 M7.5 전후, 최대 진도 6강, 최대 2미터 정도의 쓰나미(연동형의 경우 M8, 최대 쓰나미 10미터 정도)를 동반하여 가까운 장래에 반드시 발생한다고 매스미디어가 반복적으로 전달했고, 지자체에서도 방재대책을 강구하고 있었다. 많은 사람들이 미야기현 연안 지진을 연상하고 마음의 준비를 하고 있었기 때문에 실제 보도관계자들의 이야기처럼 동일본 대지진발생 초기, 미야기현 연안 지진이라고 잘못된 판단을 했던 사람들이 적지 않았다. 다음 장에 언급할 지진 예측의 하나인 미야기현 연안 지진의 연상이 부정적으로 작용한 것만큼은 틀림없다.

또한, 조간(貞觀) 지진(869년)과 겐로쿠(元禄) 지진(1703년)의 예가 있었음에도 불구하고, 거대 쓰나미는 리아스식 해안 특유의 것으로 평야부 백사장 해안에서는 큰 쓰나미가 발생하지 않는다는 잘못된 고정관념도 강했다. 그 결과 2만 명에 가까운 희생자가 나왔다.

쓰나미에 관한 과학적 지식과 정보를 전달하는 미디어 기술은 비약적으로 발전했지만, 경보발령 및 통보방법과 태세, 이를 받아들이는 사람들과 사회가 제대로 대응하지 못했다는 점에서 커다란 과제를 남겼다. 경보의 신속성 및 정확도 향상과 더불어 발표의 표현방식 개선이 요청됨에 따라 기상청은 바로 쓰나미 경보의 개선에 나섰다. 그러나 이 정도의 대응만로는 해결되지 않는 부분도 적지 않다.

4) 지진예지 · 터부에서 적극 보도로

지진예지계획과 플레이트 이론

기존 지진학은 발생한 지진의 관측, 즉 지진 규모, 진동방식, 진원지 등의 데이터 수집 · 분석 등으로 과거의 지진 기록이 중심이다. 그러나 지진이 개인의 생명 · 재산은 물론 사회에 큰 영향을 미치는 자연현상인 이상, 지진연구는 피해를 최소한으로 하기 위해 지진공학과 지진예지학을 동시에 지향하게끔 됐다.

약 7,000명의 사망자를 낸 대재해인 1891년(메이지24)의 노비(濃尾)지진(M8.0)은 근대지진학의 출발점이었다. 다음 해 발족한 지진재해예방조사회는 ① 내진 구조의 건축, ② 지진재해사, ③ 지진과 지반의 연구, ④ 지진예지의 가능성과 방법의 연구를 중요한 핵심내용으로 생각하고 있었다. 지진

예지는 일본 지진 연구에 있어 궁극적인 목표의 하나로 지진국가인 일본의 염원이기도 했다.

지진예지학은 자연과학이라고는 하나 사회적 요청도 강하기 때문에 그 중간의 접점에 위치한다. 지진예지를 전달하는 보도의 경우 더욱 더 사회와 밀접한 관계를 갖는다.

〈그림 1-1〉 특정관측 지역, 관측강화 지역

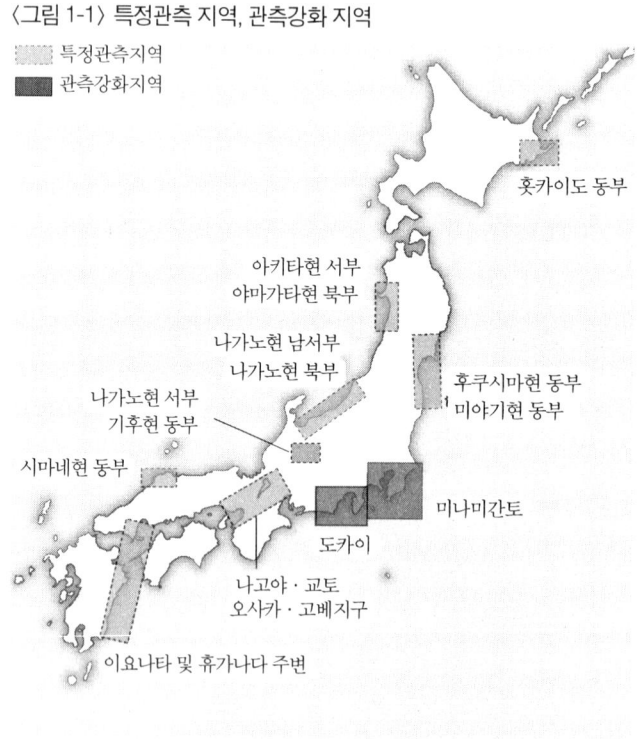

지진예지는 언제(시기), 어디서(장소), 어느 정도(규모)의 지진이 일어날 것인가를 지진발생 이전에 예지하는 것으로 초장기, 장기, 중기, 단기 그리고 직전 예지로 나뉜다. 본격적인 연구는 1962년 '지진예지-현상과 그 추진계획'이란 제목의 32페이지 보고서로부터 시작해, 1964년 니가타 지진으로

높아진 사회적 관심과 요청을 배경으로 이듬해인 1965년부터 지진예지연구계획이 국책 프로젝트로서 발족됐다.

1968년에는 도카치오키(十勝沖) 지진(M7.9)이 일어나면서, 이를 계기로 예지연구계획이 대폭 강화됐다. 1969년부터는 '연구'라는 단어를 빼고, 지진예지의 실용화를 지향하는 지진예지계획 제2차 5개년 계획을 시작, 지진예지연락회를 발족했다. '연구'라는 말을 뺀 이유는 예산 획득에 있었으나, 이렇게 실용화를 지향한 것이 이후의 지진예지에 영향을 미쳤다(이에 대해서는 4부에서 살펴보기로 한다). 이듬해인 1970년 2월 홋카이도 동부 등 8곳을 특정관측지역, 전년부터 보소(房總)·미우라(三浦) 반도에서 이상 융기현상이 발견된 미나미간토(南關東)가 관측강화지역으로 지정됐다.

바로 이때 쯤, 지구물리학의 신규 이론인 플레이트 이론이 미국에서 소개됐다. 해양저 확대설에서 시작된 플레이트 이론은 사장됐던 대륙이동설에 다시 한 번 주목하게끔 함으로써 지진에 대한 사고방식을 새롭게 변화시켰다. 이전까지의 '지진학 또는 지진학 교과서의 최대 특징은 지진발생의 원인에 관해 규명하는 것이 부족하다'는 것이었고, '지진의 힘의 근원은 무엇인가 하는 문제는 옛날 지진학자에게는 터부였다'(아사다 사토시(淺田 敏), 『지진예지 방법』, 1978년, 도쿄대학출판회). 그러나 플레이트 이론은 지진학에서 제일 중요한 문제인 왜 지진이 일어나는 것인가란 최대 의문을 '플레이트 이동에 따른 에너지의 축적이 비틀림을 일으켜 한계에 도달하면 비틀어진 부분이 원래대로 돌아가려고 할 때 에너지를 방출하며 지진이 일어난다'라고 멋지게 해석했다. 이론은 또한 통계적으로 지적할 수밖에 없었던 주기설에 근거를 부여해 경험적으로 중요성이 지적되고 있었던 거대 지진의 공백역에 새로운 의미를 부여했다. 주기성과 공백역을 알 수 있고, 정밀한 관측에 의해 전조현상을 이해하게 됨으로써 지진예지가 가능하게 된 것이다.

이제까지 모여진 자세한 관측 데이터, 고문서에 남겨진 거대한 기록이 큰 의미를 갖게 됐다. 국책 프로젝트로서 진행된 지진예지계획 각각의 항목이 플레이트 이론이란 새로운 종합이론 하에서 체계화되어 지진예지과학으로서 형태를 갖춰갔다.

사라진 예지보도의 터부화

매스미디어의 지진보도도 예전에는 발생한 지진에 관해 규모, 위치, 진도, 피해 실상을 전달하는 것이 중심이었다. 1944년 도난카이(東南海) 지진, 1945년 미가와(三河) 지진과 같이 전쟁 중, 군부의 엄격한 정보통제 하에서 거의 보도되지 않는 사례도 있으나 이는 오히려 예외적인 것이다. 지진보도는 지진발생 후 사실을 정확하고 신속하게 보도하거나 재해기념일 등에 맞추어 방재 캠페인의 일환으로 대부분 발생 사실을 전달한다.

지진은 잊어버릴만하면 돌연 발생하고 예지·예측 등이 불가능하기 때문에 영향력이 큰 TV나 신문은 독자나 시청자를 부추기거나, 패닉을 불러올 수 있는 예측 보도 등의 실시가 금기시됐다. 일부 스포츠지나 잡지는 별도지만 이는 매스미디어 일반의 보도기준이었다. 지진보도에는 어느 정도 절제와 균형 감각이 요구되었으며 점이나 예언과는 확실하게 구별됐다.

이런 언론들의 보도 자세는 지진학이 지질학에서 지구물리학으로 옮겨가고 지진예지가 부각되어가는 1970년대부터 크게 변화했다. 지진예지는 점도 예언도 아닌 과학이 됐다. 여기에는 플레이트 이론이라는 어떤 의미에서는 낭만이 가득한 사연관이 든든한 배경이 됐다.

우선 지금까지는 영향력이 크고 괜한 보도로 주민에게 불안을 줄 수 있기 때문에 발표하지 않았던 지진피해예상이 발표되기 시작했다. '지금 도쿄에서 2년 전의 도카치오키(十勝沖) 지진(관동 대지진과 거의 같은 규모)이 일어난다면 약 3만 건의 화재가 발생하고 석유 스토브로 도쿄는 불바다가 될 것이다', '겨울날 저녁 때, 관동지방 남부에서 진도 6의 지진이 발생하면 목조주택은 최소 5만 4,600동이 파괴, 도쿄, 요코하마, 가와사키에서만 피해자는 80만 명에 이르고 사망자 수는 너무 많아서 예측 불가다.' 이렇게 쇼킹한 지진 피해예상이 1970년 계속해서 공개됐다. 최초 보고는 1월 도쿄도방재회의의 지진부문회, 두 번째는 3월 소방청장관의 자문기관인 소방심의회가 보고한 내용이었다.

관심이 높아짐에 따라 7만 명의 사망자를 낸 페루 지진(1970년 5월), 로스앤젤레스 근교에서 일어난 샌페르난도 지진(1971년 2월) 등 외국의 지진이나 재해도 크게 보도됐다. 샌페르난도 지진 때에는 도쿄도와 일본 정부에서 파견한 2개 조사단을 시작으로 시찰단과 연구자 파견이 쇄도했다. 정부 조사단은 중앙방재회의에서 '로스앤젤레스 지진이 도쿄나 오사카에서 일어난다면 대화재와 교통마비로 공황상태가 발생할 염려가 있다'라고 보고했다.

관측강화지역으로 지정한 미나미간토 지역에서는 각종 관측조사를 집중적으로 시행하여 9월부터는 국토지리원에 의해 처음으로 지반변동의 정기점검관측이 시작됐다. 그 결과를 토대로 1971년 2월에는 지진예지연락회가 M7정도의 지진을 일으킬 에너지가 축적되어 있다고 발표하면서 매스미디어의 전달방식 변화와 맞물려 사람들에게 매우 큰 관심을 불러 일으켰다.

이어지는 충격적인 지진 피해 예상, 미나미간토의 이상 융기, 페루나 로스앤젤레스 샌페르난도 지진보도와 조사단 파견, 국회에서의 지진과 지진대책을 둘러싼 논의 등과 같은 이러한 일련의 흐름은 거대 도시 도쿄의 재해 대책, 도시 만들기를 둘러싼 도쿄 도지사 선거로 수렴됐다.

보수와 개혁의 대결, 미노베(美濃部), 하다노(泰野) 양 후보의 대결이 된 1971년 4월의 도쿄도지사 선거에서는 도쿄의 지진방재대책이 중요한 쟁점으로 떠올랐다. 샌페르난도 지진의 실상을 보고 온 하다노 후보는 '최근 학계의 연구, 보소반도 지반 융기의 보고를 보더라도 미나미간토의 대지진 위험은 바로 지금 임박해 있다'고 하면서 도쿄 방재대책을 위한 '4조 엔 비전'을 대대적으로 호소했다. 이에 대해 미노베 후보는 8조 엔 계획으로 응했다. 선거전에서는 TV · 신문 등 매스미디어와 대량 선전물을 이용하여 대지진의 가능성과 그 방재대책이 정보조작과 유사한 캠페인으로서 반복하여 전달됐다. 이를 전달하는 가운데 매스미디어도 지진, 방재 문제에 이전까지보다 깊게 관여하여 보도하게 됐다. 이로써 지진보도의 터부는 빠르게 사라졌다.

염원의 지진예지

'도카이 지진'은 지진예지가 만들어낸 지진이다. 발생 이전부터 범위 및 규모를 밝혀내서 명칭을 붙인 최초의 지진으로 공백역과 전조현상으로 예지가 가능했다. 1973년 6월, 네무로 반도 앞 바다의 지진이 예측된 장소에서 예측된 것과 같이 발생하자 다음은 역시 공백역에 에너지를 축적하고 있는 엔슈나다 반도가 주목받는다. 이 지역은 1854년 안세 지진 이래, 대지진이 발생하지 않았다. 약 120년 주기를 고려하면 거대 지진이 언제 일어나도 이상하지 않다고 지진학자들이 발언했고, 매스미디어도 '다음은 도카이에서 대지진', '지금 즉시 일어나도 이상하지 않다'라고 크게 보도하면서, 다음 해 1974년에 특정관측지역에서 관측강화지역으로 격상됐다. 그로부터 2년 후인 1976년, 도쿄대학 이학부의 이시하시(石橋) 교수(당시)가 과거 지진이나 쓰나미 재해 기록에서 엔슈나다로 여겨지는 지진의 진원지가 스루가(駿河)만 내부까지 깊게 들어가 있기 때문에, 지진이 발생한다면 시즈오카(静岡)시 등은 직하형 지진이 일어난다는 가설을 발표했다. 예상되는 '도카이 지진'은 M8, 진원은 엔슈나다 동부에서 스루가만 깊숙한 부분, 시즈오카현 중 · 동부지역에까지 영향을 미쳐서 최대 진도 7, 진도 6의 지역도 광범위하게 발생하고, 발생 직후에는 쓰나미도 밀려와 시즈오카 연안에서는 가옥 파괴율이 30% 이상에 달한다는 것이었다.

이시하시의 가설은 언론으로 하여금 내일 일어나도 이상하지 않은 '도카이 지진'을 부각시켜 센세이셔널하게 보도하게끔 만들었다. 이 해 지진에 관한 언론 보도량은 실로 방대(2부 〈표 2-1〉, 〈표 2-2〉 참조)하다는 점에서 상당한 소동이었다. 이처럼 각광받은 도카이 지진은 말 그대로 예지의 산물이었다. 예지가 만들어내고, 매스미디어가 퍼트리고 키운 지진이었다. 참고로 하마오카(浜岡) 원자력발전소 1호기의 운전이 개시된 연도가 바로 1976년이었다.

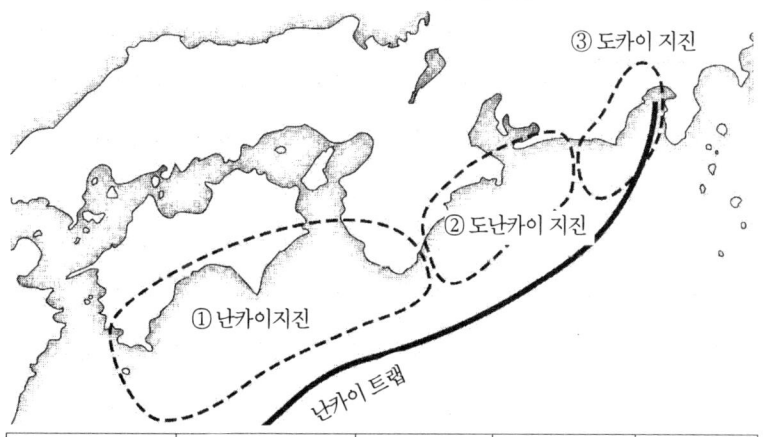

〈그림 1-2〉 도카이·도난카이 지진의 상정 진원지와 연동패턴

지진의 명칭	발생연월일(지진규모)	① 난카이 지진	② 도난카이 지진	③ 도카이 지진
게이조 지진	1605.2.3(M7.9)	■	■	
호에이 지진	1707.10.28(M8.4)	■	■	■
안세도난카이 지진	1854.12.23(M8.4)		■	■
안세난카이 지진	1854.12.24(M8.4)	■		
쇼와도난카이 지진	1944.12.7(M7.9)		■	
쇼와난카이 지진	1946.12.21(M8.0)	■		
(상정)도카이 지진	???(M8급)			?

1970년대는 세계적으로도 지진예지의 장밋빛 미래가 그려진 시대였다.

지진예지는 소련, 미국 등 세계 각 국에서도 연구됐고, 중국에서도 성공 사례가 화려하게 보도됐다. 1975년 중국 요령성에서 일어난 해성지진에서는 교과서에 쓰여 있는 것과 같이 장기, 중기, 단기로 예지를 진행하여 약 10시간 전에 경보를 발령하여 주민을 피난시켰기 때문에 M7.3, 지진이 심한 지역에서는 90% 이상의 가옥이 파손됐음에도 불구하고 인적 피해는 거의 없었다고 전해진다.

지진예지는 과학이면서 동시에 사회적 존재이기도 하다. 피해, 영향의 크기 등에서 도카이 지진에 대한 사회의 관심은 순식간에 높아졌다. 이러한 가운데 도카이 지진의 진원에 가까운 이즈(伊豆) 반도 주변에서는 1974년, 1976년, 1978년 연속 지진이 발생하면서 많은 피해를 초래했다. 지진 이후에는 지반 이상을 비롯하여 동물의 이상행동 등 몇 가지 전조현상이 보고됐다.

1978년 1월 이즈오지마(伊豆大)섬 근해 지진으로 소위 여진정보 패닉현상(4부에서 상술)이 계기가 되어 세계에서도 최초로 도카이 지진을 대상으로 한 대규모지진대책특별조치법(이하 대지진법)을 제정, 이듬해 1979년에는 진도 6이 예상된 구역을 지진방재대책강화지역(이하 강화지역)으로 지정했다(203 페이지 〈그림 4-2〉 참조). 동시에 지진예지연락회 내부조직인 '도카이지역 판정회'가 도카이 지진의 직전 예지를 목적으로 하는 '지진방재대책강화지역판정회', 통칭 '판정회'로 이름을 바꿔 기상청장관의 사적자문기관으로서 조직화됐다. 6인의 위원으로 구성된 판정회가 예지체제의 핵심이 되면서 도카이 지진은 일본에서 유일하게 과학적으로도 법제도적으로도 예지가 가능한 지진이 됐다.

이후 관측시설을 정비하여 체적 뒤틀림, 지진, 해저 지진, 지반의 경사 신축, 지하수, 조수 등 각종 데이터를 일원적으로 기상청에 보내 24시간 모니터가 실시되고 있다.

도카이 지진예지의 시나리오는 다음과 같다. 관측 수치가 어느 기준을 넘으면 판정회를 소집하여 데이터와 도카이 지진과의 관련성을 평가한다. '흑(黑)'으로 판정되면 지진예지정보로서 기상청장관으로부터 총리에게 전달되어 내각각료 회의를 거쳐 경계 선언을 발령한다. 지진예지는 '수 시간에서 2~3일 이내'에 절박함을 알리는 직전 예지로 매스미디어는 판정회 소집 결정의 30분 뒤에 엠바고가 풀리고 지진보도에 들어간다.

경보발령과 동시에 지진재해대책경계본부를 설치하고 정보를 관련 지자체에서 기업 방재대책부서로 전달한다. 각 지자체, 학교 및 의료기관, 교통기관, 사업소 등은 지진방재기본계획과 지진방재응급계획의 매뉴얼에 따라 강화지역에서는 위험지역의 주민피난, 병원에서는 외래진료 중지, 학교에서는 학생 귀가 등 정해진 행동을 취한다. 그리고 경계 선언의 발령 후 수 시간에서 2~3일 이내 도카이 지진이 발생한다는 시나리오다.

염원이었던 지진예지체제는 이렇게 완성됐다. 그것도 가장 절실하면서 예상 피해가 큰 도카이 지진에서의 실현이었다. 이후, 매년 9월 1일이 되면 관측데이터의 이상, 즉 직전 전조현상의 발생·발견→ 평가판정→ 경보발령→ 방재행동→ 지진발생이란 일련의 시나리오에 따라 대규모 방재훈련을 반복한다.

긴급지진속보

재해정보에서 방재정보로 전환, 그러나 지진예지에 관해서는 원만한 진행이 쉽지 않았다. 그 경위에 관해서는 4부에서 다루겠으나, 지진예지가 아주 느리게 천천히 진행하는 가운데 2007년부터 긴급지진속보가 시작됐다. 이는 쓰나미 경보와 같이 큰 지진(진도 5 이상 추정 지진)이 발생했을 때 진동이 전달될 때까지의 짧은 시간 내에 내보내는 긴급속보음 '삐뽀- 삐뽀-'로 동일본 대지진으로 익숙해졌다.

지진예측은 지진이 발생했을 때 처음 전달되는 속도는 빠르지만 진동이 작은 초기미동(P파)을 관측·해석하고 후에 오는 진동이 큰 주요동(主要動: S파)이 도달하기 전에 속보를 내서 경계를 호소하는 것으로 쏘아 올린 폭죽의 선행하는 불빛을 몇 군데 장소에서 관측하여 폭죽을 쏘아 올린 장소와 크기를 계산하고 소리가 울리는 시간과 크기를 보는 장소로부터 거리에 비례해 예측하는 것과 같다고 생각하면 된다. 이는 지진 관측점의 증가, 통신시설 정비, 컴퓨터 성능 향상, 통신 및 방송 전송시설 정비와 수신단말기의 보급으로 가능해졌지만 2011년 동일본 대지진 후의 여진에서는 적중률 30%대로 결코 높지는 않았다. 기상청에서는 이후 시스템을 수정하여 60% 이상까지 개선했다고 하나 보다 한층 높은 정확도를 요구받고 있다.

여기서 이야기를 처음으로 되돌리면, 사람들의 관심이 높아진 지진예지의 요람기인 1970년대 초에는 예지·예측정보를 둘러싸고 소문이나 유언비어가 퍼져, 이런저런 알력과 사회적 혼란이 계속됐다. 다음은 이런 것들 중에 1973년 일어난 전국적 지진 쓰나미 유언비어 소동에 관해 살펴보기로 한다.

2부
매스미디어 보도가 초래한 지진 쓰나미 유언비어 소동

도난카이 쓰나미로 좌초된 어선
(1944년, 오와세시)

머리말

남편: "뭘 그렇게 잔뜩 사가지고 왔어?"
아내: "화장실 휴지와 등유는 이거면 됐네요."
남편: "지진이 일어나면 어떻게 해, 그것 때문에 더 불이 나기 쉽다고."

1973년(쇼와48) 일본의 사회 상을 단적으로 보여주는 대화다.

그 해 가을, 일본 내에 소문이 퍼졌다.

"12월 1일 오전 12시 반 쯤 관동 대지진을 상회하는 대지진이 일본 열도를 덮친다."

일본 기상청에는 전국에서 문의전화가 쇄도했고, 요코하마(橫浜)나 도쿄(東京)의 시타마치(下町)[1] 지역에서는 비상식량이나 휴대전등을 사러 다니거나 베게 옆에 놓고 자는 사람도 있었다.

한편, 쓰나미 상습지대의 난기(南紀) 연안, 오와세(尾鷲)시, 구마노(熊野)시를 중심으로 동쪽은 미에(三重)현의 이세(紀勢)초부터 서쪽은 와카야마(和歌山)현의 다나베(田辺)시 주변 일대에서 '지진과 함께 큰 쓰나미가 몰려온다'며 고지대에 가건물을 지어 짐을 운반해두거나 안전한 친척 집에 피난

---

[1] 서민이 거주하는 달동네.

하는 소동이 벌어지는 상황이었다.

이러한 유언비어 소동은 결코 우연히 일어난 것이 아니다. 오히려 일어날 만하므로 일어났다고도 할 수 있다. 현지 방문조사, 매스미디어의 보도, 당시 사회상황과 시대 상황 등과 관련한 조사를 통해 이 점을 명확하게 하고자 한다.

1. 대지진 · 거대 쓰나미 발생

1) 매스미디어가 유포한 유언비어

사이비 과학자의 예언

소문이나 유언비어는 일반적으로 발생지점까지 거슬러 올라가는 것이 쉽지 않다. 그러나 이 유언비어의 경우 발생원이 명확했다. 자연발생적으로 사람의 입에서 전해지는 소문으로 발생한 것도 아니고, 어물쩍 의도적으로 숨기고 시작한 것도 아니다. 매스미디어가 씨를 뿌리고 매스미디어가 키운 것이었다.

발단은 관동 대지진 발생 50주년을 3일 앞둔 1973년(쇼와48) 8월 29일, 일간스포츠가 레저 3면의 특집 '나는 대지진을 체험했다! 그 후 50년'에 게재한 2단 기사 '12월 1일 오전 12시 30분에 주의, 소우타이자기파 연구소장 나카무라 사로(中村史郎) 씨의 예언'이었다.

"9월 하순 매그니튜드3이나 4 정도의 예진이 먼저 있고, 두 번째는 12월 1일 오전 12시 반에서 1시 사이에 발생한다. 진도는 적게 어림잡아도 3이나 4, 최악의 경우 관동 대지진급의 7이 될 지도 모른다. 진원지는 보소오키(房總冲)로 가장 피해를 입는 것은 요코하마 · 도쿄로 상당히 흔들릴 것이다"라고 한다. "우선 지진이 일어날 것인가 일어나지 않을 것인가를 비롯해 일어난다고 하면 몇 시에,

어디에서, 진도는 몇인가의 순서로 신중하게 측정한 결과가 이것이다." 거짓이든 진실이든 어쨌든 12월 1일에 주목해보자.

그 후 9월 13일 호(6일 발매)의 『슈칸헤이본(週刊平凡)』이 거의 동일한 내용으로 3페이지에 걸쳐 이러한 예언을 게재하여 정보는 전국으로 퍼졌다. "충격 발언 12월 1일 오전 12시 반 대지진 발생. 진원지는 보소오키(房總冲)라고 과학자가 예언!"이란 대문짝만한 헤드라인이 좌우 양면 1페이지에 적힌 기사는 다음과 같은 내용으로 시작된다. "가까운 장래에 반드시 대지진이 일어난다라고 지금 각 방면에서 자주 이야기된다. 일류 지질학자도 가능성을 강조하고 많은 역학자, 예언자도 대지진을 예언하며 일종의 유행이 되고 있는 느낌이다." 그런 뒤 앞서 기술한 일간스포츠지와 같이 나카무라(中村) 씨의 예언을 소개하고 다음과 같이 이어갔다. "나카무라(中村) 씨는 9월 하순에 지진이 일어나면 12월 1일 지진이 확실하게 일어난다고 한다."

기사 작성 방식이나 기사 내용으로 보아 사람의 주목을 끌기 위한 의도였지만 이 예언에 딱 맞게 9월 29일, 30일, 더욱이 10월 1일 관동 지방을 중심으로 3일 연속 지진이 발생했다. 진도는 큰 곳이 3에서 4(예언에서는 M3이나 4)였다. 그때까지 다소 과학적 의미를 갖고 있다고 해도 단순한 예언이나 점에 지나지 않았던 것이 이를 계기로 사람들의 각광과 주목을 끌게 됐다. 소문과 풍문이 사람들 사이에서 퍼지기 시작했다. 그리고 이에 박차를 가한 것이 매스미디어의 보도였다.

앞의 『슈칸헤이본(週刊平凡)』은 10월 18일 호에서 "9월말에 연속지진!/과학자의 예언 적중/드디어 확실!? 12월 1일 오전 12시 30분 간토(關東)에서 대지진이 발생"이라고 다시 거론했다. "첫 번째 예언이 적중했다. 문제는 '본편'인 12월 1일. 도쿄에서는 이미 당일 휴가를 내고 귀경하는 여자 직장인도 나오고 있는 상황이다. 예언에 따르면 매우 큰 대지진이라고 한다. 관심 부분은 재해의 규모." 이렇게 시작하면서 간토 각 지역의 예상 진도를 지도로 표기해 보여주면서 보다 자세한 지역별 예상 진동과 피해 예상까지 구체적으로 해설하는 등 정성을 기울였다.

TV의 와이드쇼 프로그램[2]도 나섰다. 1주일 전에는 '3시에 만납시다'에서 나카무라 씨가 직접 출연해 설명했다. 11월 28일 밤 '11PM'에서도 '12월 1일 대지진이 온다!?'라고 대대적으로 다뤘다.

직전 11월 29일 발매(12월 8일 호)의 『주간요미우리』도 "12월 1일 도쿄대지진의 소문!! '동네 예언자의 신탁' 믿는 사람과 웃는 사람"이란 내용으로 4페이지에 걸쳐 게재했다.

> "12월 1일 도쿄 대지진이 일어난다"는 소문이 도쿄 주변에서 급속히 퍼졌다. '동네 예언자의 신탁'이었지만 정말로 믿고서 도쿄 탈출을 생각한다든지, 식료품을 사는 사람이 많아지면 일본은 '지진대국'이기 때문에 조금 불안한 마음이 생겨나게 마련이다.

그리고 그 뒤에 12월 1일 대지진 소문의 확산, 도쿄 서민 동네의 반응을 구체적으로 전하면서, 소문의 진원지인 나카무라 씨의 확신 가득한 이야기를 소개한 뒤 이어서 스에히로 시게지(末広重二) 기상청 지진과장, 하기와라 타카히로(萩原尊礼) 지진예지연락회회장, 리키다케 쓰네시(力武常次) 도쿄대 지진연구소 교수가 이를 부정하는 코멘트를 실었다. 전문가가 이를 부인하는 코멘트를 넣기는 했지만, 동네 사이비 과학자의 엉터리 예언이 흥미 본위의 기사나 TV 프로그램에서 확대되는 형태로 전국적으로 퍼졌다. 소문은 사람들의 마음속에서 발아한 뒤 매스미디어의 반복 보도로 의심을 품고

---

2) 주로 주부층을 대상으로 연예인 · 정치인 등 유명인의 스캔들과 신변잡기를 다루는 일본 특유의 정보오락프로그램.

있는 사람들의 불안을 더욱 증폭시키고, 유언비어로 인해 다양한 행동을 취하게 만들었다.

일본열도에 확산된 소문

1973년은 6월 네무로(根室) 반도 연안에서 지진이 발생하고 동시에 엔슈나다(遠州灘)의 공백역이 나타나 지진 가능성이 지적된 해였다. 게다가 9월은 관동 대지진의 발생으로부터 정확히 50년이 된 해로 매스미디어는 지진 관련 뉴스나 기획방송을 많이 했고 시민들도 지진에 대한 관심이 높았다. 그때 예언이 나왔다. 9월말 예언이 적중한 것과 같이 우연히 지진이 발생하며 무관심이었던 사람들도 주의를 기울이게 되었고, 조심성 많은 사람들은 더욱 경계심을 강하게 갖게 하는 결과가 됐다. 정확한 기록은 남아있지 않지만, 당시 신문, 잡지 기사, 기상청관계자의 이야기 등으로 판단해보면 소문은 거의 전국에 퍼졌다. 기상청에도 일반 시민이나 매스미디어로부터 많은 문의가 있었다고 한다.

예언 내용에 관한 소문의 중심지는 간토지방이었다. 가장 위험하다고 지적된 요코하마(橫浜)나 관동(關東) 대지진으로 큰 피해를 입은 도쿄의 시타마치(下町), 에도(江東)구, 다이도(台東)구 등에서는 약간의 소동까지 일어났다. 해수면보다 낮은 지역으로 제방의 위험성이 지적되어 왔던 에도가와(江戶川)구에서는 구의회에 걱정 및 문의 전화가 끊임없이 걸려왔다. 비상식량과 피난주머니, 휴대전등을 준비하는 사람도 있었다. 에도(江東)구의 주민 중에는 피난훈련을 한다든지 단기 피난을 하는 사람도 있었다고 한다.

시타마치(下町)뿐만 아니었다. 예를 들어 네리마(練馬)구에서도 여고 1년생과 초등학교 5년생의 어린이가 11월 초부터 초콜릿이나 비스켓을 사서 배낭에 채워 놓고 지진이 일어날 것이라고 예언한 날 밤에 물통과 배낭을 베개 옆에 두고 잤다고 한다. 그리고 도쿄 빌딩가에서도 관리책임자들이 긴급 대책회의까지 열었다(『마이니치신문』, 12. 25 석간)

이러한 정보가 일반 시민에게는 어떻게 받아 들여졌는지 조사한 기록이 있다. 도쿄외국어대학의 아베 기타오(安倍北夫)를 대표로 하는 재해행동과학연구회가 도쿄 기타(北)구의 의뢰를 받아 다음해인 1974년 1월 기타구 주민을 대상으로 실시한 조사(『대지진에 관한 기타구 주민의 의식조사』, 1974년 3월, 도쿄도 기타쿠 구청). 조사결과에 따르면 유언비어의 인지도는 85.2%에 달했고 성, 연령, 지역별 구분과 관계없이 널리 퍼져 있었다. 그리고 소문의 전달 경로는 '매스미디어', '인적 전달'이 많았다. 내역을 자세히 살펴보면 '라디오·TV'가 39.5%로 가장 많았고, '신문' 24.7%, '주간지' 20.0%, 인적 전달은 '친구·지인'의 '구전(口傳)'이 29.6% 순이었다. 또한 유언비어를 들었던 사람에게 불안감을 물은 질문에는 '매우 불안했다'- 4.4%, '약간 불안했다'- 40.6%, 요컨대 약 절반이 이러한 소문에 적든 많든 불안을 느꼈다고 답했다. 유언비어를 들은 뒤 취한 구체적 대응 행동은 '가족과 어떻게 할 것인가 대화했다'- 24.5%, '비상물품을 준비했다'- 13.8%, '그날 밤 특별히 주의했다'가 6.1%를 차지했다. 복수응답이므로 이를 정리하면 소문을 알고 있었던 사람 가운데 '무엇인가 대응행동을 일으킨 사람'은 36.8%, 기타구 주민 전체에서 보면 3명 중 1명이란 놀랄만한 수치였다.

좀 더 분석을 해보면 불안감이 높았던 지역에서 살고 있었던 사람일수록 구체적인 대응을 취하는 사람이 많았다. 예를 들면 지리적으로 가장 불안감이 높았던 지역에서는 무엇인가 행동을 취했다라는 사람의 비율이 50%를 넘었다.

난기(南紀) 연안도 지리적으로 불안감이 가장 높은 장소였다. 그러나 이곳의 소문과 소동 형태는 약간 달랐다. 오와세(尾鷲), 구마노(熊野), 신구(新宮)의 각 시를 중심으로 동쪽은 적어도 미에(三重)현 기세(紀勢)초에서, 서쪽은 와카야마(和歌山)현의 다나베(田辺)시까지 상당한 범위에 걸쳐 지진과 함께 쓰나미가 몰려 온다는 유언비어 소동이 일어났다.

2) 쓰나미 상습지대

끊이질 않는 쓰나미 · 해일

기세(紀勢) 반도 남부의 리아스식 해안 지대는 산리쿠(三陸) 해안과 함께 쓰나미 상습지대다. 유사 이래, 약 100~150년에 한 번 꼴로 태평양 쪽의 거대 지진에서 발생한 쓰나미로 피해를 입었다. 쓰나미는 4~6미터, 때로 8~10미터에도 달했으며 그때마다 많은 사망자가 속출했고 가옥이 파괴됐다. 오래된 사찰의 과거 장부에는 쓰나미로 인한 사망자의 이름이 한 사람 한 사람 적혀있고 쓰나미 공양탑도 각 지에 건립되어 있다. 이곳에서 쓰나미는 결코 피할 수 없는 것이었다. 게다가 한 번 발생하면 틀림없이 거대한 피해를 초래하는 천재지변이었다.

그렇지만 100년에 한 번이라고 하면 일생 중 한 번 만날까 말까 한 드문 일이다. 때문에 부모가 자식 세대에 대대로 이야기를 전하고 만일의 경우를 대비하기 위해 꼭 기억해 두어야 할 일로 간주되어 왔다. 그러나 제2차 세계대전 때부터 상황이 달라졌다. 큰 쓰나미나 해일이 몇 번이나 반복하여 몰려왔다.

① 도난카이(東南海) 지진…1944년(쇼와19) 12월 7일/진원지 구마노나다오키(熊野灘沖) 연안, 규모 M7.9

이 지진은 제2차 세계대전 말기에 발생했기 때문에 1945년 1월의 미가와(三河) 지진과 더불어 '은폐된 대지진'으로 불리며, 그 피해규모가 별로 알려지지 않았다. 하지만 난기 연안, 즉 구마노나다 연안 지역에 4~5미터의 쓰나미가 급습해 대규모 재해를 초래했다. 미에(三重)현의 사망 및 행방불명자

285명 중 238명이 쓰나미로 인한 것이었고 와카야마(和歌山)현의 사망자 및 행방불명자도 49명에 달했다. 또한 신구(新宮)시에서는 진도 6을 기록, 가옥의 전파 및 반파 200여 동, 압사자도 6명이 발생했다.

② 난카이도(南海道) 지진…1946년(쇼와21) 12월 21일/진원지 시고쿠·이세오키, 규모 M8.0

도난카이 지진으로부터 불과 2년 뒤, 시오노미사키(潮岬)의 남서 연안에서 발생한 이 지진은 난기(南紀)를 직격했다. 특히 와카야마현이 쓰나미로 큰 피해를 입었다. 와카야마현의 피해 규모는 사망 및 행방불명자 269명, 가옥 전파 2,439동, 반파 966동, 유실 316동, 침수 16,825동, 전소 2,399동에 달했다. 현재의 다나베(田辺)시의 하야(芳養)와 신죠(新庄), 시라하마(白浜)초, 구시모토(串本)초 후쿠로(袋) 등에서는 쓰나미 높이가 4~7미터에 달했다. 신구시에서 큰 화재가 발생해 중심부의 대부분이 소실됐고, 압사·화재로 인한 사망자가 50명에 달했다.

③ 태풍 13호…1953년(쇼와 28) 9월 24~26일

강한 세력을 지닌 태풍 13호는 이세 반도의 구마노나다를 따라 북상, 시마(志摩) 반도에 상륙한 후 일본열도를 횡단했다. 이로 인해 일본 전역에 걸친 비바람의 영향으로 피해가 발생했지만, 난기 연안과 이세완만에서는 2미터가 넘는 높은 파도와 폭풍우가 함께 들이쳐 큰 피해를 일으켰다. 특히 미에현의 피해가 컸다. 히키모토(引本, 현 기호쿠초 히키모토[紀北町 引本])초에서는 가옥 전파·유실 286동, 침수 355동, 선박 유실 109척의 피해를 입었다.

④ 이세완만 태풍… 1959년(쇼와 34) 9월 26일

이세완만 태풍은 중심 기압 929헥토파스칼(밀리바)의 강력한 세력으로

시오노미사키의 서쪽에 상륙해 일본 태풍 사상 초유의 피해를 일으켰다. 해안부는 높은 해일과 파도에 의한 피해가 컸다. 나고야(名古屋)와 그 주변의 해일 피해가 널리 알려져 있다. 그다지 알려져 있지는 않지만, 구마노나다와 시마 지역의 연안부도 해일에 의한 피해가 막대했다. 미에현의 난기 지역 전체만으로도 사망자 8명, 부상자 281명, 가옥 전파 1,415동, 반파 4,178동, 유실 179동, 이재민은 1만 4,862세대, 7만 4,098명이라는 어마어마한 수치였다. 태풍의 상륙 지점 근처였던 구마노시의 참상은 눈을 의심할 정도였다. 특히 오와세(尾鷲)시와 인접한 리아스식 해안의 오오도마리(大泊), 아타시카(新鹿), 니기시마(二木)섬, 호보(甫母), 스노(須野)의 피해가 심각해 가옥의 대부분이 붕괴 유실, 초등학교도 파괴됐다.

⑤ 칠레 지진 쓰나미…1960년(쇼와35) 5월 24일

난기 연안이 산리쿠 다음으로 큰 피해를 입었다. 미에현에서는 가옥의 전·반파 87동, 침상 침수 3,202동, 침하 침수, 2,890동, 선박 피해 27척, 와카야마현에서도 가옥의 전·반파 12동, 침상 침수 896동, 침하 침수 1,680동, 선박 피해 27척이 발생했다. 피해를 입은 곳의 대부분은 난기의 리아스식 해안 지역이었다.

다음 해인 1961년(쇼와 36) 9월 제2무로토(室戸)태풍도 구시모토초 후쿠로에 2.4미터의 해일을 기록하는 등, 만조와 겹쳐 와카야마현에 커다란 해일 피해를 일으켰다.

이처럼 일본에서는 평균적으로 5년에 한 번, 빈번하게는 매해 쓰나미, 해일이 발생했다. 더 이상 재해는 선조 대대로부터 전해 내려오는 옛 이야기 속의 세계가 아니라 누구나가 몇 번씩 생사의 기로에 부딪히거나 또는 몇 번이고 집과 세간을 잃는 두려운 현실 속의 사건이 됐다. 이런 삶의 체험 속에 대지진의 예언이 전해졌다.

정보 소통의 막다른 땅

유언비어가 나돈 것은 미에현 남부와 와카야마현 남부인 이세 반도 남쪽의 리아스식 해안 지역이었다. 이들 지역은 안으로 움푹 들어 온 만의 안쪽에 산이 바다를 둘러싸고 있고 아주 조그만 평지에 동네가 듬성듬성 존재하는 곳이다. 그리고 대부분이 어업과 수산 가공업 등 바다와 관련된 일로 생활을 하고 있다.

경치는 아름답지만 교통편은 좋지 않다. 해안가를 따라 도로와 철도가 연결되어 있지만, 도로는 좁고 커브와 고개가 많다. 철도는 단선으로 오사카, 나고야 어느 쪽에서도 시간이 꽤 걸리는 곳이다. 어떤 곳은 도로가 연결되지 않아, 배가 유일한 교통수단이기도 했다.

난기 연안 지역은 역사적으로 오사카 문화권(기슈영주)에 포함되어 있었다. 하지만 대도시로부터 멀리 떨어져 있고, 산으로 격리되어 있어 몇 개의 독립된 작은 경제문화권으로 분리되어 있다. 동쪽으로부터 해안가에 오와세(尾鷲)시 구마노(熊野, 미에현), 신구(新宮), 다나베(田辺), 고보(御坊), 아리타(有田, 와카야마현)와 다나베시의 6.5만 명을 제외하면 인구는 3~4만 명(당시)의 작은 시(市)가 나란히 있어 각각 지역 정치, 경제, 문화, 의료의 중심지로 주변의 여러 초무라(町村)를 합쳐 독립 생활권을 구성한다. 크기는 다나베시 생활권의 인구 15만 명을 예외로 하면 다른 곳은 모두 5만 전후로 비교적 작은 사회다.

전국적으로도 드물게 각 생활권마다 정보의 핵심 통로로서 작은 지역 신문이 발행되고 있다. 작다고 해도 최근 늘어난 무료 커뮤니티지나 PR지와는 다르게 유료의 순수 지역 신문이고, 거의 대부분이 2페이지에서 4페이지의 일간지(일요일, 공휴일 휴간) 형태로 발행부수는 3,000~10,000부 전후다. 게다가 이 지역의 일간지들은 하나의 생활권에 2~3개의 신문이 경쟁한다. 오래된 곳은 메이지 시대부터 발행하기 시작했고, 이후 부침과 통합의 과정은 있었으나 그 구도는 최근까지도 바뀌지 않았다.

유언비어 소동이 있었던 1973년 당시, 각 지구의 지역신문 현황은 다음과 같다.

오와세 지구(오와세시, 미야마[海山]초), 기이나가시마(紀伊長島)초, 기세(紀勢)초…난카이히비(南海日々)신문, 이세(紀勢)신문(일간)

구마노(熊野) 지구(구마노시, 고하마[御浜]초, 우도노무라(鵜殿村)…요시노구마노(吉野熊野)신문, 구마노(熊野)일보, 난기(南紀)신보(일간)

신구지구(신구시, 우도노무라[鵜殿村]), 나치가쓰우라(那智勝浦)초, 다이지(太地)초, 고자(古座)초…구마노(熊野)신문, 기난(紀南)신문(일간), 선데이 저널(주간), 구마노(熊野)상공신문(순간[旬刊])

다나베지구(다나베시, 스사미초, 히키가와(日置川), 현 시라하마초]초), 시라하마(白浜)초, 난부(南部, 현 미나베초)초, 구시모토(串本)초…기이(紀伊)민보, 무로(牟婁)신문, 기슈(紀州政経)신문(일간)

이러한 지역신문은 시내를 중심으로 다음 날짜 신문이 전날 저녁에 배달된다. 주변 마을이나 산간부 지역에서는 다음날 아침, 다른 전국지나 블록지(준전국지), 현(県)지와 같이 배달되나 이는 전체 발행 부수의 20~30%에 지나지 않는다. 이 지역에서 전국지나 블록지는 석간이 없기 때문에 오전 중에 뉴스나 취재한 정보는 저녁 때 지역 신문의 지면에 게재되므로 소위 지역 신문이 석간의 역할을 담당한다. 이러한 발행 및 배달 형태는 당시부터 지금까지 변하지 않고 계속 유지되고 있다(히라츠카 치히로「지역사회와 신문-난기의 지역신문을 사례로-」,『릿쇼대학 인문사회과학연구소 연보』제47호, 2010년).

당시 지역 신문은 통신사에서 뉴스 배급을 받지 않고, 현(県)의 기자클럽에도 가입하지 않는 예가 많았다. 따라서 정보의 내용은 오직 지역에 밀착한 뉴스나 화제, 인사(人事)가 중심이었다. 취재원도 현(県)지방사무소나 시(市), 초(町), 무라(村) 등의 지방자치단체, 지방 경찰, 소방, 어업협동조합(漁協), 농협, 상공회의소 등이고 내용도 소위 동네 기삿거리로 기껏해야 현(県) 차원에 그쳤다. 따라서 전국 차원의 정보는 직접 취재보다 전국지나 전문지, 방송 등으로부터의 2차 정보가 많았다.

전국지는 아사히(朝日)신문, 마이니치(毎日)신문, 요미우리(読売)신문과 함께 산케이(産經)신문을 많이 구독했으나 아사히신문과 마이니치신문은 와카야마 지역판(版)은 물론 미에 지역판도 구마노 지역까지는 오사카 발행이고 오와세 지역에서 동쪽은 주부(中部) 본사의 발행 및 배송이었다. 산케이신문은 모두 발행을 오사카에서 담당했다.

와카야마현의 경우 현(県) 신문이 없고 블록지도 없다. 미에현의 경우 주니치(中日)신문이 신구시 근처까지 읽혀지고 있었고 현(県) 신문으로 이세(伊勢)신문이 있으나 지역 정보의 경우에는 역시 지역신문이 매우 상세하게 다루는 수준에는 못 미쳤다. 이 지역의 가정에서는 조간으로는 전국지(또는 블록지, 현 신문), 석간으로는 지역신문을 구독했다.

다음은 방송 매체다. 1973년 와카야마UHF 방송국이 개국했고, 지상파방송의 중계국도 설치됐다. 난기 연안의 거의 전 지역에서 TV도쿄를 제외한 지상파 방송을 볼 수 있다. 전화도 전자교환식으로 1960년대에 거의 교체되면서 전화를 통한 정보 교환이 만나서 이야기하는 것을 뛰어넘을 정도로 용이하게 된 시기였다.

대도시에서 멀리 떨어진 벽지(僻地)이기는 했지만 전국 뉴스 및 정보는 전국지, 블록지, 현(県) 신문, TV뉴스나 와이드쇼(생활 정보)프로그램, 라디오 방송, 또는 주간지로부터 직접 전달됐다. 또한, 지역뉴스나 정보도 지역신문으로부터 자세하게 들어왔다.

그러나 정보가 일방적으로 유입되면서 촌락공동체적 색채가 농후한 지역사회에서는 구전과 혼합되어 혼란이 커져갔다. 거센 여론의 흐름에 반하는 명확한 정보, 지진 쓰나미의 유언비어에 대해 권위 있는 전문가가 부인하는 정보나 반대 정보가 나오는 것은 거의 없었고, 매스미디어가 보도한 적도 없었다. 그 여론의 흐름 속 정보가 흘러나와 외부 세계에서 비판된 적도, 부인된 적도 없었다. 게다가 인근 생활권과 빈번한 정보의 교환이 있었다 해도 정보를 체크한 적도 검증한 적도 없었다. 소문은 구전의 힘을 빌려 내부로 움추려들며 유언비어를 증폭할 뿐이었다. 정보에 있어 난기 연안은 막다른 골목이었다.

3) 난기 연안 각지의 유언비어 소동

'12월 대지진' 예언은 난기 연안의 거의 대부분 지역에 퍼졌다. 그러나 그 소문이 어떤 내용과 형태를 취했는가는 지역에 따라 매우 다르다.

소문이나 유언비어는 본래 기록으로 남는 경우가 적다. 그러나 난기의 경우 지역 신문이 꽤 상세하게 수회에 걸쳐 보도했다. 남아 있는 기사를 살펴보면 지역의 지형, 사회, 재해경험 등에 따라 독자적인 특징을 갖고 있는 것을 알 수 있다.

지진발생 일시는 거의 대부분의 지역이 12월 1일 오전 12시 반, 또는 그로부터 3, 4시간 차이였다. 적은 수이지만 12월 3일 또는 5일이란 소문을 실은 곳도 있다. 12월 1일보다 수일전이라고 독자적으로 예언을 유포한 지역도 있었다.

도쿄에서는 지진 하면 재해기념일, 방재일 모두 관동 대지진이 있었던 9월 1일을 떠올리지만 난기에서는 전혀 다르다. 12월이다. 도난카이(東南海) 지진이 12월 7일에 있었고 난카이도(南海道) 지진은 12월 12일에 있었다. 안세(安政) 지진도 양력에 맞추면 12월이다. 난기 지방에서는 12월의 계절에 맞지 않게 따뜻한 날이 며칠 계속되면 대지진이 일어난다는 전설과 '종말의 20일'이라 하면서 12월 20일은 거의 좋은 날이 아니라는 전설이 있다. 이곳 사람들은 '지진'하면 9월보다는 오히려 음력 섣달을 자연스럽게 연상한다.

지진의 진원지는 나카무라(中村) 씨의 예언에 따르면 보소오키(房總沖)로 간토 지방이 크게 흔들리고 그 중에서도 요코하마와 도쿄 시타마치(下町)의 피해가 가장 클 것이라고 했으나, 난기의 유언비어에서는 진원지는 엔슈나다(遠州灘)가 많았고 일부는 구마노나다(熊野灘)인 것도 있었으며 쓰나미 피해를 가장 걱정했다. 신구(新宮)시의 경우 진원지 근처라는 소문이 퍼져 가옥 붕괴나 화재, 산사태나 댐 붕괴 피해를 걱정했다.

실제 필자는 당시 NHK 나고야 방송국에서 근무했는데, 이때 녹음기와 스틸 사진기를 갖고 '쓰나미 상습지대'란 로컬 프로그램 취재를 위해 난기 연안을 방문했다. 11월27일에서 30일까지 장소는 오와세시에서 이세초까지 바로 유언비어 소동의 한 가운데를 누볐다. 그때의 기억이나 취재 메모, 당시의 지역신문 그리고 약 20년 후 구마노시나 신구시를 중심으로 실시한 현지조사를 기초로 유언비어 소동의 내용 및 형태를 각 지역마다 되돌아보고자 한다.

텅빈 상점 … 오와세시, 기호쿠초・시마카투(島勝)

기세(紀勢)신문, 난카이히비(南海日々)신문 모두 이 소동을 기사화했지만, 12월 1일자(앞서 기술한 바와 같이 11월 30일 저녁때 대부분 배달)『기세신문』은 '기호쿠(紀北)일대에 지진소동/12월1일 미명 설(說)/두려움에 떨며 피난하는 주민도/냉정한 행동을 바란다'란 4단 헤드라인으로 대대적으로 보도했다. 전체 상황을 파악할 수 있기 때문에 조금 길어도 전부 소개하기로 한다.

"12월 1일 대지진이 일어난다"란 소문이 언제 어디서부터인지 퍼지면서 오와세시 시내에서도 해안 가까이 사는 주민이 가재도구를 운반하는 등 어수선한 움직임을 보여 불안한 마음을 불러일으키게 한다. 경찰이나 소방서, 기상대 등에 문의 전화가 많아 "천재지변(天災)이기 때문에 완전히 헛소문이라고는 단정할 수 없지 않은가"란 질문에 곤란해 하면서도 "항상 재해에 대해 충분히 대비하고 있으며 만일의 사태에도 냉정하고 침착한 행동을 취하기 바랍니다"라고 불안을 진정시키는 데 힘쓰고 있다.

'대지진발생'의 소문은 이 지역에서 상당히 오래전부터 퍼졌고 오와세 경찰서(署)의 조사를 보면 11월 초부터 미야마(海山, 현 키노호쿠초)초 시마카투(島勝)에서 가장 먼저 피난 소동이 발생했고, 20일 이후부터는 소문이 급속하게 퍼져 피난 소동이 기호쿠(紀北)(나가시마[長島]초, 미야마초, 오와세시) 일대에서도 일어났다.

〈그림 2-1〉 유언비어 소동의 무대(난기)

각 파출소의 상황 보고에서도 사람들이 '12월 1일 오전 1시부터 4시 사이 구마노나다오키(熊野灘冲)를 진원지로 하는 관동 대지진급의 대지진이 일어나고 큰 쓰나미가 밀려온다'는 예측을 바탕으로 2층 주택 건물은 가재도구나 귀중품을 2층으로 올려놓고 바다에 가까운 주택이나 저지대 주택은 고지대에 있는 친척이나 지인 집에 짐을 맡기는 등 피난조치를 취했다고 한다.

오와세시에서는 스가리(須賀利) 외 구키(九鬼), 하이다(早田), 후루에(古江), 가타(賀田) 등과 같은 해안 지역에서 11월 20일 이후부터 소동이 점점 커져 "바다에 가깝고 아래에 있는 집에는 가재도구가 전혀 없이 텅 비었다"라며 어수선한 모습을 전했다.

또한, 25일에 일어난 2번의 지진은 사람들의 경계심에 한층 박차를 가했다. 더욱이 아사히신문이 30일 조간 미에판(三重版)에서 이 소동을 다뤘기 때문에 마(魔)의 12월 1일이 임박하면서 동요와 혼란이 더욱 가중됐다.

유감스럽게도 오와세 기상관측소나 경찰, 소방서, 시청에도 이 기록은 남아 있지 않다. 그러나 거의 이와 같은 상황이었다는 것은 틀림없다. 당시의 관계자에 따르면 오와세 기상관측소에 수일 전부터 문의전화가 쇄도했고 지역 신문, 난카이히비(南海日々)신문의 기사나 방문인터뷰조사로부터 이를 확인할 수 있다. 신문 기사의 전달 방법에 관해서는 아사히신문 미에판(三重版)을 포함하여 나중에 검토하기로 하고 여기서는 유언비어의 내용 및 소동의 실태에 관해 자세하게 살펴보기로 한다.

'미야마(海山, 현 키노후쿠초)초 시마카투(島勝)에서 가장 먼저 피난소동이 일어났다'고는 하나 과연 이곳에서 가장 먼저 유언비어 소동이 시작됐는가는 확인할 수 없다. 설령 가장 먼저 시작됐다고 해도 이 소문과 예언은 원래 매스미디어가 중앙에서 전달한 것이고 유언비어의 발단이라고는 말하기 어렵다. 다만 미야마초는 지진, 태풍 때마다 큰 피해를 받은 곳이었다. 도난카이(東南海)지진 쓰나미 때 사망·행방불명자 4명, 가옥전파·유실 68동, 반파 72동의 피해가 났고, 태풍13호 때 가옥 전파·반파·유실 336동, 침수 355동, 칠레 지진 쓰나미 때는 전파·반파 87동, 침상 침수 716동, 침하 침수 303동으로 총 1,013(『이세(伊勢)신문』, 1960년 5월 26일자)동으로 이 지역이 최대 피해를 봤기 때문에 소문에 민감하게 반응했다는 것을 충분히 알 수 있다.

매스미디어가 전달하는 예언 및 소문이 구전으로 전달되어 퍼지는 가운데 미야마초에서 처음으로 유언비어 소동이 나타났지만 이곳에서 다른 지역으로 소동이 퍼져나간 것도 아니었다. 소문에 단숨에 불을 지핀 것은 나중에 자세하게 다루겠지만 기사에도 있는 11월 25일 오후와 밤, 와카야마(和歌山)현의 아리타(有田)시 부근을 진원지로 발생한 2번의 지진이었다. 미야마초의 시마카투에서는 큰 흔들림으로 인해 쓰나미가 오는 것이 아닌지 해변가에 살펴보러 나간다거나 여성이나 어린이 중에는 일시 안전한 장소로 피신한 사람도 있었다고 한다.

오와세에서는 각각 진도 2~3이었으나 흔들림이 매우 컸다. 시 체육문화회관의 샹들리에 유리가 깨졌고 신문사에서는 활자가 케이스에서 떨어졌으며, 일반가정에서도 선반의 물건이 떨어졌다. 시 체육문화회관에서 부녀회 모임이 열렸으나 200명의 참가자가 한순간 멈춰 서서 그 중 3분의 1 정도가 서로 앞을 다투어 현관 입구로 뛰쳐나갔다. 시내에서도 실외로 뛰어 나가는 시민들의 모습을 볼 수 있었다고 한다. 어쨌든 이 지진은 유언비어가 소동을 일으키는 데 큰 역할을 했다.

지역에 따라 소동이 일어난 형태는 달랐으나 도난카이(東南海) 지진이나 이세완 태풍, 칠레 쓰나미 등으로 자주 고통을 겪었던 해안지역일수록 소동이 더 컸다.

도난카이(東南海) 지진 쓰나미로 12명의 사망자를 낸 오와세시 가타(賀田)에서는 소개(疎開) 가건물이라고 불리는 창고 겸 피난소를 좀 더 높은 지대인 해안단구 위로 옮긴 집들이 많았다. 사용하지 않는 물건을 보관하고,

쓰나미의 급습을 대비해 쌀, 된장 등 최소 필수 식료품을 비축해두었다. 소개(疎開) 가건물도 큰 활약을 했다. 해안에 가까운 집은 중요한 물건부터 차례로 소개(疎開) 가건물로 짐을 운반해서 집안이 텅 빈 해변의 집도 있었다. 옷가게 중에는 바닷물 침수를 염려해 26일부터 상품들을 소개 가건물로 옮기고, 28일에는 벌써 가게 안이 텅 빈 곳도 있었다.

   육지의 고도(孤島)인 오와세시 스가리에서는 지역 전체가 피난했다. 시청의 지역사무소에서는 주민에게 '헛소문입니다'라고 대답은 했지만 '지진이 절대로 일어나지 않습니다'라고 단정할 수 없이 그저 보고 있을 수밖에 없었다.

   30일 소동은 최고조에 도달했다. 기상관측소에는 아침부터 문의전화가 쇄도하며 대응에 쫓겼다. 오와세 지역의 해안부에서도 손수레로 짐을 운반한다든지 빵 등 비상용 식량을 구입하는 가정이 많았다. 휴대전등은 날개 돋친 듯이 팔려 30일 하루에 300개나 팔린 가게도 있었다.

   지진 유언비어 소동이 한창일 때인 30일 저녁부터 오와세 시내에서는 수돗물이 갑자기 흙색으로 탁해지기 시작했다. '이변(異變)의 전조일까', '지반이 움직이기 시작해서 지하수가 탁해진 것은 아닐까…'라며 시의 수도사업소에 문의전화가 쇄도했으나 이것은 단순히 수원지에서의 공사 때문인 것으로 판명됐다. 그러나 시기가 시기인 만큼 지진 소동에 더욱 박차를 가하는 결과를 낳았다.

   그날 밤은 노인이나 어린이를 안전한 친척 집에 머무르게 하거나 남아 있는 사람들도 언제든지 피신할 수 있는 준비를 하고 외출복을 입은 채, 잠을 자는 둥 마는 둥 뜬 눈으로 밤을 지새운 사람도 많았다.

   날이 밝으면서 마을은 완전히 침착함을 되찾았으나 이것만으로 끝나지 않은 곳도 있었다. 오와세시 미키사토(三木里)초에서는 12월 1일이 지나도 더욱 소문이 수그러들지 않고 오히려 점점 더 확대되었다.

점쟁이가 독자적 예언 … 기노호쿠초 기이나가시마(紀伊長島)초

구 기이나가시마초(현 기노호쿠초 기이나가시마)는 인구 2만 4천 명, 미에(三重)현 난기(南紀) 지방에서는 오와세, 구마노(熊野) 다음으로 큰 마을이다. 어업을 중심으로 이곳도 역시 호에(宝永), 안세(安政) 지진 때 쓰나미가 덮쳐 큰 피해를 봤다. 호에 쓰나미로 사망자가 500명이나 발생했고, 붓코지절(仏光寺)에는 한 명 한 명 사망자 이름이 적혀 있는 옛 명부도 남아있다. 도난카이(東南海) 지진 쓰나미, 태풍 제13호, 이세완만 태풍으로 인한 해일로 사망, 가옥유실 등의 피해를 입었다. 칠레 지진 쓰나미에서도 침상 침수의 피해가 발생했다.

이곳은 유언비어 전파와 소동이 다른 곳과 좀 차이가 있다. 동네 점쟁이가 독자적으로 예언을 한 것이다. 이는 12월 1일보다도 앞선 11월 20일경(26일 이전이나 이보다는 자세하게 특정 불가)에 쓰나미가 온다는 것이었다. 어부들은 물고기 잡는 것을 중지하고 조용히 그때를 기다렸으나 불론 아무 일도 일어나지 않았다. 이런 소동이 있었기 때문에 주위 해안 포구 지역은 어수선했지만 기이나가시마(紀伊長島)만큼은 평온했다.

불에 기름을 부은 동네 설명회 … 다이키(大紀)초 니시키(錦) 지역

다이키초 니시키 지역은 인구가 약 3,000명으로 방어 정치망 어업 등 풍부한 어장(漁場)으로 연안 어업이 매우 번성한 곳이다. 그러나 '전설의 국도'라고 불릴 정도로 오랫동안 도로가 개통되지 않았고 당시 인근 기이나가시마(紀伊長島) 사이를 연락선이 다니고 있었다.

이곳은 리아스식 해안의 만(湾) 안쪽, 산이 바다를 둘러싸고 있고 아주 조금 펼쳐진 평지에 주택을 밀집해 세웠기 때문에 태평양 쪽에서 거대 지진이 일어날 때마다 쓰나미 피해를 입었다. 도난카이 지진은 바로 정면의 해저가 진원지였기 때문에 6미터가 넘는 쓰나미가 몰려왔다. 항구에 정박해 있던 준설용 철선(鐵船)이 쓰나미에 실려 항구 내를 소용돌이 치듯 표류하면서 차례차례 주택을 파괴했다. 이로 인해 사망자 64명, 주택 유실 447동, 반파 65동, 침수 170동이란 큰 피해가 발생했다. 무사했던 주택은 겨우 91동뿐이었다(스도 카츠로우[順藤克朗], 『그날 나는— 쇼와19년 도난카이 지진 이야기—』 1984년).

고지대에 세워진 콘조지절(金藏寺)에는 안세(安政) 지진의 사망자와 함께 1기(基)의 공양탑이 세워져 있다. 그리고 지금까지도 12월 7일을 방재의 날로 정하고 있다.

니시키는 난카이 지진 때도 미에현 최대의 침수 피해를 받았고 이세완만 태풍 때는 80%의 가옥이 침수했으며 50%가 마루 위까지 물이 찼다. 1960년 칠레 지진 쓰나미 때도 1~1.2미터의 쓰나미가 밀려와 침상 침수 300동, 침하 침수 300동의 피해가 발생해 지진, 태풍 때마다 고통을 겪었다.

니시키에서는 11월 하순부터 유언비어가 크게 퍼지기 시작했다. 유언비어에 박차를 가한 것은 여기에서도 11월 25일에 일어난 두 번의 지진으로 밑에서부터 쿵하고 진동이 와서 다들 놀랐다고 한다. 역시 오후부터 걱정하는 사람들이 늘기 시작해 밤이 되어 어두워지자 손수레에 짐을 싣고 언덕을 오르는 소리가 끊임없이 들리는 이상한 분위기에 휩싸였다.

소문이 너무나 급속하게 퍼졌기 때문에 읍내 사무소에서 협의회를 열어 대책을 검토했다. 결국 소문을 진정시키기 위해 읍 의원들이 자신의 동네에 돌아가 '헛소문이므로 현혹되지 않도록' 설명회를 열어 설득하기로 했다. 그러나 설명회를 열어보니 '절대로 오지 않는가', '증거는 어디에 있는가', '만약 지진이 오면 책임지겠는가'라고 계속해서 추궁이 이어졌다. 대답이 궁색해 '절대로 없다고는 할 수 없으나…'라고 대답하자 '의원은 우리가 모르는 것을 알고 있는 것이 틀림없다'라며 설명회가 오히려 불에 기름을 붓는 격이 되고 말았다. 읍장도 지진이 온다고도 오지 않는다고도 말하지 못한 채 단지 그 날이 무사히 지나가기만을 기다릴 수밖에 없었다고 한다.

고지대의 피난 가건물 … 구마노(熊野)시

구마노시는 오와세(尾鷲)시에 접한 리아스식 해안의 어촌지구와 이와는 대조적으로 완만한 해안·시치리미하마(七里御浜)의 평야부에 펼쳐진 시가지의 기노모토(木本)초로 구성되어 있다. 기노모토초는 쓰나미의 피해는 적었지만 리아스식 해안의 만 안쪽에 위치한 아타시카(新鹿)초, 니기시마(二木島) 등은 거대 쓰나미가 몇 번이나 덮쳤다. 도난카이(東南海) 지진 때에도 거대한 쓰나미가 발생했던 지역 중 하나로 아타시카초에서는 강가를 따라 해안에서 850미터, 해발 21미터 지점까지 파도가 밀려와 거의 대부분의 주택이 물에 잠기거나 떠내려갔다. 또한 이세완만 태풍 때에는 호보(甫母)초에서 해면으로부터 50미터 높이에 있는 등대 위를 파도가 넘었다는 기록이 남아있을 정도로 해일 피해가 컸다. 스노(順野)에서는 가옥 40동 중 30동이 전파·유실, 니기시마섬에서는 파도에 쓸려 배가 길 위로 올라왔다.

구마노시 주변에서도 지진이 일어난다고 한 날은 12월 1일이 대부분이었으나 12월 1일에서 5일 사이 또는 12월 상순이라는 소문도 많았다. 11월 25일 지진 이후 이곳에서도 일거에 열기가 달아올랐다. 12월 1일 초등학교가 휴교란 소문도 퍼졌다.

아타시카, 니기시마 지구 등에서는 가재도구를 2층으로 올린다거나, 고지대에 피난했고, 니기시마섬에서는 높은 지역에 특별히 피난 가건물을 세우는 사람까지 나타났다. 환자나 노인을 이층에서 재운다거나 기노모토초에서는 피신하는 사람도 나왔다. 이 정도는 아니더라도 30일 밤은 귀중품을 정리해서 휴대전등과 함께 베게 옆에 두고 잔 사람이 많았다고 한다.

'댐이 터진다'…신구(新宮)시

신구는 시치리미하마의 서쪽, 구마노가와(熊野)강의 하구에 펼쳐진 동네다. 해안은 완만한 모래사장으로 난기 연안 중에서는 예외적으로 쓰나미의 피해가 적다. 그럼에도 불구하고 이곳에서도 쓰나미 상습지역과 다르지 않을 정도로 아니 그 이상으로 유언비어가 퍼지는 소동이 일어났다.

신구는 시가지가 구마노가와 하구, 퇴적지 위에 펼쳐져 있기 때문에 지반이 약하다. 그래서 지진의 흔들림 때문에 피해가 컸다. 도난카이 지진은 진도 4였으나 시내의 연약지반지구에서는 국소적으로 진도 6의 흔들림이 있었다. 그래서 신구시에서만 가옥 전파 100동, 반파 134동, 압사자 6명이란 큰 피해가 났다.

난카이(南海) 지진의 피해는 한층 더 컸다. 심한 흔들림으로 가옥이 계속 무너졌고 화재가 발생했다. 화재로 인한 불은 18시간 계속해서 탔고, 시 중심부의 대부분이 다 불타버린 대재해였다. 화재 및 압사로 전부 58명의 사망자가 발생했다. 가옥의 전소 2,993동, 전파 600동, 반파 1,408동, 전쟁 직후 힘든 시기에 파멸적인 피해를 입었던 곳이다.

신구시에서는 다른 곳보다 일찍부터 활발하게 유언비어가 퍼졌다. 뒷부분에서 상세하게 서술하겠으나, 11월 12일 와카야마(和歌山)현의 지진조사연구보고회의에서 '신구시는 연약지반이기 때문에 관동 대지진을 상회하는 대지진이 일어날 염려가 있다'라고 보고했기 때문이다. 25일 두 번에 걸쳐 일어난 지진은 이에 박차를 가해 주민 사이에서 매우 큰 동요가 나타났다.

12월 1일, 5일 대지진설 등 근거 없는 헛소문이 어지럽게 퍼져 있기 때문에 평일의 2배 이상 손님으로 북적거리는 슈퍼마켓에서 뜻밖의 흔들림에 순간 점내는 "와!"라고 술렁거리면서 파랗게 질려 서 있기만 한 사람, 어린아이를 껴안고 서둘러 출구로 가는 부인, 빠르게 거리로 뛰쳐나가는 주부 등 점내는 물건을 구입하는 곳 같지 않은 이상 사태였다. 두 번째는 오후 6시 19분, 영화관…. 영화를 보고 있던 사람이 계속해서 영화관 밖으로 뛰쳐 나온다든지 가까운 빌딩의 3층에서 식사 중이던 손님이 계산할 사이도 없이 아래층으로 도망간다든지, 오후부터 밤까지 계속된 지진에 "무서웠다, 무서웠다"의 연속이었다. 또한 이 "지진쇼크"로 비상사태에 대비하여 휴대전등을 산다거나 건전지를 교환하며 불안한 하롯밤을 보내는 시민이 많았고, 이 중에는 "아침까지 걱정으로 잘 수 없었다"라고 말하는 주부도 있었다(『기난(紀南)신문』, 11. 27).

화재는 쓰나미와 달리 예방이 가능하다. 신구시에서 12일 현(県)의 발표를 받아들여 11월 26일부터 가을 화재예방운동은 시민이 참여하는 지진화재대책을 중심으로 훈련을 실시했다. 이렇게 해서 유언비어의 에너지를 소용돌이 속에 머무르게 하지 않고 방화(防火)라는 방재대책으로 방출시킬 수 있었다. 따라서 유언비어에 기인한 소동은 같은 난기(南紀)의 쓰나미 상습지대와는 달리 눈에 띄는 행동이 적었다. 그러나 지역신문에의 투고를 보면 심리적으로는 상당한 동요가 있었다는 것을 알 수 있다.

신구에서는 지진에 관한 독자적인 유언비어가 한 번 더 퍼졌다. 구마노가와강의 상류에 있는 현(県)이 관리하는 댐(실제는 전력발전 댐)이 균열투성으로 지진이 발생하면 터져 무너지면서 하류에 대재해를 초래한다는 것이었다. 댐이 터져 무너지면 넘쳐난 물은 강줄기를 따라 흘러 내려와 거대한 토사가 덮친다. 이렇게 되면 도시는 하나도 남김없이 거의 전멸할 것이다. 신구 시내의 높은 지역만 남고 나치가쓰우라(那智勝浦)초의 우쿠이(宇久井)에서 미에(三重)현 미하마(御浜)초의 아타와(阿田和) 부근까지의 미칸야마(ミカン)산이 침수된다는 것이었다.

이 소문은 상당히 널리 퍼져서 소동이 가라앉은 후인 12월 현(県)회의의 일반 질문으로 신구시 소속 의원이 댐의 강도를 특별히 질문할 정도였다. 화재와 댐 붕괴, 어느 것이나 난기 외 다른 지역에서는 볼 수 없었던 유언비어의 형태였다.

이 외에도 다나베(田辺)시나 시라하마(白浜)초에서도 유언비어가 상당히 퍼졌다는 것을 알 수 있다. 다나베시의 신죠(新庄) 지역은 예로부터 기슈재[3]

---

3) 기슈 지방에서 생산된 양질의 목재를 일컫는다.

의 제재소가 많아, 원목이 쓰나미와 해일때마다 조류를 따라 흘러다니며 커다란 피해를 냈다. 난카이 지진 때는 선박과 더불어 산 정상까지 올라왔고, 칠레 쓰나미 때는 철도노선을 넘어서 논밭에 목재가 산처럼 쌓였다고 한다. 1973년 당시는 보다 큰 미국산 목재를 수입해서 가공하고 있었기 때문에 저장해둔 목재가 쓰나미로 떠내려가지 않을까 걱정을 했다고 한다. 이처럼 유언비어는 장소에 따라 다르게 그리고 그 지역에 가장 어울리면서도 그럴싸하게 일어날 것만 같은 이야기로써 유포되고 있음을 알 수 있다.

2. 격변하는 매스미디어의 지진보도

1) 판도라 상자의 개봉

1973년은 지진 그 자체나 학문상 새로운 발견 또는 연구가 눈에 띄게 많았던 해가 아니다. 그러나 지진학, 지진예지에 관한 사이드뉴스가 많았고 게다가 관동 대지진발생 후 50주년이 되던 해였기 때문에 지진관계 뉴스 및 보도는 매우 많았다. 관련 있는 주요 사건을 열거해본다.

전년도말인 1972년 12월 23일, 니카라과의 수도 마나구아에서 일어난 지진은 직하형 지진의 공포를 다시금 각인시켰다. 매그니튜드(M)6.25의 작은 지진이었으나 사망자 1만 명, 부상자가 20만 명이나 발생한 대참사였고 이에 대한 보도가 계속되면서 1973년을 맞이했다.

지진과는 직접적인 관련은 없지만 2월 1일 아사마야마(浅間)산 분화, 4월 오가사와라(小笠原)의 니시노시마(西之)섬에서 해저화산 분화, 규슈(九州)의 아소(阿蘇)산에서도 화산활동이 활발해지면서 5월 30일 이후 출입이 금지됐다. 이때부터 판이론에 근거해 화산활동을 지진과 관련짓는 해설과 언론보도가 나오기 시작했다.

한편 2월 28일에는 북쿠릴열도에서 대지진이 일어나 홋카이도와 도호쿠(東北) 지방의 태평양연안에 일시적으로 쓰나미 경보가 내려졌다. 3월 27일에는 요코하마의 오시마(大)섬에서 진도 4의 지진이 발생했다. 그런 가운데 1973년에서 1975년 사이에 알래스카, 캄차카, 쿠릴열도에서 3~4회 대지진이 발생하고 일본열도에 거대 쓰나미가 덮칠 것이라는 소련 과학자의 예측이 보도됐다.

4월 미국의 신진 지질학자인 슐츠가 지진의 발진기구(發震機構)[4]로서 신이론인 다일레이턴시(dilatancy)모델[5]을 제안했는데, 지진의 발생 시에는 지하수가 중요한 역할을 수행하고 이것이 지진예지의 열쇠가 된다고 발표함으로써 일본에서도 매스미디어가 이를 크게 다뤘다. 슐츠는 리키다케(力武) 도쿄대 지진연구소 교수 앞으로 편지를 보내 보소(房總) 반도, 미우라(三浦) 반도의 이상 분기로 보아 관측강화지역으로 지정한 미나미간토(南關東)지방에서 몇 년 이내에 리히터 규모7 수준의 지진이 일어난다고 지적, 공동관측을 제안했다. 일간지와 주간지는 5월부터 6월에 걸쳐 슐츠를 직접 취재해서 대대적으로 보도했다.

5월이 되어 중간 규모 정도의 지진이 계속 발생했다. 미토(水戶), 히로마에(弘前)에서 진도 4 그리고 5월 21일 자원조사회는 미국 자원탐사위성인 아트가 찍은 사진으로부터 간토(關東)지방을 횡단하는 대규모 활단층으로 보여지는 것을 발견했다고 발표하여 큰 반향을 불러 일으켰다. 이러한 가운데 3월 발행된 고마츠 사쿄(小松左京)의 『일본 침몰』이 베스트셀러가 되면서 불과 3개월 만에 상하권 합계 100만 부가 팔리는 기염을 토했다.

6월 17일 12시 55분, 홋카이도(北海道) 동부의 네무로 반도 앞바다에서

---

4) 지진파를 분석하여, 지진이 일어난 지점의 방향이나 파동의 움직임 따위를 직선 또는 곡선으로 나타낸 역학적인 모형체.

5) 변형작용으로 전체 부피가 증가하는 체적 팽창 현상.

M7.2(나중에 7.4로 수정)의 대지진이 발생했다. 네무로(根室), 구시로(釧路)에서는 진도 5, 도쿄에서도 진도 3의 흔들림이 있었고 홋카이도, 도호쿠(東北)의 태평양 연안 일대에 쓰나미도 밀려왔다. 네무로와 구시로를 중심으로 24명이 부상을 당했고, 네무로, 앗케시(厚岸)에서는 1.5미터의 쓰나미가 방파제를 넘어 시내로 밀려와 300가구가 침수됐다. 철도도 일부 불통됐다. 하지만 도쿄처럼 과밀지역이 아니었고, 지진이 낮 시간대에 발생했으며 그리고 지진 규모가 예상보다 크지 않아 피해가 비교적 적었다.

네무로 반도 연안의 지진은 지진 예측이란 측면에서 특별하게 다룰만한 지진이었다. 발생 전인 4월 26일, 참고인으로 출석한 리키다케(力武) 도쿄대 교수가 중의원 특별위원회에서 그 가능성을 증언하고, 또한 신문 지면에 기사화됐기 때문이다. 네무로 반도 연안에 에너지가 미방출된 공백역이 있어, M8 수준의 대지진이 발생할 가능성을 홋카이도대학 우즈 토구지(宇津德治) 교수 등이 지적하여 1970년에는 지진예지연락회가 이 곳을 특정관측지역으로 지정했다. 홋카이도에서는 1971년 삿뽀로(札幌)에서 개최된 전국 재해과학연합심포지엄에서 우즈 교수가 발표한 내용이 보고되어 큰 주목을 받았다.

예측한 바로 그 장소에서 그것도 국회 증언으로부터 겨우 50일 후에 발생한 지진이었다. 이것은 지진학, 지진예지학의 커다란 성과였다. 지진예지는 일약 각광과 주목을 받게 됐다. 매스미디어가 대대적으로 거론하면서 지진예지는 화려하게 무대 전면부에 등장했다.

이를 기회삼아 이전까지는 그다지 다루려고 하지 않았던 지진의 정보나 다루는 것을 주저하거나 다루어서는 안 되는 것으로 금기시 되어 있던 정보를 매스미디어가 내보내기 시작했다. 더구나 그해 9월은 관동 대지진으로부터 정확하게 50년이 되는 해였다. 매스미디어는 경쟁하듯이 지진 특집과 시리즈 기획을 게재했다. 요람기의 지진예지학과 금기가 풀린 매스미디어 지진보도로 인해 마치 판도라의 상자가 열린 것처럼 다양한 정보가 흘러나오기 시작했다. 유언비어가 돌았던 1973년은 아주 조금씩 변하고 있었던 지진 보도가 질적·양적으로 모두 격변한 그러한 해였다.

2) 홍수처럼 밀려든 지진정보

지진 정보의 홍수를 수량적으로 확인해보고자 한다. 정보량을 엄밀하게 측정하는 것은 매우 어렵고 많은 노력을 필요로 한다. 기사 제목의 크기를 재고 글자수나 행수를 세면 어느 정도 정확하게 절대적인 양을 확인하는 것은 가능하지만, 그 영향력까지를 측정하려면, 1면인지 아니면 사회면, 과학면, 생활면, 지역면인지 또는 그 중에서 상단이지 하단인지 구석인지 등의 게재위치 및 표현방법과 같은 요소까지 고려해야 하는 상당히 어려운 문제다. 여기서는 기사수로 정보량을 측정하기로 한다. 기사 게재수는 기사색인으로부터 거의 확인이 가능하다. 큰 뉴스는 작은 제목마다 복수의 기사로서 색인에 기재되어 있어 정보량을 어느 정도 파악할 수 있다.

아사히신문을 예로 1969년부터 1981년까지 살펴보기로 한다. 아사히신문의 『전후 50년 기사 제목 데이터베이스』는 축쇄판의 기사 색인을 모아놓은 것으로 색인의 항목 분류 방법은 매년 조금씩 변한다. '지진'은 1970년과 71년을 경계로 70년대 이전은 대분류 '문화'·중분류 '과학'·소분류 '천문·기상'·소항목 '지진'에서 71년 이후 대분류 '국토·인구'·중분류 '기상'·소분류 '지진'으로 바뀌었다. 이 시점부터 지진에 대한 뉴스 가치가 높아지고 지진이 자연과학의 영역으로부터 사회적 영역의 존재로 변화한 것이 읽혀진다. 한편 이때부터 소분류 '지진' 속에 '지진예지'·'지진대책'이 하위분류항목으로 포함됐다. 그리고 '지진'을 키워드로 검색하면 '국토·인구' 또는 '사회·사건·재해' 및 '문화·과학' 뿐만 아니라 '정치·국회', '경제·금융·보험', '사설', '논단'이 검색되어 나온다는 점도 그해의 지진 관련 뉴스의 특징이었다.

〈표 2-1〉 아사히신문 지진 관련 기사수

	69	70	71	72	73	74	75	76	77	78	79	80	81
연구 · 예지	6	2	15	14	10	32	33	91	66	72	87	82	43
시리즈기획	5	0	27*	0	21	0	31	12	7	0	30	6	0
지진방재대책	2	3	16	9	13	21	56	42	32	31	27	52	38
지　방	2	5	12	5	12	9	2	5	0	5	5	5	3
정치 · 경제 · 사설논단	1	4	7	1	1	2	4	7	7	49	11	16	7
기　타	1	2	5	0	9	13	6	1	15	2	5	1	2
합　계	17	16	82	29	66	77	132	158	127	159	165	162	93
개별지진 · 피해(무 · 소)	50	59	77	46	47	71	58	94	57	85	74	58	54
개별지진 · 피해(대)	0	6	0	39	34	74	38	0	0	231	0	39	0
합　계	50	65	77	85	81	145	96	94	57	316	74	97	54
* 600자의 미니기획.					하치조근해	네무로반도연안	이즈반도연안	아소지방/오이타	가와즈군발	이즈미오야지기마현섬연근해		이즈군발	

　원칙적으로 지진 관련뉴스를 아사히신문의 『전후 50년 제목 데이터베이스』의 분류에 따라 정리한 것이 〈표 2-1〉이다. 월별 숫자는 기입하지 않았으나 일반적으로 큰 지진이 있었던 달과 방재의 날 전후인 8, 9월에 현저하게 증가하고 있었다. 언뜻 보아도 알 수 있듯이 1971년의 돌출 양상과 73년의 증가 양상이 두드러진다. 1971년은 일본에서 색인에 항목이 만들어질 정도로 큰 지진 피해가 없었음에도 불구하고 건수가 많았고, 그 중에 시리즈 기획 27편이 눈에 띈다. 하지만 이것은 9월 1일부터 시작된 가정란(家庭欄)의 '지진ABC'라는 600자 정도의 미니 기획으로 이를 제외하면 상당수의 기사가 1~3월에 집중됐다. 이 중에는 국회와 도지사선거 등 '정치' 항목에 포함된 것

이 8건이나 있어 그해의 지진정보가 얼마나 정치적 색채를 띤 것이었는지를 엿볼 수 있다.

1973년에는 기획 21건을 포함해 147건으로 증가했다. 가장 많은 것은 중분류 '기상'에 속한 '지진' 항목이었지만, 내용을 살펴보면 시리즈 기획, 지진예지 또는 지진대책 등과 같은 내용이 눈에 띄게 증가한 것을 알 수 있다. 지역 항목에서도 관동 대지진 50주년 관련 기사를 중심으로 대폭 증가했으며, 기타 항목에서도 키워드 검색으로는 나오지 않는 것까지 포함해 출판, 영화, 교과서, 과학, 인물, 가정, 살림살이와 생활 등 실로 폭넓은 분야에서 기사화되어 정보로서 유통되고 있었다.

마이니치신문의 경우는 1972년부터 출판된 '마이니치 뉴스 사전'을 조사해 보면, 지진, 지진대책, 방재, 기타 개별지진 등의 지진관련 합계는 외국의 지진을 제외하면 1972년 51건에서 1973년에는 154건으로 급증했다. 1974년 120건, 1975년 105건, 1976년 91건인 다른 연도와 비교해보면 얼마나 많은지를 알 수 있다. 아사히신문과는 반대로 1973년이 1974년보다 많은 것은 내용별로 살펴보면 납득이 간다. 지진 항목은 1972년 31건, 1973년 33건으로 거의 변화가 없었음에도 지진대책 항목이 9건에서 48건, 기획이 62건으로 이것을 더하면 110건으로 10배 이상 증가했기 때문이다.

다음은 잡지를 『오다쿠소이치 문고 잡지기사 색인총목록』에 기초해 살펴보기로 한다. 오다쿠소이치 문고는 소위 전문잡지 및 학술잡지는 적지만, 발행부수가 많은 종합잡지, 대중잡지, 주부잡지, 여성잡지 등을 거의 대부분 포함하고 있다. 「그 시대에 가장 대중적인 잡지」(『오다쿠소이치 문고 색인목록』, 1983)가 대부분으로 잡지로부터 일반시민이 얻게 되는 지진 및 지진예지 정보는 거의 망라하고 있다고 생각해도 좋다.

『기사색인총목록』에는 '지진'은 대분류 '재해' 속에 하나의 중분류 항목으로 만들어져 있다. 그 속에는 '지진일반'·'지진 역사'·'지진학·학자'·'예지', '관동 대지진' 등 큰 개별지진을 포함해 17개의 소분류로 나뉘어져 있다. '과학' 속의 '지구·지진' 항목에도 지진관련 기사가 분류되어 있지만 쓰나미 2건을 제외하면 완전하게 중복된다. 지진관련 정보는 대부분 '재해'에 망라되어 있다.

〈표 2-2〉 잡지 지진 관련 기사수(1969~1981)

	69	70	71	72	73	74	75	76	77	78	79	80	81
지진예지	0	1	0	0	3	1	2	5	0	6	6	10	6
지진역사	0	0	1	1	3	1	3	2	0	0	1	1	0
지진과 메기	0	0	0	3	0	0	2	1	4	7	1	3	1
지진예지, 지진과 화산	0	0	4	3	34	28	21	41	13	24	24	34	12
지진학, 학자	0	1	0	0	9	6	2	0	1	3	0	7	2
방재, 대책	0	0	4	4	43	18	26	18	11	20	35	53	10
관동 대지진	0	0	3	5	11	6	5	4	1	1	0	3	0
개별 지진	0	0	1	0	4	6	17*	6	4	33	5	10	0
합 계	0	2	13	16	107	66	78	77	34	94	72	121	31

* 이 중 10은 가와사키 직하형 지진의 예측.

그 중에서 지진과는 관련이 없는 '가와사키 산사태 실험 사건' 등을 제외하고 집계하면, 〈표 2-2〉와 같다. 1969년 0건, 1970년에는 겨우 2건이었지만 1971년 13건, 1972년 16건으로 증가해, 1973년에는 쓰나미 1건을 포함해 107건으로 급증했다. '지진학·학자'- 9건, '예지'- 34건, '방재·대책'- 43건, '관동 대지진'이 11건으로 두드러지게 많았다. 이것이 1974년이 되면 66건으로 줄었다가, 이즈오시마(伊豆大)섬 근해 지진이 있었던 1978년에 94건으로 증가해 1980년에는 121건이 되면서 처음으로 1973년을 상회했다. 신문과는 달리 1973년이 소동의 피크로 지진보도는 그 뒤부터 일정한 비중을 차지하게 되었음을 알 수 있다.

이번에는 이를 월별로 살펴보기로 한다. 정보량은 6~8월에 폭발적으로 증가했다. 매스미디어의 각광을 받은 지진예지과학 관련 뉴스가 계속된 시점에서 예측된 것과 같이 네무로 반도 연안 지진이 시의적절하게 발생했다. 이 지진으로 인해 지진은 잊을만하면 오는 것이 아니라 예측할 수 있는 것이 되었고, 엔슈나다 지진이 언제 발생해도 이상하지 않은 지진이 됐다.

그해 9월 1일은 관동 대지진으로부터 정확하게 50주년이 되는 날로 신문, 잡지, TV 등의 매스미디어는 일제히 지진관련 뉴스에 집중해, 장편 시리즈 기획과 특집을 편성했다. 그 대부분의 하나는 판이론에 기초한 최신 지진과학(지진은 왜 일어나고 예측은 어디까지 가능한가), 다른 하나는 과밀사회에 대지진이 닥쳤을 때라는 방재적 관점의 시뮬레이션을 테마로 한 것이었다. 관동 대지진 50주년을 계기로 그 참상을 환기하고, 경종을 울리고자 방재캠페인을 목적으로 했던 지진 기획이 붐을 일으키면서, 지진 관련 정보가 홍수처럼 늘었다.

신문의 경우 6~9월 4개월간의 지진 기사는 아사히신문이 그 해 전체 지진 기사의 약 70%, 마이니치신문은 73%에 달했다. 더구나 네무로반도 연안 지진발생이 6월 17일이었기 때문에 기사가 대부분 상순에 집중하고 있는 것을 감안하면, 독자들의 느낌은 수치 이상이었다. 거대 지진, 관동 대지진 50주년, 이에 시리즈 기획이 있었음을 생각하면 당연하다고도 할 수 있지만, 그렇다고 해도 놀라울 정도의 기사 집중 현상이었다.

이러한 양상은 잡지에서도 동일하게 두드러진다. 『기사색인총목록』에 있는 잡지 기사 가운데, 거의 절반에 달하는 50건 정도가 6, 7, 8월의 3개월간 발행된 잡지였다. 이러한 현상은 신문·잡지에만 국한되지 않는다. 『일본 침몰』이 상·하권 각각 100만 부 이상 팔리고, 요시무라 아키라(吉村昭)의 『관동 대지진』, 야마토 유조(大和勇三) 감수의 『지진·재해에 이기는 법』 등 지진 관련 서적이 차례로 출간되어 팔려나갔다. 영화도 도호(東宝)의 『일본 침몰』, 소치쿠(松竹)의 『일본지진열도』가 촬영을 시작하면서 그 모습이 주간지와 신문에 사진과 함께 게재됐다.

제방에 작은 구멍이 뚫리면 그 곳으로부터 물이 흘러나온다. 그 구멍이 일정한 크기에 달하면 제방은 무너지고 홍수를 일으킨다. 1973년은 마치 그렇게 제방이 무너진 것처럼 지진 관련 정보의 홍수가 사람들에게 밀려든 해였다.

3) 확립되지 못한 보도체계

판도라 상자가 열렸다. 하지만 거기로부터 차례차례 대량으로 전달된 정보가 갖는 내용적 측면의 질은 어떠했을까.

정보는 송신자 측의 취사선택, 경중 판단, 관련성 부여와 해석·해설을 거친 뒤, 활자 및 영상으로서 제목, 표현, 분량, 위치 등 지면과 프로그램으로 구성되어 전달된다. 수신자는 자신의 생활체험, 가족과 지역의 상황, 시대와 사회적 분위기 등 다양한 필터를 통해 정보를 받아들인다.

하지만 요람기의 지진예지 과학의 경우, 그 자체로도 매우 애매모호하고, 정보의 의미 부여가 충분하지 않았다. 예지이론이 급속한 발전을 이루고 있었다는 점은 분명했지만, 실제로는 관측체제와 평가기술 모두에 있어 불완전했다. 태동기 특유의 현상으로서 아직 미지의 부분이 많았고, 이론 선행의 불균형과 사회적 기대에 응할 수 없는 딜레마 등으로 일종의 혼돈 상태였다.

더구나 사회적 터부로부터 벗어났다고는 하지만, 송신자인 매스미디어에게 있어서도 익숙하지 않았고, 같은 발표내용을 전달해도 매스미디어에 따라 뉴스의 가치판단이 달랐다. 또한 지진학계의 최신 연구 중에는 정식으로 공인되지도 않은 것까지 차례로 기사화되고, 그 중에는 충분하게 이해되지도 않고, 위상부여도 확실하게 되지 못한 채 기사화된 것조차 있었다. 제목과 표현에 충분한 배려가 결여된 채, 자극적으로 전달된 기사도 적지 않았다.

수용자에게 있어서도 새로운 지진과학 및 지진예보는 처음 접하는 것으로 정보 수용에 대한 적응이 충분하지 못했다. 예를 들면 일기예보의 확률 예보가 시작된 것은 1980년대로 그 이전에는 확률론적 사고방식이 대부분의 사람들에게는 익숙하지 않았다. 그러한 수용자들에게 쉴 새 없이 정보가 흘러간 것이다.

네무로 반도 연안의 지진이 발생한 뒤, 지진에 대한 열기는 순식간에 뜨거워졌다. 엔슈나다가 부각되었던 것과 함께 4부에서도 언급하겠지만, 이 지진으로 네무로 반도 연안의 공백역에 있었던 지진에너지가 전부 방출되었는지 여부를 둘러싸고 학자와 전문가의 평가에 의견차가 표면화되면서, 이것을 매스미디어가 보도했기 때문이다. 이 시기 주간지에 게재된 지진 관련 기사를 제목만 열거하기로 한다.

「네무로 반도 연안 지진과 미나미간토(南関東) 그 관련성과 제2차 대지진의 가능성」(『週刊新潮』, 6・28)
「긴급 어드바이스 기획 기우뚱 그 순간 당신은…!?/남의 일만은 아니다 눈앞에 닥쳤다! 그『관동 대지진』의 참극이」(『週刊平凡』, 7・5)
「대지진・재해에서도 날아남을 수 있는 비상식량・비품/정부 대책 등 기대할 수 없다!」(『週刊ポスト』, 7・6)
「바로 지금 해결해야 하는 도쿄의 10大 問題/"활단층" 발견 후의 지진 예고는 어떻게 되는가」(『週刊サンケイ』, 임시증간 7・7)
「앙케이트 특집 우리 집의 지진대책/준비하면 우려는 없는 것일까」(『週刊文春』, 7・9)
「공포!/아 도쿄 파멸/돌연 닥친 진도 6의 대지진/화염과 연기에 휩싸인 수도의 지옥 그림」(『女性セブン』)
「대지진에 대비한 방재호시설・보존식량/"나의 아이디어 자기방어법" 지금부터라도 늦지 않다! "체력과 의지와 머리"를 활용해 사용해라」(『週刊大衆』, 7・12)
「"종말의 세상"을 어떻게 살아 남을 것인가/그래도 가장 걱정은 간토 지방이다」(『週刊現代』, 7・12)
「가상 구성 대지진이 온다!/그때 "문제 장소"의 혼란도/격진이 과밀 수도를 직격

했다」(『週刊サンケイ』, 7·13)
「다음의 일본 대지진은 여기다!!/지진예지학에 도전하는 남자」(『プレイボーイ』, 7·17)
「특집 일본은 우울증 "공해", "인플레", "식품", "지진"…모든 정보 과다가 일본인을 "우울"병으로 만든다」(『週刊新潮』, 7·19)
「"거리의 지진학자" 10년간/감과 경험만이라는 비판도 있었다」(『週刊新潮』, 7·19)
「대지진 1만 엔으로도 가능한 안전 대책」(『週刊女性』, 7·21)
「네무로 연안의 다음은 엔슈나다!/지진! 긴급 특집」(『週刊読売』, 7·21)
「소설 예측 소설 긴자의 호스티스, 손님 10만 명 참사? 오후 10시 넘어 도쿄에 대지진이 일어날 경우, 밤의 긴자의 공포」(『週刊小説』, 7·27)

7월호의 주요한 기사만을 골라낸 것이 이 정도다.

69년 주기설, 음력과 지진발생의 위험일을 관련지은 지진 캘린더, 동물의 이상행동, 지진구름 등은 비전문가인 일반인들에게는 전부가 과학적으로 인식됐다. 그런 가운데 동네의 사이비 연구자, 점쟁이의 이야기까지도 무절제·무원칙적으로 그것도 재미거리로 전달됐다.

슈간신조(週刊新潮)는 화보사진 뒤 목차의 바로 밑 부분에 1973년 6월 21일호부터 'What's happening'이라는 제목의 운세 코너를 만들었다. 이 코너에 '27일 홋카이도부터 아오모리에 다시 한 번 지진이 있을 것 같다'(6·28)라고 지진 운세가 등장해, 그 뒤 '북쪽에는 또 지진이나 쓰나미가 있을 것 같다'(7·5), '지진은 이번 주는 소강상태입니다'(7·12), '7월 20일부터 도요(土用)[6]의 기간 중, 화재, 화산 분화, 지진 등 화재를 동반한 재해가 발생하기 쉽다'(7·26), 등 매주 지진에 관한 점과 운세가 이어졌다.

이처럼 정보의 전달자 측도 지진과 관련된 금기가 해제된 뒤, 보도 태세

---

6) 도요(土用)는 입추전 18일을 말한다.

가 미확립되었던 것을 알 수 있다. 계속적으로 만들어지는 정보에 냉정함을 잃고 컨트롤에 실패한 것이다.

수신자 측도 혼란스럽기는 마찬가지였다. 매스미디어가 계속 정보를 제공하는 가운데, 사람들의 마음속에도 지진에 대한 관심과 열기가 높아져서, 어떤 의미에서는 임계점에 도달한 상태였다. 그리고 정보 수용 회로에 지진에 대한 지식 갈구의 열병이 발병했다. 이런 속에서 각지에서 지진에 대한 유언비어가 등장했다.

당시 기상청에서 열린 기자회견을 보도한 기사인 '지진예지는 불가능/거짓 정보에 기상청의 묘한 답변'을 소개한다.

> 6월 들어 "치바(千葉)현 기사라즈(木更津) 지역에서 대지진이 발생한다", "나가노시를 중심으로 대지진" 등 헛소문이 난무하면서 나서지 않을수 없게 된 기상청은 20일 오후 스에히로 시게지 지진과장이 기자회견을 열고 "헛소문에 현혹되지 않도록 기상청에서는 지진의 일시를 예보할 수 있는 능력은 없다"라며 불분명한 해명을 내놓았다. …연이은 지진정보에 최근 국민들은 약간 지진공포증. 무책임한 헛소문도 이러한 불안감의 징후라 생각되지만, 헛소문이 돌때마다 문의 전화 쇄도를 받는 기상청은 진화에 필사적이다(『요미우리신문』, 6월 21일자).

기사에도 나온 것처럼 최초의 징후는 치바현 남부에서 나타났다. 5월말 경부터 다테야마(館山)시와 기사라즈(木更津)에서 6월 11일 오후 11시 15분에 관동 대지진 수준의 지진이 발생한다는 유언비어가 나돌기 시작했다. 기사라즈의 초등학교에서는 학생이 교내 방송으로 이런 소문을 방송해 소동이 확대됐다. 시내의 슈퍼와 상점에서는 통조림, 건빵 등 비상식량과 양초, 손전등을 구입하는 손님이 증가했고 경찰과 소방서, 기상대 등에는 문의 전화가 쉴 새 없이 걸려오는 소동이 벌어졌다. 이러한 헛소문 소동에 이어, 연예계까지 7월 3일 오후 12시 30분 도쿄에 지진이 일어난다는 소문이 퍼져,

역시 파문(『週刊朝日』, 7월 20일 발간호)이 일었다.

　9월 1일, 『일본 침몰』은 변함없이 베스트셀러에 올랐고, 미디어는 지진 관련 기획과 뉴스를 흘러 보냈으며, TV와 라디오는 특집프로그램을 편성했다. 행정기관은 지진재해대책을 세워 방재훈련을 실시했다. 8일부터는 월요일~금요일의 매일 밤 9시부터 『일본 침몰』의 연속 라디오 드라마가 시작됐다.

　이처럼 온 세상이 관동 대지진 50주년 일색으로 휩싸인 때, 또 하나의 유언비어 불씨가 지펴졌다. 앞에서 언급한 8월 29일의 『주간스포츠』와 9월 13일호(6일 발매)의 『슈간헤이본(週刊平凡)』이다. 방재의 날(9월 1일) 이후, 지진보도는 급속하게 감소해 열기는 진정되는 듯 보였다. 하지만 잔불은 꺼지지 않고 사람들의 마음속과 사회의 한편에 남아 있다가 3개월 뒤, 어떤 곳에서는 작게 어떤 곳에서는 큰 화염으로 불타오른다. 이번은 그 3개월 동안의 과정을 난기 연안에 초점을 옮겨 살펴보기로 한다.

3. 난기의 매스미디어 보도

1) 9월말에 발생한 연속 지진

　관동 대지진 50주년인 9월 1일이 지나자 지진 관련 기사는 급감해 이상하리만큼 열기도 급속하게 식어갔다. 그러한 가운데 9월 29일, 30일, 10월 1일 3일 연속 지진이 발생한다. 29일은 블라디보스토크가 진원지로 일본 전역, 간사이(関西)로부터 홋카이도(北海道)까지 흔들렸다. 9월 30일, 10월 1일은 초시(銚子) 부근, 진도는 초시4, 도쿄, 치바, 요코하마가 3으로 우연하게도 나카무라(中村) 씨의 예언과 일치했다. 『슈간헤이본(週刊平凡)』이 '드디어 확실'이라고 제2탄을 기사화한 것은 앞서도 소개했지만, 이 지진을 신문이 어떻게 전달했는지 보기로 한다.

2일의 아사히신문 도쿄 본사판은 "수도권, 3일 연속 크게 흔들리다, 학자들 '좋지 않은 느낌'"이라는 4단 헤드라인으로 전했다. '관동 대지진 발생 전에도 소규모의 지진이 계속됐다고 전해지는데 이것이 전조인지 아닌지, 기상청과 지진학자의 이야기들을 종합해 보면 "지금 단계에서 바로 대지진과 연결되는 징후는 보이지 않지만, 계속해서 연속 발생한다면 일단은 요주의"라고 말하고 있다'(오사카판, 나고야판에서는 여기까지만 기사화)라고 적고, 마지막 부분에 지진학자 3인의 부정적 코멘트를 인용한 뒤, "금방 대지진으로 이어진다고 판단내리기는 어렵다고 한다. 하지만 그런 3인의 지진학자도 이러한 지진이 더 계속된다면이라는 조건이 붙기는 했지만 '불안한 느낌'을 갖기 시작했다"라고 결론지었다.

마이니치신문은 3일의 '여로쿠(余錄)'란(欄)에서 "간토(関東)지역은 3일 연속 지진이 닥쳤다. 피해는 거의 없었다. 하지만 지진 에너지는 모두 매그니튜드6 이상에 달했다. 대지진의 전조처럼 좋지 않은 예감이 든다…"(도쿄, 오사카, 나고야 공통)라고 썼다.

요미우리신문과 산케이신문은 사실만을 간단하게 다뤘다. 하지만 난기 연안은 지진으로 흔들림이 없었고, 일반 독자들 사이에서는 이러한 신문 기사가 지진예언과 금방 연결되지는 않았다. 하지만 『슈간헤이본』은 이 지역에서 많이 구독되고 있었다. 현지 인터뷰 조사에서도 주간지와 TV가 보도한 것을 봤다고 답한 사람이 많았다. 9월말의 지진을 12월 1일 대지진의 전조라고 한 10월 18일 발간호의 기사가 아주 큰 인상을 남긴 것이다.

2) 충격적으로 보도된 지진 보고서

난기 지역만의 뉴스도 있었다. 와카야마현에서는 '지진대책5개년계획'을 작성하기 위해 도쿄대 지진연구소의 오사와 유타카(大沢胖) 교수에게 지진 조사 연구를 의뢰했다. 2년차 보고서가 작성된 뒤, 11월 12일 현 청사에서 오사와 교수가 이를 발표했다. 1973년도의 조사는 신구, 구시모토, 다나베, 고보, 아리타, 시모즈, 하시모토의 7개 시·초가 대상이었다. 보고서에서 이들 지역에 피해를 불러일으킬 지진발생 예측, 지반·구조물 특성, 피해 예상의 3가지에 대해 조사한 것을 각 지자체마다 정리했다. 이 뉴스를 신문들이 다음날인 13일 지역판에 크게 기사화했다. 아사히신문의 와카야마판은 '신구시에서 대지진의 가능성/오사와 도쿄대 교수 충격적 조사결과 발표'라고 자극적인 4단 헤드라인과 다소 과장된 리드로 전했다.

> 작은 군소 지진이 계속되고 있는 지진 지역 와카야마현에서 과거의 실제 사례로부터 구마노나다(熊野灘) 동쪽·난카이도(南海道) 지진대에 대지진이 발생할 가능성이 높고, 연약지반의 신구시는 관동 대지진을 상회하는 지진에 직면해 진동과 쓰나미로 인한 건축물의 전도, 지면의 갈라짐 등 대규모 피해의 가능성이 있다 이러한 충격적 보고가…발표됐다.

마이니치신문의 와카야마판 역시 "난카이도 연안 지진은 일어난다, 신구시 가장 위험, 조사보고발표회의 오사와 도쿄대 교수가 경고"라고 과장된 헤드라인의 4단 지역면 톱으로 보도했다.

> 1941년에 발생한 난카이도 지진과 같은 정도의 난카이도 연안 지진의 발생이 앞으로 예상된다. 그럴 경우, 가장 위험한 곳은 신구시….

확실하게 두 신문 모두 끝까지 기사를 읽으면 조사 경과, 보고서 내용 요약, 각 시·초마다의 지반 및 피해 상정이 그리 놀랄 정도의 내용은 아니었지만 헤드라인과 리드가 미친 영향은 자못 컸다.

신구시의 구마노신문은 14일, '신구시에서 대지진, 도쿄대의 오사와 교수 발표'라는 4단 제목으로 '12일 현청사에서 발표된 지진연구발표회에서 오사와 유타카 도쿄대 교수(지진공학 재해예방 전공)가 "지진 지역인 와카야마의 구마노나다 도난카이도(東南海道) 지진 지대에 대지진이 발생할 위험성이 크고, 특히 신구시는 연약지반으로 인해 관동 대지진을 상회하는 대지진의 가능성이 있다"는 충격적인 발표를 했다'고 쓴 뒤, 신구시 각 지역의 위험도, 피해규모 등에 대해 간략하게 언급했다.

지역에 관련된 뉴스인 만큼 다른 신문들도 보고서의 내용을 자세하게 전했다. 하지만 일반적으로 헤드라인과 리드는 과장된 표현이었고, 해설 부분에서는 잘못된 내용도 적지 않았다. 예를 들면 지진과 지진 재해가 명확하게 구분되어 있지 않거나, 1946년에 발생해서 한동안 걱정하지 않아도 되는 난카이도 지진(당시는 난카이도 또는 난카이도오키 지진이라 불림)이 금방이라도 발생할 것처럼 보도되고 있었다. 그 중에는 진동의 강도를 나타내는 카인[7]이라는 단위까지 사용해가며 기사를 작성한 곳도 있었지만, 그럼에도 과학기사라고 부르기 힘든 내용이 대부분이었다. 결국, 전체적으로는 위험을 의식하게끔 선동하는 부분만이 기억 속에 남겨졌다.

실제, 이러한 보도 내용이 난기 연안의 와카야마현 쪽, 특히 신구시와 그 주변의 사람들에게 미친 영향은 적지 않았다. 그 후 전국 일간지의 지역판과 지역신문 기사에서 '신구시에 대지진의 소문', '신구시는 위험', '동지역의 지진을 학자가 예언'이라는 문구가 빈번하게 나오기 시작한 것이 이를 반증한다.

3) 지진학회의 엔슈나다 지진 예측

그해 가을 일본지진학회가 11월 13일부터 15일까지 우지(宇治)시 교토대(京都大) 방재연구소에서 개최됐다. 매스미디어가 가장 주목한 것은 네무로

---

7) 카인(kine= cm/c^2)은 지진 진동의 힘을 속도로 표현한 단위다.

반도 연안 지진 평가와 네무로반도 연안의 다음 차례라고 염려되고 있었던 엔슈나다(遠州灘)의 지진공백역[8]에 대한 연구 발표였다. 당시 도쿄대 지진연구소 대학원생이었던 안도 마사다카(安東雅孝)는 공백역의 크기와 예상되는 지각변동으로부터 지진 규모, 쓰나미 높이를 처음으로 구체적으로 추정해 발표했다. 발표에 따르면 엔슈나다를 중심으로 동서 약 100km, 남북 약 70km의 지반이 튕겨지고, 진도 7.5~8이 예상됐다. 비교적 지반이 약한 엔슈나다 연안에서는 진도 6의 열진,[9] 쓰나미는 엔슈나다 연안에서 2~4미터, 시마반도의 리아스식 연안에서는 4~6미터에 달한다는 것이었다.

이 발표 내용은 당연히 각 신문들이 나고야판으로 대대적으로 보도했다. 아사히신문 나고야판은 3단 헤드라인으로 "엔슈나다 지진/진도 7 이상. 미가와완(三河湾)만 등 지반 침하, 도쿄대 지진연구소의 안도 씨 발표. 네무로 반도 연안의 다음은 엔슈나다라고 지진학자가 일치된 예측을 하는 엔슈나다에서 대지진 발생의 가능성에 대해…발표하다. …방금이라도 대지진이 발생할 확률은 90%라는 학자가 있다. …안세(安政) 지진 이후, 이미 119년. 한계가 왔다. 언제 솟아올라도 이상하지 않다라고 말한다"(11월 15일자)고 보도했다.

같은 날 마이니치신문 나고야판도 3단 헤드라인으로 "도카이(東海)[10]에 다가오고 있는 대지진?/아쓰미연안(渥美沖)-오마에자키(御前崎) '지각변동의 위험'/오늘 학회에서 발표"라고 보도했다.

지역신문인 주니치신문은 "도카이·간토 지방에 대지진 가능성/위험한

---

8) 지진공백역이란 지난 수십 년간 지진이 거의 발생하지 않아 지진 발생 위험이 높은 지역을 일컫는 전문용어로 지진의 '태풍의 눈'과 같은 곳을 말한다.
9) 열진(烈震)이란 과거 일본에서 지진의 강도를 나타내던 단위로 가옥의 전도가 30% 이하로 산사태가 일어나고 땅이 갈라지는 현상이 발생하는 것으로 현재로서는 진도 6 정도의 지진에 해당한다.
10) 도카이(東海)지역은 일본의 지역구분 방법의 하나로 일본 혼슈(本州) 중심부 가운데 태평양 측에 위치한 기후(岐阜)현, 시즈오카(静岡)현, 아이치(愛知)현, 미에(三重)현이 해당된다.

엔슈나다 연안 단층/에너지 축적/지각변동 활발/도쿄대의 안도 씨 발표라고 5단 헤드라인을 뽑았다. …거시적인 가설이라는 것을 전제로 하는 것이지만, 안도 씨는 '발생해도 조금도 이상하지 않다'라고 단언하고 있어, 각 방면에 큰 반향을 불러일으키고 있다"(11월 15일자)

한편 오사카판으로는 아사히신문, 요미우리신문은 기사화하지 않았고, 마이니치신문이 3단으로 '시마반도-오마에자키에서 대지진 발생할 단층?/ "가까운 장래가 걱정" 도쿄대 · 안도 씨'(11월 15일자)라고 제목을 바꿨을 뿐 내용은 거의 같게 보도했고, 산케이신문은 '다음은 도카이에 대지진/시마반도에는 쓰나미/지진학회 도쿄대 연구소가 예언'(11월 15일자)이라고 4단으로 보도했다.

각각의 신문 보도는 발표 내용을 알기 쉽게, 정확하게 전달하고는 있었지만, 기사 제목과 기사의 내용 일부에는 위험을 선동하는 것으로 봐도 무방할 만한 표현들이 들어 있었다. 더군다나 지진이 일어난다는 12월 1일을 보름 앞두고의 기사인 만큼 '바로 지금', '가까운 장래', '일어나도 조금도 이상하지 않다'라는 표현이 많은 사람들의 주의를 끌며 기억에 남았다고 생각된다.

지역신문은 금방 기사로 다루지는 못했다. 독자적인 취재 시스템이나 뉴스통신사로부터 뉴스 배급을 받는 시스템이 아니기 때문이었다. 현의 지역신문인 『이세신문(伊勢新聞)』은 10일 가까이 지난 24일에야 '도카이(東海)에 대지진/쓰나미의 피해가 걱정/쓰(津) 지방기상대[11] 단호히 부정/엔슈나다(遠州灘)에서 의심스런 움직임'이라는 제목의 4단 기획기사를 실었다. "최근 들어 '도카이 지역에서 가까운 장래에 대지진이 발생할 가능성이 있다'라고 학회에서 발표되어 주목을 받고 있지만, 지역 주민들은 그것을 어떻게 받아들이는 것이 좋을지. …쓰 지방기상대에서도 '대지진이 온다고는 단언할 수 없지만, 엔슈나다 부근의 지진 활동이 매년 활발해지고 있는 만큼 걱정이

---

11) 미에현의 쓰(津)시에 소재한 지방기상대.

없다고는 할 수 없다'라고 말하고 있다"라고 보도했다.

제목이 과장되고 오해를 불러일으킬 소지는 있지만, 대지진이 발생할 가능성이 있다→ 대지진이 온다고는 단언할 수 없다→ 하지만 지진 활동이 활발해지고 있다는 문맥을 논리적으로 어떻게 해석하면 되는 것일까. 단정을 의도적으로 피하고자 하는 이러한 애매모호한 표현은 정보 제공 또는 경종이라고 하기 이전에 쓸데없는 불안감을 부채질하는 것에 지나지 않는다. 이 기사도 난기 연안 지방의 미에현 쪽의 사람들에게 적지 않은 영향을 미쳤다고 생각된다.

4) 와카야마의 연속 지진

이세신문의 기사가 나온 다음날인 11월 25일, 긴기(近畿) 전지역과 시코쿠(四国), 주고쿠(中国) 지역 등에서 2회에 걸쳐 매우 강한 지진이 발생했다. 진원지는 모두 와카야마현이었다. 오후 1시 25분경에 첫 번째 지진이 아리타(有田)시의 지하 20km에서 M6.5, 두 번째 지진은 오후 6시 19분에 처음 지진보다 약간 내륙부의 지하 40km에서 M6.25로 일어났다. 진도는 첫 번째가 와카야마(和歌山) 4, 시오노미사키(潮岬) 3, 오와세(尾鷲) 2, 쓰(津) 2, 두 번째는 와카야마(和歌山) 4, 오와세(尾鷲)·시오노미사키(潮岬)·쓰(津)가 모두 3이었다. 와카야마현의 현민 문화회관에서는 무대 장치의 철구조물이 떨어지면서 출연을 기다리고 있던 소녀를 가격해 중상을 입혔다. 또한 난기 연안의 오와세 지역에서도 물건이 떨어지는 등의 피해가 발생했다.

이 지진은 신문의 전국판에서도 비교적 크게 다뤘지만, 지역판에서는 피해와 지진발생 당시 사람들이 얼마나 놀랐는지 그리고 동네의 동요모습까지 보다 자세하게 전달됐다. 지역 신문은 월요일이 휴간일이기 때문에 27일자(중심부는 26일 석간)로 각 지역의 모습을 12월 1일의 지진 소문과 함께 다뤘다. 현의 지진조사보고서에서도 위험성이 지적됐고, 신문에 따라서는 대지진이 발생한다고 보도된 신구시의 경우는 사람들의 동요가 컸다. 『기난신문(紀南新聞)』의 '낮과 밤을 가리지 않고 무서웠다!! 신구시도 집이 흔들리고, 지진 충격, 불안한 하룻밤'이라는 기사는 81 페이지에서 소개했기 때문에 생략하겠지만, 『구마노신문(熊野新聞)』도 1면 톱 4단으로 '강한 지진이 2회, 피난과 화재 대책이 중요'라는 제목으로 지진이 반드시 일어날 것만 같은 기사 내용으로 화재 대책의 필요성을 주장했다.

구마노(熊野)에서도 『요시노구마노신문(吉野熊野新聞)』이 유언비어 소동과 관련해 칼럼을 게재했다.

> 다행히 사람과 가축의 피해는 없었지만, 수년 만의 강한 진도로 병원 환자, 시민회관 관객, 바다낚시꾼 등이 두려움에 떨었다. 최근 정보에 따르면 12월 초순의 "대지진예보"가 나돌고 있어 약 60년 전, 큰 쓰나미를 겪은 니기시마(二木)섬 아타시카(新鹿) 지구에서는 신경이 예민해져 있다.

오와세의 신문도 크게 보도했다. 『기세신문(紀勢新聞)』은 '기분 나쁜 일요일, 지진 2번씩이나/부녀회 모임 일순 소동/쓰나미 걱정으로 집으로 뛰어 돌아간 사람까지' 등의 제목으로 다음과 같이 보도했다.

> 관동 대지진으로부터 정확히 50년의 주기가 돌아와 대지진의 재발이 이야기되고 있는 가운데, 25일 오와세 지역에 2번이나 강한 지진이 급습, 시민들은 "기분 나쁜 일요일"에 떨었다. …오와세 지역은 점심 때 이전부터 구름이 끼기 시작해, 오후부터는 납빛의 하늘로부터 한바탕 비가 내려 천재지변이 촉발할만한 기분 나쁜 기상 상태로, 낮과 밤의 두 번에 걸친 지진의 발생으로 대재해의 전조를 느끼게 했기 때문인지 그날 밤 유흥가에는 인적이 드물었고 쥐죽은 듯 정막만이 흘렀다.

25일의 지진은 와카야마의 내륙부 신구시에서 발생한다고 소문이 돌았던 지진과는 아무런 상관이 없었다. 더군다나 나카무라(中村) 씨가 예언한 보소오키(房総沖)의 지진과도 전혀 관계가 없었다. 지진학회에서 발표된 엔슈나다와도 관계가 없었다. 냉정하게 차근차근 검토해보면 이들은 서로 아무런 관계가 없는 별개의 사건들이지만, 이들 전부가 '12월 1일 대지진이 일어난다'라는 소문으로 수렴됐다. 25일에 발생한 두 번의 지진은 소문을 한층 증폭시키는 역할을 수행했다. 지역신문사들도 유언비어를 연속지진의 피해와 마을의 자세한 반응과 연결시켜, 어떤 의미에서는 분위기에 휩쓸려 과장된 전달로 부추기고 말았다. 물론 이런 사태를 일부러 의도하지는 않았을 것이다. 아마 그 영향에 대해서 예측조차 하지 못했을 것이다. 하지만 단호하게 부정하지 않고, 반대로 예언과 소문이 널리 퍼지고 있다는 점을 알리거나 어떤 때는 이를 추인함으로써 결과적으로는 매스미디어가 오히려 소문을 널리 퍼뜨리고 말았다. 당시 지진학자와 지진예측과학이 태동기에 있었던 것을 감안하면, 전달하는 측도 이 정도의 지식수준이 당연했던 것일지도 모른다. 하지만 요즘도 이러한 기사와 정보 전달 형태를 취하고 있는 것을 보면 무신경이라고밖에 말하지 않을 수 없다. 결과론적으로 말하자면 이때가 소문을 종식시킬 수 있었던 절호의 기회였지만 역으로 불에 기름을 붓고 말았다.

5) 소문을 부추긴 유언비어 소동 뉴스

지면을 장식한 유언비어 소동

그 뒤 12월 1일의 당일까지 지역신문의 기사에는 드문드문 유언비어가 기사화됐다. 때에 따라서는 유언비어 유통 그 자체가 뉴스의 중심이 되기도 했다. 그리고 이것이 혼란을 한층 크게 만들었다.

『요시노구마노신문(吉野熊野新聞)』은 29일 작은 칼럼 두 곳에서 이를 언급했다. 그 중 하나인 '히쓰센(筆尖)'[12]에서는 냉정하게 밑도 끝도 없는 소문에 지나지 않는 것이라고 설명하고 있었지만, 다른 한 편의 칼럼인 '란피쓰(乱筆)노트'에서는 소동의 형국을 전한 뒤, "천재지변은 언제 올지 모르므로 준비는 필요하지만, 불안이나 공포로 치달아 당황하거나 소문에 휩쓸리면 혼란만 야기한다. 앞으로의 정보에 귀 기울여, 침착한 태도로 예고된 12월 1일 전후에 대비해야 한다"라고 결론지었다.

동 신문은 30일자에서도 같은 '란피쓰(乱筆)노트'란에서 다음과 같이 언급했다.

"오늘(29일) 아침, 공사 상황 조사를 위해 니기시마섬에 가보니, 사토(里)지구의 주민이 '12월 1일 오전 1시에 대지진이 일어나 쓰나미가 밀려올 것이다'라고 말하면서 가재도구를 높은 곳으로 옮기고 있었다. 진짜로 오나요?"(구마모토 토목회사의 A 씨 이야기). 누가 흘린 정보인지 유언비어인지는 알 수 없지만 니기시마섬 근처 (주민들의) 쇼크는 크다.

같은 구마노에서 발행되고 있는 『구마노일보(熊野日報)』도 이날의 칼럼란에서 "25일의 지진 이후, 시내의 어딜가도 12월 1일부터 5일 사이에 대지진이 올 것이다라는 주제가 화제를 불러일으키고 있다. …유난스럽게 전전긍긍하거나 두려움에 떨 필요는 없겠지만 언제 지진과 조우하게 되더라도 허둥대지 않도록 평소부터 마음의 준비는 필요하다. ▼최근 와카야마현(和歌山県) 지진연구발표회에서 도쿄대 지진연구소의 오사와 교수가…이라는 충격적인 발표를 했다. 25일 낮과 밤의 연속 지진은 …발표된 구마노나다 연안의 지점과는 관계 없는 곳이었다. 또한 12월 1일의 지진설에 대해서도 시오노미사키 기상관측소에 문의한 결과 유언비어일거라는 답변이 있었지만, "가까운

---

12) 일본어로 히쓰센(筆尖)이란 펜촉을 의미한다.

곳에 지진 지대가 있기 때문에 유단은 금물이다. 자신에게 무슨 일이 일어나더라도 대처가 가능하도록 준비해두는 것이 중요하다"라고 언급했다.

사태를 조장하는 정보는 와이드쇼 등과 같은 TV프로그램으로부터도 전달됐다. 그리고 결정적 뉴스가 도쿄로부터 전해졌다. 11월 29일 개최된 제23회 지진예보연락회에서 오마에자키(御前崎) 지각의 이상 변동에 관해 검토한 결과, 관측을 강화하기로 결정한 것이다. 나중에 지각의 뒤틀림은 계절적 요인에 의한 것으로 판명됐지만, 그 날 밤 TV와 라디오 뉴스, 다음날 전국지의 조간을 통해 이 내용이 보도됐다.

『마이니치신문(每日新聞)』오사카판은 '도카이에 대지진?/지각, 이상한 압축/예지연락회, 관측 강화'라는 제목으로 6단 기사로 보도했다.

> 지진예지연락회는…도카이 지역의 오마에자키 북부의 지각이 최근 아주 특이하게 수축해 있다는 국토지리원이 발견한 새로운 사실을 검토, 지진발생의 전조현상일 가능성일 수도 있다고 보고…지진발생의 전조현상발견에 전력을 기울이기로 했다.…이 발견으로 도카이 지역은 한층 엄중한 경계와 지진의 대비가 필요하게 됐다.

『주니치신문(中日新聞)』도 '엔슈나다오키(遠州灘沖)에 대지진의 전조/도카이 지역의 관측을 강화해라/예지연락회'라고 크게 보도했다.

헤드라인과 리드, 기사에 경종을 울리는 내용이라 하기에는 과장된 부분도 있었다. 그리고 많은 지역에서는 고작 그런저런 기사의 하나로 받아들여졌다. 하지만 소동이 일어났던 난기연안에서는 시기적으로 딱 맞아 떨어졌고, 엔슈나다라는 쓰나미가 우려되는 지역적 특수성으로 인해 경종은 경고에 가까운 의미를 부여했다. 지역의 소동을 모른 채 보도된 전국적 차원의 정보와 지역 정보 그리고 본래 관련이 없는 정보가 복잡하게 얽히면서 상승효과를 발휘하며 점차 사람들에게 퍼졌다.

종지부를 찍은 그 날의 보도

소동이 한창인 11월 30일에 유언비어 소동이 크게 보도됐다. 조간에서는 『아사히신문(朝日新聞)』 미에(三重)판이 '쓰나미 대책을 위해 고지대에 가건물을 짓는 사람들'이라는 설명이 붙은 사진과 더불어 "내일 대지진? 소문이 끊이질 않음/이세 반도 남부/피난소를 짓는 사람까지/오와세 기상관측소 학술적 근거 없음"이라는 제목의 4단 기사로 상세하게 전했다.

> 오와세시로부터 와카야마현 신구시까지의 이세 반도 연안은 지금 "12월 1일에 대지진이 있다"라는 소문이 퍼지고 있다. 이는 최근 동 지역의 지진을 학자가 예고하거나(a), 25일에 두 차례나 진도 3의 지진이 일어났기 때문…. 오와세 기상관측소에서는…'터무니없는 엉터리'라고 단정하지도 못하고, 소문이 퍼지고 있는 것을 수수방관하고 있는 상황이다.

이러한 '지진설'이 퍼진 이유 중 하나는 12일 와카야마현 청사에서 열린 지진연구발표회에서 도쿄대 지진연구소의 오사와 유타카 교수가 발표한 "신구시에서 대지진의 가능성이 있다"라는 발표때문이었다. 와카야마현은 남쪽으로 갈수록 큰 지진이 난다(b)라는 내용으로 신구시 주변에서는 관동대지진(M7.9) 이상(c)의 규모가 될 것이라는 설명이었다. 또한 15일에는 우지시에서 개최된 교토대(京都大) 방재연구소 지진학회에서 도쿄대 지진연구소의 안도 마사다카 씨가 엔슈나다에서 리히터 규모 7.5에서 8 사이의 대지진이 발생한다고 예측했다(d).

이와 같은 학설을 뒷받침하듯이 발생한 것이 25일 두 차례의 지진(e)이었다. 한 번이었다면 그런대로 괜찮았겠지만 저녁에 다시 한 번 흔들리자 이세 반도 남부의 사람들에게는 위기감이 깊어졌다. …특히 소문이 뿌리 깊게 퍼진 곳으로 쓰나미의 가능성이 있는 만 안쪽 깊숙한 해안부(f)의 오와세 기상관측소에는 이 소문의 진위를 확인하고자 하는 전화가 쇄도했다. 동 관측소에서는 "학술적 근거가 없다"라고 답변은 했지만, "절대로 거짓말이다"라고 단언하기는 어려웠다(g). 구마노 시내의 학교에서는 피난훈련을 시작한 곳도 있었고, 소문은 과장이 덧붙여져 점점 퍼져만 갔다.

폭넓게 정보를 수집해 기사 작성을 하고 있었지만, 일독해보면 알 수 있듯이 틀린 곳도 많고, 부적절한 표현도 적지 않았다. 오와세의『기세신문(紀勢新聞)』에 따르면 이 기사는 사람들의 동요와 혼란을 더욱 크게 불러일으켰다(후술)고 했는데, 확실히 예언일의 아침, 어수선한 때의 기사로서는 배려가 부족했다. 혼란을 진정시키기보다는 오히려 부추기는 작용을 한 것이다. 기사 내용을 하나씩 검토해보기로 한다.

먼저 (a)에서 '최근, 동 지역의 지진을 학자가 예측했다'라고 했는데, 이것은 오사와 교수가 '난기에 대지진'이라고 말한 것을 의미한다. 하지만 '신구시에 대지진'을 예고한 것은 매스미디어로 앞의 발표 내용과도 다른 것이었다. (b) 부분에서 '와카야마현은 남부로 갈수록 큰 지진이 발생한다는 내용'의 표현도 의미 불명이다. 또 매그니튜드와 진도의 차이를 이해하지 못하고 있었다. 지진의 강도는 어디에서 지진이 일어나느냐에 따라 다르므로 이들을 함께 묶을 수는 없다.

그리고 가장 기본적인 잘못은 지진과 지진에 의해 발생하는 피해를 구별하지 않고 있는 것으로 (c)의 '관동 대지진 M7.9 이상'이라는 표현은 이 두 가지를 완전히 혼동하고 있다. 가령 지진의 규모가 커도 진원지로부터 떨어져 있으면 흔들림은 작아져 피해는 줄어든다. 또한 진원지로부터 거리가 같아도 지반이 약한 곳은 흔들림이 크고 피해도 커진다. 지진의 규모와 진도의 차이점, 흔들림과 지반과의 관계를 무시하거나 혼동해서 쓰고 있는 것이다.

(d)의 기사에서도 엔슈나다의 지진은 언제 일어날까— 바로 목전일까, 그리 멀지 않은 장래일까, 그 언제쯤일까— 시기가 문제이지만 이에 대해서는 언급하지 않고 단지 '일어난다'라고 추측'만하는 것은 쓸데없이 불안감을 조

장하는 것에 지나지 않는다. 거기에 전혀 관계가 없음에도 불구하고 (e)의 '이러한 학설을 뒷받침하는 듯 발생한 것이 25일 2회에 걸친 지진'이라는 의미는 불명하지만 매우 의도는 선명한 표현이 뒤를 이었다.

(f)의 '소문이 깊게 뿌리내린 곳은 쓰나미의 우려가 있는 만 깊숙한 해안부'로 그 자체로는 잘못된 표현은 아니었다. 하지만 이 기사에서 새삼스럽게 거론하고 있었던 신구시의 경우, 걱정해야 하는 것은 쓰나미라기보다는 연약한 지반으로 인한 가옥의 전도와 화재로 이러한 부분을 기자는 알지 못했던 것 같다.

마지막으로 이러한 예고 소동의 경우, 항상 문제가 되는 것이 (g)의 "절대 거짓말이다"라고 잘라 말하지는 못한다, 또는 "완전히 엉터리라고 단언도 못한다"라는 표현이다. 지진이 일어날까 일어나지 않을까에 대해 사람들이 필사적으로 알고자 하는 상황에서는 일견 과학적으로 보이는 표현은 역으로 의혹을 크게 할 뿐 불안을 종식시키는 작용을 하지 못한다. 이에 대해서는 나중에 자세하게 설명하기로 한다.

이 기사는 이전까지의 다양한 정보를 교묘하게 연관시켜 정리한 뒤 소문과 연결시켜 제시한 내용과 당일이라는 절묘한 시기적 부합으로 유언비어 소동에 최종적으로 기름을 쏟아 부었다.

1일자(대부분은 30일 저녁 배달) 지역신문 중에서는 오와세의 2개 신문이 이 소동을 기사화했다. 『기세신문』은 77 페이지에서도 소개했지만, 기호쿠(紀北) 일원에 지진 소동/12월 1일 미명 설/두려움에 떨며 피난하는 주민도/냉정한 행동을 바란다'라는 제목의 4단 기사로 다뤘다. 기사 전반부는 소문의 과정, 사람들의 동향을 다룬 뒤, "지난 25일에 발생한 두 번의 지진이 사람들의 경계심에 한층 박차를 가한 것 같고, 더군다나 『아사히신문』이 30일 조간 미에(三重)판에서 이 소동을 거론한 뒤부터 '마의 12월 1일'(?)에 다가갈수록 동요와 혼란이 커져갔다"라고 전하고 있다. 나아가 기사는 소문이 퍼진 이유로서 오사와 교수의 발표, 지진학계의 엔슈나다 지진에 대한 발표를 다음과 같이 『아사히신문』 기사에서 그대로 인용해 게재하고 다음과 같이 마무리 지었다.

> 경찰과 소방 등 치안당국은 "천재지변은 언제 닥칠지 모르므로, 유언비어라고 한마디로 단정하기는 힘들지만, 함부로 세상을 혼란시키는 근거도 없는 말임에 틀림없으므로 여하튼 만일의 사태를 준비하는 차원에서 어디까지나 냉정하게 행동했으면 한다. 또한 지진의 경우는 예방이 최우선으로 가스 밸브를 잠그는 등 특히 화재 예방에 주의하길 바란다"라며 '침착한' 경계를 호소했다.

이 기사도 앞의 기사에 뒤지지 않게 자극적이었다. 하지만 소동의 와중, 한번 의심이 들면 모든 걸 의심하는 사람들에게 있어서는 이러한 '침착한 경계의 호소'라는 결론은 무언가 뒤가 있는 것은 아닌가라는 억측을 불러일으키는 근거가 되고 만다. 이 시점에서 일반적 호소는 무익할 뿐만 아니라 오히려 유해하기조차하다. 『난카이히비신문(南海日々新聞)』은 "오와세에서도 지진소문 심각/해안지대에서는 피난 소동/오와세 관측소에 문의 쇄도"를 역시 4단으로 제목을 뽑아 기사를 편집했다.

> "12월 1일에 엔슈나다에서 대규모 지진이 있다"라는 소문이 최근 수일 전부터 도쿄를 중심으로 전국 각지에서 화제가 되고 있다. 이러한 소문은 순식간에 기호쿠(紀北) 지역 전체로 퍼져 오와세 시내에서도 전날인 30일에는 절정에 달해 대부분의 시민은 심각한 표정으로 이 소문을 믿고 있었다. …오와세 관측소에서는 "12월 1일에 지진이 일어난다는 것은 전혀 예측되지 않았다. 또한 발생하지 않는다는 것도 단언할 수 없으므로…이러한 소문으로 입장이 곤란하다"라고 골머리를 썩이고 있었다. …동관측소로서는 단호하게 부정하고 싶지만, 언제 일어날지도 모르는 지진이 우연하게 그 날 발생할 수도 있다는 점에서 확실하게 이야기 하지 못하고 있다.

여기서도 애초 '12월 1일, 보소오키'라는 예언에서 '보소오키'가 빠지고, 지진학회에서 학자의 예측과 결합된 '엔슈나다'로 바뀌어 전해졌다. '신구시'든 '엔슈나다'든 둘 다 지역과 깊은 관계가 있는 지명과 '12월 1일'이라는 날짜만이 예언 당일까지 정보로서 계속 흘러다닌 셈이다.

4. 보도의 문제점과 시대 배경

1) 지진보도의 공통적 문제점

대지진이 발생한다고 예언된 12월 1일 이전 각 신문 기사를 자세하게 그리고 다소 길게 인용했다. 이들 상당수의 매스미디어 보도도 결국, 유언비어 소동을 종식시키지 못하고, 오히려 대부분이 결과적으로 유언비어를 널리 퍼뜨리고 부채질하는 역할을 수행했다. 끝으로 이들 기사들에게 나타난 공통점과 문제점에 대해 정리한다.

과장된 표현

수용자의 관심을 끌고, 조금이라도 강한 인상을 부여하고자 표현이 과장됐다. 그것도 필요 이상으로 강조됐다. 이러한 현상은 본문보다 리드, 리드보다는 제목에서 현저했다. 와카야마현에서 지진조사보고발표를 전하는 기사 등이 전형적인 예다.

주간지의 경우는 앞서 거론한 사례에서도 밝혀진 바와 같이, 한층 선정적이었다. TV의 경우도 '12월 1일 일본 대지진이 온다?!'(11월 28일, '11PM') 등 주간지에 뒤지지 않는 제목으로 특히 '?!'마크가 많았다. 신문과 지하철 광고나 TV 화면에서 먼저 눈에 띄는 것은 이러한 자극적이고 단정적인 제목이었고 이것이 수용자의 정보 수용에 크게 작용한 것은 말할 필요가 없다. 과장과는 약간 다르지만 너무 생각이 앞서가거나 문학적 표현도 있었다. 재해와 지진 보도 등은 사실을 최우선으로 해야 하는데 이러한 표현이 수용자에게 편견을 전달했다.

과학적인 용어 혼동과 제멋대로의 해석

몇 번이나 언급했지만, 지진의 규모를 나타내는 매그니튜드와 어떤 장소에서의 흔들림의 크기를 나타내는 진도, 나아가 지진과 재해를 혼동해 구별하지 않는 경우가 많았다. '대지진이 발생한다'라는 표현이 자주 쓰이고 있었지만 어디서 매그니튜드 얼마, 진도는 얼마라는 식으로 확실하게 구별해서 정보가 제공된 예는 적었다.

또한 한마디로 난기 연안이라고 해도 지진의 피해는 지금까지 기회 있을 때마다 언급한 것처럼 지형과 지질(地質), 쓰나미에 의한 것과 흔들림에 의한 것으로 나뉜다. 이처럼 전혀 다른 두 종류의 재해를 구별하지 않고 정보를 전하는 것은 혼란을 불러일으킬 뿐이다.

와카야마현에서 두 번 연속으로 발생한 지진을 엔슈나다오키 지진과 연관시키거나 또는 신구시에서 발생한다고 오해한 대지진과 관련이 있는 것처럼 전한 보도는 정말로 제멋대로 해석한 것이며 무책임하기조차 했다.

시간 무시 및 불확실성

일반적으로 지금은 지진 예보가 장기, 중기, 단기, 직전 예지로 크게 3~4단계로 나뉜다. 당시에는 이러한 생각이 확립되어 있지 않았다고는 하지만 지진이 언제 일어날지의 시기에 대한 관심은 매우 낮았다. 이런 예는 '네무로 반도의 다음은 엔슈나다', '바로 지금 대지진이 발생할 확률은 90%', '다가온 대지진', '가까운 장래에 대지진', '신구 지역에 대지진', '엔슈나다에 대지진이 일어난다', '엔슈나다에 대지진의 전조' 등 너무 많아서 셀 수조차 없을 정도다. '바로 지금 대지진이 일어날 확률 90%'에서는 지구물리학적인 시간 척도인 '지금'이 마치 우리의 일상생활 시간상의 '지금'인 것과 같이 취급됐다. 어차피 그 대부분이 시간을 특정할 수 없는 것인데 바로 지금이라도라는 인상을 부여함으로써 수용자의 불안을 부채질하는 결과를 낳았다.

'절대'의 함정

가장 중요한 것은 헛소문 소동에 대해 언급하면서 그 대부분이 지진이 일어날까 일어나지 않을까라는 중요한 부분에 있어서는 애매모호하게 빠져나가고 말았다는 점이다.

유언비어 소동의 기사에서는 권위 있는 기관으로서 반드시라고 말해도 좋을 정도로 기상대과 기상관측소의 견해를 취재하고 있었지만 그 대부분이 '대지진이 온다고는 단언할 수 없지만, 걱정이 없다고는 할 수 없다', '전혀 엉터리라고 단언할 수도 없다', '절대 거짓말이다라고 잘라 말할 수도 없다', '일어나지 않는다라고 단언할 수도 없고', '딱 잘라 부정하고 싶지만 단언도 가능하지 않은 것 같다' 등의 코멘트였다.

확실히 재해는 언제 일어날지 알 수 없다. 기상관측소나 기상대가 종교인이나 점쟁이와 달리 과학적이면 과학적일수록 발언이나 기사내용에 책임을 지고자하면 할수록 '절대 안 일어난다'라고는 말하기 힘들다. 몇 백분의 일 또는 몇 억분의 일인지는 알 수 없지만 지진이 일어날 가능성이 없는 것은 아니므로, '절대로'라고 완전 부정하는 것은 논리적으로 있을 수 없다. 하지만 이러한 부분을 강조해서 전달하는 보도는 오히려 일어날 가능성을 크게 부추기는 결과가 되고 만다.

당시 기상청의 지진과장이었던 스에히로 히게지(末広重二)는 예언, 유언비어에 대해 몇 번이나 코멘트를 요구받았다. 지진에 대해서 지식이 적었던 취재기자일수록 집요하게 물었던 것이 '정말로 절대 일어나지 않습니까'라는 질문이었다고 한다. 기상청이라는 행정기관의 입장도 있었기 때문에 처음에는 "절대 일어나지 않는다라고 말할 수는 없지만…"이라고 답변했지만, 자꾸 이 부분만 강조되어 보도되자 나중에는 화가 나서 "절대 안 일어난다"라고 단언하게 됐다고 한다. 유언비어 소동에 휩쓸렸던 사람에게 있어서는 일어날까 일어나지 않을까 선택은 둘 중 하나밖에 없다. 더군다나 확률 예보가 시작된 것은 한참이나 나중의 일로 확률론적 사고에도 익숙하지 않았다. 한번 의심이 들기 시작한 사람은 자꾸 의심이 들게 마련인 만큼 일부러라도 단호하게 안심할 수 있는 정보 제공이 필요했다.

'어쨌든 주의를'이라는 끝맺음

기사 마지막의 결론 또는 결론에 해당하는 부분에서 자주 보였던 것이 다음과 같이 상식적이면서도 매끄러운 문장이다. '침착한 태도로 예고된 12월 1일 전후를 지켜볼 필요가 있다', '언제 지진이 오더라도 당황해 허둥대지말고 평상시부터 마음의 준비를 해두어야 한다', '주변에 무슨 일이 일어나더라도 대처할 수 있도록 정리해두는 것이 중요하다', '침착한 경계를 호소하고 있다.' '절대 오지 않는다고는 말할 수 없다'라고 한 뒤에 오는 이러한 주의 환기가 그것도 결론으로서 제시되면 가뜩이나 불안감에 사로잡혀 있는 수용자는 오히려 이렇게 호소하는 것이 역시나 진짜로 위험하기 때문에 그렇다고 거꾸로 해석하게 되거나 지레짐작으로 의심이 들게 된다.

난기 지역과 같이 정보가 흘러만 들어오고 소위 정보가 쌓이기만 하는 정보 과소지(過少地)일수록 단정적인 반대 정보나 부인 정보가 필요하다. 이처럼 예언일 이전의 보도는 소문, 유언비어를 잠재우는 것이 아니라 오히려 선동하는 결과를 가져왔다. 일본 전국으로부터 정보와 로컬뉴스 하나하나가 소문을 확산시키고 사람들의 가슴속에 남도록 만들었다.

12월 5일의 『기세신문』은 칼럼에 흥미 있는 내용을 실었다.

공포의 12월 1일은 무사히 지나갔지만 사람들을 동요시킨 지진 소동이 아직 여진을 남기고 있는 모양이다. 어제의 일이었다. 본사에 어떻게라도 해결을 해주면 하는 한 통의 상담전화가 걸려왔다. ▼미키사토에서는 하루가 지나도 소동이 전혀 진정되지 않고, 오히려 점점 커져가고 있다는 이야기였다. 아직도 가재도구를 들고 피난하는 주민이 있어, 주위의 사람들에게 필요 없는 걱정을 불러일으키고 있다는 것이다. 신문이 대대적인 헤드라인으로 보도해 소동을 일으켰으니까 이번에도 똑같은 방식으로 괜찮다고 진정하도록 만들어 달라는 의뢰 ▼이러한 요청은 당연하다는 생각도 들지만, 아무리 안전하다고 해도 "절대 괜찮다"거나 "지진은 이제 일어나지 않습니다"라고 단정하는 것은 기사화할 수 없다. 천재지변은 방심할 때 온다. ×월 ×일이라고 일어나는 날을 명확하게 예측할 수 없는 반면 언제 닥쳐올지도 모르는 것이 천재지변이다. ▼학자들이 쉽게 엔슈나다에서 대지진이 발생한다고 설명하고 있지만, 화산대가 종횡으로 걸쳐 있는 일본은 항상 지진의 위험에 노출되어 있다. 과거의 재해사가 이야기하고 있는 것은 대지진, 대쓰나미, 기아가 일정한 주기로 발생한다는 것이다. 바로 요즘이 그 주기에 해당한다….

위의 칼럼도 그렇고 지금까지 소개했던 기사들도 잘 읽어 보면 기사를 쓴 기자 본인도 의외로 동요하고 있었던 것은 아닌가라고 생각하게끔 하는 부분이 있다. 기사를 작성한 기자 본인, 즉 정보를 전달하는 측에 지진 예고는 거짓말이지만 엔슈나다의 지진은 언제 발생해도 이상하지 않고, 관측 체계도 완전하지 않아 측정과 데이터의 축적도 충분하지 않으며 예지과학도 시작 단계에 불과한 상황으로 학자가 말하는 90%의 확률은 어쩌면 내일이라도 일어날지도 모른다고 생각하는 그런 분위기가 일부 있었다고 생각된다. 그리고 이러한 배경에는 시대적 분위기도 일조했다. 당시의 사회적 정세와 그 분위기에 대해서 살펴보기로 한다.

2) 미래가 불안한 시대

1973년, '도대체 일본은 어떻게 될 것인가'라는 TV 광고 카피가 '73년 유행어'의 하나로 선정됐다. 정말로 1973년은 이 유행어가 딱 맞아 떨어진 한 해였다. 다나카(田中)내각을 중심으로 전년도부터 일본개조 열풍이 불면서, 지가상승, 물가상승이 이어졌다. 2월에는 쌀, 콩, 생사(生絲), 3월에는 참치, 담배, 4월에는 찹쌀과 같은 상품의 매점매석, 투기가 이어졌고, 종합상사의 악덕 상술이 사회적 문제가 됐다. 공공요금에서 시작해 지가, 식료품으로 이어지는 가격 인상은 그칠 줄 모르고, 물자 부족과 물가 폭등이 생활을 위협하는 수준에 이르렀다.

아사마야마(浅間)산의 분화, 오가사와라(小笠原)·니시노시마(西ノ)섬 해저화산 폭발 그리고 네무로(根室) 반도 연안 지진, 6월에는 계속된 동물들의 이상 행동, 여름에는 폭서와 이상 가뭄, 인간 사회뿐만 아니라, 자연계에도 천재지변의 낌새가 나타났다. 10월 6일 제4차 중동전쟁 발발, 아랍 측에서는 석유 전략화를 추진함에 따라 오일쇼크가 왔다. 11월에 들어서는 간사이(関西)에서 시작된 주부들의 화장지 사재기 소동이 순식간에 일본 전역으로 확산됐다. 화장지에 이어 합성세재, 식용유, 밀가루, 나아가 소금, 설탕까지 사재기가 확산되어 일본 열도는 패닉 상태로 빠졌다.

소동은 도쿄의 수도권, 오사카 등의 대도시에 국한되지 않았다. 11월 16일에는 미에(三重)현 요카이치(四日)시에서는 슈퍼에서 설탕을 사려고 몰려든 주부들로 부상자까지 나왔다. 이러한 소동은 전국일간지의 나고야(名古屋)판, 『주니치신문(中日新聞)』과 『이세신문(伊勢新聞)』에서도 크게 보도됐다.

난기 지방도 이러한 오일쇼크, 물자 부족, 사재기 소동과 무관하지 않았다. 휘발유와 등유 부족이 발생해, 어선용 연료의 가격폭등과 부족 사태가 큰 문제가 됐다. 관광지 시라하마(白浜) 온천에서는 가장 인기 있었던 기념품이 화장지였다. 11월 3, 4일의 연휴에는 여관에서 유가타(浴衣)를 입은 모습으로 나와 자동차를 약국과 상점에 주차하고 화장지와 티슈, 세제를 들고 갈 수 있는 한 최대로 사가지고 가는 풍경이 목격됐다(『기이민보[紀伊民報]』, 11·8).

오와세(尾鷲)시 가타(賀田)의 낚시 민박집에서는 단골인 오사카의 낚시꾼이 휴대용 탱크에 휘발유를 들고 와서 낚시를 한 뒤 민박집에 부탁해 사 모아 놓은 화장지, 간장, 설탕을 자동차 트렁크에 가득 넣어 귀가했다고 한다.

부녀회 등의 요청에도 불구하고 난기와 같은 작은 지역사회에서도 사재기 소동은 진정되지 않고 12월말까지 계속됐다. 연말에는 정월 귀성이 이어지면서 귀성하는 자녀들의 부탁으로 부모가 위스키부터 분유까지 사 모았기 때문에 품절되는 상품까지 있었다(『기이민보[紀伊民報]』, 12·24/30). 이처럼 난기 주변에서도 어떤 의미에서는 도회지보다 복잡하고 비뚤어진 형태로 물자 부족, 사재기 소동이 발생했다. 이러한 가운데 12월 14일 아이치(愛知)현의 도요가와(豊川)신용금고에서 예금인출 소동이 일어났다. 여고생이 전철에서 의미 없이 농담으로 '신용금고도 위험해'라고 던진 한마디가 대장성, 일본은행까지 포함된 대소동으로 발전된 전후 사정은 이토요이치(伊藤陽一) 외, 『어떤 거짓말의 일생』(분게슌슈[文芸春秋], 1974년 4월호)을 비롯해 많은 기획기사로 자세하게 알려졌지만, 이 사건도 시대적 분위기, 당시의 사회적 심리 상황을 빼고는 이야기 할 수 없을 것이다. 실제로 앞의 요카이치에서도 비슷한 시기에 같은 사건이 발생한 바 있다. 종업원 95명의 중견 건설회사가 헛소문으로 인해 도산 직전까지 몰린 것이다(『이세신문[伊勢新聞]』, 12·25). 10월부터 건설업계의 경기가 나빠지기는 했지만, 이러한 거짓말 유포 소동이 있을 수 있었던 것은 사회가 불안정해서 거짓말과 소문을 만들어 내기 쉬운 사회적 심리 상태였기 때문이었다.

이 해는 '종말로부터'라는 이름의 잡지가 창간되어, '파멸학회'가 결성될 정도로 종말론이 유행했던 때다. 앞의 "오야소이치 문고잡지기사색인총목록"을 살펴보면, '종말론' 항목은 1973년 31건으로 다른 해와 비교해 압도적으로 많았다. 그리고 '종말론'에 관한 잡지 기사는 지진보다 약간 늦게 7, 8월부터 급증, 지진기사가 정점을 지난 10월 이후까지도 줄어들지 않았다. 천재지변, 이상기후와 지진보도로부터 시작된 종말 분위기는 오일쇼크로 사회적 묵인 받으며 그대로 12월까지 이어졌다.

〈표 2-3〉 '종말' 관련 기사 건수

년	70	71	72	73	74	75	76	77	78	79	80	81
기사수	0	6	5	31	11	5	5	2	4	4	9	13

* 오야소이치 문고 잡지기사 색인 총목록에서.

앞서 도쿄 기타구에서 실시된 의식조사 결과를 소개했지만, 동 보고서는 마지막 부분에 다음과 같이 기술하고 있다.

전문학자가 검토한 것도 아니다. 관공서가 이에 대해 언급한 것도 아니다. 예언자라고 칭하는 사람이 말한 것이 사람들의 입에 오르내리면서 매스미디어가 이를 앞다투어 소개하는 사이에 구민의 대다수에게 알려지고, 이를 알게 된 사람의 약 과반수가 이를 다른 사람들에게 전달했다. 그리고 이 사실을 알게 된 사람의 약 절반은 불안감을 느꼈다. 대체 어떻게 된 것일까. 평상시가 이 정도였다.

평상시였다. 하지만 평상시라고 해도, '사상누각(砂上樓閣)'에 지나지 않았다. 발밑부터 붕괴해, 일본 침몰의 느낌이 떠돌았다. 12월 1일은 사회적으로 매우 불안정한 심리상태였다. 한번 의심이 들면 자꾸 의심이 생기기 마련이다. 유언비어가 난무하기에 적합한 상황이었다.

끝으로 지금까지 검토한 내용들을 간단하게 정리하면 다음과 같다.

① 지진예고는 태동기였지만, 사회적 요구로 인해 공개되지 않을 수밖에 없었다. 태동기의 미숙함과 더불어, 전달되어야 할 정보도 현실적으로 사회에 대해서는 애매모호하고 명확함도 결여되는 경향이 있었다.

② 지진예지에 대한 금기는 사라졌지만, 새로운 지진과학에의 부적응, 이해부족으로 인해 송신자인 매스미디어 측에도 아직 지진정보에 대한 새로운 보도 방식, 보도 자세가 확립되지 못했다. 그로 인해 절제되지 못하고 선정적인 전달 방식이 적지 않았다.

③ 난기 연안은 강력한 반대·비판정보가 없었던 정보의 격소지, 즉, 막다른 골목으로 더구나 과거에 몇 번이나 쓰나미, 해일, 지진재해에 직면한 지역이었기 때문에 수용자의 과거체험이 정보에 과민하게 그것도 자기방어적인 방향으로 수용되고 있었다.

④ 사회적으로 '사상누각(砂上樓閣)'에 지나지 않았던 것들이 발끝부터 붕괴한 직후, 매우 불안정한 사회 및 사회심리가 전체적인 배경에 존재했다.

이와 같이 보면, 유언비어 소동은 결코 우연하게 발생한 것이 아니라 발생할만하니까 발생했다고 이해하면 된다. 그리고 이 사례는 정보화의 진전과 동시에 구전 및 선전과 미디어가 깊숙하게 관여된 새로운 유형의 유언비어 발생 가능성을 시사하고 있다.

사실, 지진예지에 한정하지 않고, 새로운 상황, 미지의 대상과 부딪힐 때마다 유언비어까지는 아니더라도 비슷한 혼란과 소동은 계속됐다. 에이즈보도, 오움진리교 사린사건보도, 금융위기보도, 광우병보도, 신형인플렌자보도 등도 같은 상황이 엿보인다. 미디어와 저널리즘이 항상 미지의 대상을 향하고자 하는 이상, 이러한 함정은 어디나 숨어 기다리고 있음을 잊어서는 안 된다.

3부
디지털미디어 시대의 재해정보

동일본 대지진의 쓰나미에 휩쓸려간 기센누마시
(2011, 산리쿠신문사 제공)

머리말

1995년 1월 17일 발생한 고베 대지진은 이제까지 없었던 대규모의 광역복합도시재해였다. 다종·다양한 형태의 정보가 대량으로 분출됐고, 이러한 정보들은 신문·잡지, TV·라디오 뿐 만 아니라 이후 새롭게 등장한 케이블TV나 위성방송, 문자방송이나 PC통신·인터넷, 휴대전화 등 여러 가지 미디어를 통해 전달됐다. 1994년도가 멀티미디어의 원년(元年)으로 불린다는 점을 감안하면 실로 그 초입에서 조우한 재해였다. 재해사(災害史) 및 사회적으로 새로운 모습을 나타냈을 뿐만 아니라, 재해정보학적으로도 지금까지 볼 수 없었던 상황이 출현됐다는 점에서 재해보도와 미디어를 새롭게 생각하게끔 만든 원점이 됐다.

그로부터 16년. 2011년 3월 11일 동일본 대지진은 방송의 디지털화가 목전에 다가오고 소셜 미디어가 중요한 역할을 담당하는 디지털 미디어 시대에 일어났다. 그 사이 몇 번의 재해가 발생했지만 재해보도와 미디어, 특히 디지털 미디어의 발전과 보급은 재해정보와 어떻게 관계를 맺으면서 어떠한 방식으로 전개했던 것일까.

3부에서는 고베 대지진을 사례로 우선 대재해 시 정보의 종류·내용·구조를 명확히 하고, 재해 시 정보행동, 미디어 특성 및 정보유통을 고찰·분석한 후, 당시 중심적 미디어로서 역할을 맡았던 방송 미디어와 최근의 소셜 미디어로 이어진 인터넷 미디어가 이후 어떻게 전개되고 어떻게 재해정보를 전달했는지, 지난 16년 간 발생한 몇 개의 재해를 대상으로 이들 재해가 갖는 특징을 파악한 뒤, 그 구체적 사례를 자세히 살펴보고자 한다.

1. 고베 대지진의 정보 및 미디어

1) 멀티미디어 시대 초입의 대재해

고베 대지진에서는 재해가 갖는 고유한 특징이 현저하게 나타났다. 재해가 극히 대규모로 복잡했고, 재해 발생이 돌발적이었기 때문에 사회시스템이 갑자기 손상을 받아 비일상적 세계가 출현했다.

재해의 규모는 사망자 약 6천 4백 명, 가옥 전파 10만 동, 피해세대 20만 세대 이상이란 숫자가 보여주듯이 인명, 재산, 건축물뿐만 아니라 라이프라인 등의 도시 기능, 지역공동체 및 사회시스템 자체의 피해 및 손상까지 매우 광범위했다. 더욱이 일본 유수의 거대도시 밀집지역이자 인구밀집지역, 동서 교통과 물류의 요충(要衝)이면서 고밀도화된 지역에서 일어난 지진으로 피해나 장애의 발현 형태가 극히 복잡·다양하고 영향 역시 오랫동안 지속됐다. 대도시가 갖고 있는 취약성을 그대로 노출시킨 전형적 도시 재해였다.

지진은 태풍이나 집중호우, 화산 분화 등의 자연재해와는 다르게 돌발적으로 일어나기 때문에 도카이 지진을 제외하고 예지가 불가능하다. 일본은 시간과 장소 불문하고 어디서나 대지진이 발생해도 이상하지 않은 지진 다발국으로 대부분의 장소에서 나름의 준비나 마음의 각오는 하고 있지만, 당시 간사이(關西) 지방에는 지진이 일어나지 않는다는 안전 신화가 광범위하게 신봉됐고, 시민이나 지자체도 마음의 준비가 전혀 없었다라고 해도 좋을 만큼 준비가 결여되어 있었다. 따라서 고베 대지진을 일으킨 효고(兵庫)현 남부지진은 지역주민과 지역사회가 전혀 생각지도 못한 가운데 돌발적으로 덮쳤다.

이러한 재해의 특징은 정보를 둘러싼 환경의 변화에도 단적으로 나타난다. 이제까지 기능하고 있었던 기존의 일상적 사회시스템, 집단, 조직이 거의 붕괴되면서 정보 루트까지 차단되어 생활기반이 붕괴됐다. 이러한 현상은 고령자, 장애인, 소수자란 사회적 약자에 특히 현저했다. 피해자, 지자체, 각종 기관 모두 일상적인 생활이나 업무에서 갑자기 전혀 비일상적인 세계로 변모했다. 따라서 최소한의 일상생활을 영위하는데도 정보가 요구됐다.

지진발생 후 안부, 피해, 2차 재해 등 생명과 재산에 관한 극히 원초적·기초적 정보로부터 일상생활에 관한 일반적 정보, 개별·특수·전문정보까지, 또한 개인에서부터 지역, 학교, 직장, 지자체, 기업의 모든 조직과 집단까지 이제까지는 없었던 다양한 종류의 정보가 대량으로 필요해졌고 그것도 뒤섞여 전달됐다. 더욱이 대량으로 유통되는 정보의 내용 대부분은 거의 평상시에는 전혀 필요하지 않은 것들이었다. 정보 생산자에게 있어서도 평상 시 취재하여 편집제작, 송출하는 정보와는 전혀 관련 없는 실로 비일상적인 특수한 방식으로 소위 처음 경험한 정보의 생산이었다.

미디어 환경도 이제까지와는 완전히 달라졌다. 관동 대지진 당시 미디어라고 해야 신문·잡지가 보급되어 있었을 뿐 TV는 물론 라디오 방송은 아직 시작되지도 않았다. 전화 보급률도 매우 낮았고 다이얼 방식도 아니었다. 무선도 모스 신호에 의한 통신이 재해로 수일 동안 완전히 정지됐다. 유일한 매스미디어였던 신문사도 피해를 입어 신문을 발행한 것은 지진발생 후 2, 3일이 경과한 후부터였다. 당시는 정보 전달 수단이 거의 구전 중심으로 활자는 호외와 가와라판 만이 활약하고 있었을 뿐이었다.

이에 비해 고베 대지진 때는 방송에만 국한하더라도 TV, 라디오는 말할 것도 없고 커뮤니티FM(공동체라디오), 지진재해를 계기로 시작된 임시재해FM, 더욱이 무허가·위법으로 시작한 다국어FM까지 대량의 재해정보를 오랫동안 전달했고, 위성방송, 문자방송, 케이블TV도 다양한 재해정보를 방송했다.

통신 영역에서도 전화 보급율은 거의 100%에 달했고 팩스, 전화자동 응답장치(보이스메시지)가 이용됐다. 무선에서는 방재행정무선, 휴대전화, 아마추어무선, MCA무선,[1] 위성통신이 활약했다. 평소는 육상에서 이용할 수 없는 국제해상위성기구(INMARSAT:International Marine Satellite Organization)의 간이 이동식 지구국도 예외적으로 사용됐다. 더욱이 컴퓨터 통신망 접속은 당시는 아직 일반화되기 이전이었으나 컴퓨터 통신과 인터넷을 이용하여 국내뿐만 아니라 전 세계로 재해정보가 전달됐다.

통화서비스만 가능했던 휴대전화는 전년도 가을부터 단말기 매입제도에 의해 막 일반 보급이 시작됐다. PC 통신이 주를 이뤘지만 대학이나 연구기관 중심으로 일부만 이용되고 있었던 인터넷이 그 해 11월 윈도우95 발매에 의해 폭발적으로 증가했다. 새로운 미디어가 다양하게 출현한 것뿐만이 아니다. 미디어 간 정보유통도 빈번했다. 실로 멀티미디어 시대의 입구에서 조우한 대재해였다. 그러나 멀티미디어는 아직 화제의 대상이거나 사회적 분위기를 형성하는 단계를 벗어나지 못하고 새롭게 모습을 드러낸 여러 가지 미디어의 가능성을 시험하고 검증할 수 있는 기회를 제공하는 수준에 불과했다.

2) 정보행동과 미디어 이용

미디어는 다종·다양한 대량의 재해정보를 어떻게 전달했고 사람들은 이를 어떻게 이용했는지 보기로 한다. 전화는 지진발생 직후 피해 지역으로

---

[1] MCA(Multi Channel Access)무선이란 사용 중에 혼선이 발생하면 수동 또는 자동으로 빈 채널을 선택할 수 있는 무선통신 방식을 말한다.

의 통화가 쇄도했다. 최대 통화 피크 시와 비교해 50배나 증가해 1주일이나 통화가 규제됐다. 전화뿐만이 아니라 방송, 신문, 인터넷 등도 정보가 폭주하여 정보가 넘쳐나는 상황이었다. 방송국은 어느 곳이나 24시간 방송을 실시했다. NHK에서는 안부확인 정보를 교육채널과 FM 라디오에서 320시간에 걸쳐 방송했으나 의뢰된 약 5만 4천 건의 55%인 3만 건만 처리할 수 있었다. 인터넷에서도 게시판은 가득 찼고 '등록은 삼가해주십시오 Read only!'라고 표시가 이어지면서 계속 새로운 게시판이 증설됐다. 그리고 무수히 많은 수의 부착물이 피난소나 시청뿐만 아니라 담벼락이나 전신주, 지하철역 벽면 등 거리 곳곳에 붙었다.

고베 대지진의 피해자 정보행동과 미디어 이용에 관해서는 NHK를 비롯하여 일본신문협회연구소, 도쿄대학사회정보연구소 등 몇 군데의 연구기관이 설문 조사를 실시한 바 있다(〈표 3-1〉). 이 조사 결과에 따르면 대지진 이후의 공통적인 정보행동 및 미디어 이용의 특징은 방송, 신문의 매스미디어에 이어 구전, 게시판 등 원초적 미디어의 비중이 30% 전후로 높았다는 것이다. 더욱이 이 비중은 정보의 내용 변화, 미디어 복구·정비에도 불구하고 지진 직후나 일주일 후, 3주일 후에도 거의 변화가 없었다.

멀티미디어 시대의 선구적 미디어에 관해서는 어느 조사든지 방송이나 신문 등 종래의 매스미디어가 중심이기 때문에 설문이나 선택대상 항목이 적다. 그래도 관련 있는 부분을 골라내서 살펴보면 어느 조사나 뉴미디어가 달성한 역할은 매우 적다는 것을 알 수 있다. 우선 케이블TV의 경우, 도쿄대학 조사에서는 지역에서 당일 '도움이 됐다'가 전체의 1.0%, 일주일 후가 1.6%였고, NHK조사에서는 '조금 도움이 됐다'가 전체의 0.6%, 신문협회의 조사에서는 0%였다. PC 통신은 NHK 조사에서 0.4%, 신문협회에서 재해, 피난, 구조, 안부, 생활의 각종 정보 중 구조 정보의 입수처로서 0.3%, 기타는 0%(도쿄대학의 조사에는 항목 없음)였다.

〈표 3-1〉 재해피해자의 정보행동 및 미디어 평가(각 조사를 정리한 것. 단위: %)

		NHK 방송문화연구소조사		도쿄대학사회정보연구소 조사		일본신문협회 연구소 조사	NHK 방송문화연구소 조사	
		알고 싶은 정보를 얻은 사람의 입수처(복수회답)		가장 도움이 된 정보의 입수처(아시아)·복수회답)		정보 입수처(복수회답)	도움이 된 정보이 됨	약간 도움이 됨
		지진 당일	3~4주 후	지진 당일	1주 후	1주 사이	가장 도움이 됨	
텔레비전 방송	NHK 오사카·민방 고베 민방	28.3	45.2	33.8 25.9 6.9	66.0 47.8 14.6	31.1 23.6	30.7*² 1.0~2.8*³	31.1*² 3.9~15.5 11.4
라디오	NHK 오사카·민방 고베 민방	38.9	20.0	46.8 22.5 4.3/2.0*⁴	30.0 17.4 /3.4*⁴	25.1 28.6	7.2 0~1.8*³ 1.6/0.4*⁴	22.5 1.8~11.2 7.4/3.0*⁴
신문		-	40.0	10.5*⁵	47.8*⁵	66.7	33.5	40.8
현·시 등의 홍보지		6.7	34.8	2.2/2.2*⁶	7.1/14.6*⁴	-/20.6*⁶	4.2*⁷	13.5*⁷
게시판		-	-	-	-	10.9	5.0	21.3
구전		30.0	27.7	33.8	32.0	19.1*⁸	-	-
케이블TV		-	-	1.0	1.6	0	0	0.6
PC통신		-	-	-	-	0.1	0	0.4
지역커뮤니티지		-	-	0.2	1.8	0.6	-	-
기타		11.1	4.5	2.0	2.4	-	1.6	5.2

NHK방송문화연구소조사: 피난처(고베, 니시미야, 아시아, 호쿠단초) 500명
도쿄대학사회정보연구소조사: 아시아시, 니시미야시, 다카라즈카시의 심각한 피해지역으로부터 무작위추출한 중에 아시아시의 500명
일본신문협회연구소조사: 고베, 아시아, 니시미야 피난소(135명), 가설주택(120명), 주변지역(45명)의 합계 300명
-는 해당 설문항목 없음

*1 재해, 피난, 구조, 인부, 생활 정보 자기 구분된 것들의 평균
*2 NHK종합채널 대상
*3 오사카민방TV 및 라디오방송국의 최소치와 최대치
*4 AM고베/KSSS-FM
*5 호외신문 각 0.4%, 1.2%
*6 홍보선전지/홍보지
*7 시(市)·촌(町)보부터의 공지 및 현으로부터의 공지가 각 1.2%, 7.0%
*8 전화를 포함
*9 그 외에 도쿄대학조사에서는 '특별히 도움이 된 것은 없었다'가 10.5, 2.4%, 일본 신문협회조사에서는 '잡지'가 0.7% 등이 있었다.

이와 같은 조사결과의 수치는 당시 뉴미디어가 정보미디어로서 거의 역할을 수행하지 못했지만, 신문이나 잡지에서는 이를 크게 취급하여 이들의 활약상을 선전했음을 보여준다. 관계자, 업계기관지(機關紙), 업계신문도 높은 자기 평가 점수를 부여했다. 물론 설문 조사의 대상자가 피난소의 피해자 중심이기 때문에 케이블TV 시청이나 PC 통신이 가능한 환경에 없었던 사람이 많았다는 점은 그렇다하더라도 이러한 설문 조사결과와 자기 평가 결과의 차이는 어디에서 기인하는 것일까.

많은 조사연구에서는 미디어를 수평적, 병렬적으로 위치시켜 미디어 간 비교 검토를 하지만, 이와 동시에 정보유통을 수직적인 흐름으로서 유통 과정 내부의 구조로 분석하고자 하는 시점이 필요하다. 현지에서의 현장 인터뷰조사로부터도 알 수 있으나 재해 피해지에서는 평상 시 정보 환경과는 달리 피난소나 급수 장소 또는 사람들이 많이 모이는 장소에서 매스미디어나 케이블TV로부터의 정보, 전단지 및 PC 통신의 프린트와 같이 게시판에 부착된 정보 등을 구전으로 전달하는 2단계, 3단계에 걸친 정보의 다층적 또는 복선적인 유통이 많았다. 당시 뉴미디어는 보급율도 매우 낮았고 조작도 어려워서 이런 경로를 거쳐 간접적으로 정보가 수용됐다. 방대한 양의 정보가 다층적 유통 과정을 통해 개인, 지역 또는 집단마다 필요한 것만이 선택되어 수용됐다.

예를 들어 안부확인 방송을 직접 방송으로 들었던 사람은 거의 없고 다른 사람으로부터 들어서 알게 된 케이스가 대부분이었고, 피해 지역에서 소문이 퍼져 소동이 났던 '가설(假設)주택 신청접수 개시', '파괴 주택의 무료 철거'와 같은 거짓 정보도, AM고베의 방송이 구전으로 와전되어 전달되는 도중에 내용이 달라진 것이었다. 또한 가설주택에 들어갔더니 정보를 입수하기 어렵게 됐다는 주민의 이야기도 구전 비중이 높다는 것을 뒷받침한다.

마지막으로 정보 수용자의 관점에서 보면, 재해 시 수용자의 정보에 대한 수요는 매우 높다. 정보를 수동적으로 수용·선택하는 것에 머무르지 않고, 능동적으로 취득·탐색 행동에 나서는 경우가 많다. 정보 전달 과정은 송신자로부터 수용자에게 일방통행이 아니라 쌍방향통행으로 바뀌고, 이러한 기능을 갖춘 미디어에 대한 접촉이나 기대가 높아진다. 이런 의미에서 휴대전화나 인터넷 미디어는 앞으로 수용자의 수요에 부응이 가능하다.

재해라는 비상시를 정보적 측면에서 보면 사회 전체는 어느 정도 소음 상태다. 개인뿐만 아니라 사회 전체도 정보를 요구하는 에너지가 활발해지고, 정보의 유통 회로가 복잡·다양해진다. 정보 수용도 평상시보다 과민해지고, 소문, 유언비어, 패닉이 발생하기 쉬운 사회심리상황이 발생한다. 재해 시에는 일반적 정보론 및 정보 과정이 사뭇 다른 양상을 나타내는 것에도 유의하지 않으면 안 된다.

2. 재해보도와 미디어 특성

1) 재해정보의 구조와 시계열적 변화

시간경과에 따른 재해정보의 변화

재해 시에는 방대한 정보가 필요하고, 유통된다. 다종·다양한 정보가 분출된 고베 대지진을 사례로 재해정보의 구조를 내용별로 분류하고 시계열적 변화와 함께 분석한다. 방대한 양의 정보는 크게 시간축과 공간축, 여기에 정보의 개별성과 보편성이란 대상에 따라 분류할 수 있다.

재해 피해자가 필요로 하는 정보는 시간의 경과와 함께 크게 달라진다. 지진 규모, 재해 피해의 상황에 따라 다소 차이는 있으나, 고베 대지진과 같은 경우에는 어떠한 설문 조사 결과를 살펴봐도 정보 수요에 대한 시계열적 변화는 공통적이다.

지진발생 직후에 필요한 정보는 재해 피해자의 불안을 제거하고 혼란을 피하도록 지진 규모, 진원지, 쓰나미 유무의 지진정보나 여진에 관한 정보와 화재 방지·부상 방지, 피난 유도 등의 재해 피해자 공통의 행동 지침이다. 그 다음이 구급·구명, 사상자, 건물 손상 등 재해지 상황을 전하는 피해정보, 지인이나 친척의 안부 확인 또는 무사를 알리는 안부 정보다. 안부 정보는 개인 간 사적 정보이고 전화에 의존하는 부분이 많으나 피해 지역 내뿐만 아니라 피해 지역 외로부터도 방대한 양이 쇄도하기 때문에 전화 폭주의 최대 원인이다.

재해 발생 후 일정 시간이 경과하여 안정되면 당장 식수나 식량, 화장실 등 긴급생활 정보가 필요하다. 동일본 대지진의 지진 쓰나미 피해지역에서는 휘발유에 관한 정보가 중요한 긴급 생활 정보였다. 또한, 바깥 지역으로의 피난이나 외부로부터의 구조를 위한 도로나 철도, 선박 등 교통정보도 요구된다. 교통 정보는 이후 평상시로 복구될 때까시 개인 생활, 피해지의 사회 시스템을 유지하기 위한 기초적 정보로서 효용이 높다.

재해발생 후 2, 3일째가 되면, 수도, 가스, 전화 등의 피해 상황, 복구 예상 전망, 급수 시간과 장소 등의 라이프라인 생활 정보에 대한 관심이 증가하고 치료를 받을 수 있는 병원 및 진료 과목과 같은 의료 정보가 요구된다. 재해 직후의 안심·행동지침 정보와는 달리 재해정보 복구기에 접어들면 재해 피해자의 사회 및 경제 활동을 지원하기 위한 생활 정보나 자원봉사활동 정보를 포함한 지원 정보가 필요하다.

비일상적 생활이 일상화되면서 안정을 찾게 되고, 심리적으로나 생활적으로도 다소 여유로워지는 1, 2주 후가 되면 영업 중인 목욕탕, 이발소, 따뜻한 식사를 제공하는 음식점 등 일반 생활 정보, 임시 주택 신청이나 주택융자 등 각종 신청수속과 같은 행정정보가 큰 비중을 차지하게 되고 새로운 마을 만들기를 목표로 하는 부흥기의 정보가 그 뒤를 잇는다.

이상과 같이 재해정보 전달의 시간적 변화 양상을 대강 거슬러 올라가 살펴보면, 지진정보, 행동지침정보, 피해정보, 안부확인 정보, 긴급 생활 정보, 교통정보, 라이프라인 생활 정보, 의료정보, 구급정보, 일반 생활 정보, 행정수속정보, 부흥정보의 차례로 각각의 정보가 겹치면서 변천한다.

공간적 확장에서 본 재해정보

재해를 사회 시스템의 손상이란 관점에서 도식적으로 파악하면, 재해 피해지를 중심으로 손상 정보는 동심원상으로 감소하고, 그 원의 가장 바깥에 피해를 받지 않은 일상적 사회가 존재하게 된다. 사회 시스템 회복을 향해 동심원의 각 장소 사이에 정보가 필요하고, 각각의 정보는 독자적 정보권(圈)을 형성한다.

지리적·공간적으로 재해 피해지역 내부와 재해 피해 지역 외부로 크게 구별하면 주로 재해 지역 내부를 정보권으로 하는 정보는 피난유도정보, 긴급·라이프라인·일반 생활 정보, 의료, 행정정보 등이다. 이런 종류의 정보는 기본적으로 지자체, 방재관련 단체, 라이프라인 기관과 밀착된 지역에 미디어가 담당하는 것이 적절하고, 내용 표현에 있어서도 개별적이고 구체적이어야 하며 재해 피해자의 눈높이에 맞추는 것이 요구된다.

고베 대지진에서는 해당 지자체의 정보 취합과 발신이 늦고 불충분했다는 점, 커뮤니티 FM, 임시재해FM, 케이블TV와 같은 지역미디어가 아직 미성숙 상태로 재해 초기에는 거의 기능하지 않았다는 점, 광역적 종합정보를 특징으로 하는 매스미디어는 대응이 늦었고 더군다나 PC통신 등 뉴 미디어의 보급률이 낮았으며 심지어 처음 경험했기 때문에 시행착오를 거듭한 끝에 겨우 체계를 갖추게 됐다는 점 등으로 인해 수용자의 정보 수요에 부응할 수 없었다. 지역 독립 방송국이 지역정보를 내보내기는 했지만, 넓은 재해 피해지 전부에 핀포인트 방식으로 정보를 제공하는 대응 형태는 아니었기 때문에 이 부분은 향후 검토과제로 남겨졌다.

재해 피해지역 내·외부를 연결하는 정보로서 안부확인 정보, 입시 일정이나 전학 등의 교육정보, 생활 물자 부족에 대응하기 위한 지원정보, 난치병 환자나 계속적 의료진료를 필요로 하는 환자를 위한 구호·구조 정보, 홈스테이·주변 노인의 수발, 원격지 피난이나 자원봉사활동 정보가 거론된다. 이런 정보 전달 매체로는 매스미디어, 전화, PC통신 등의 다양한 미디어가 존재한다. 처음부터 체계적이었던 것은 아니었고 매우 취약한 상태였지만, 행정기관이나 각각의 조직 및 기관의 체제 정비와 함께 서서히 정보 수요에 부응하게 됐다.

피해지역 외부에서 유통되는 정보로서는 지원이나 자원봉사활동정보 및 자원봉사활동조직화정보가 있다. 그러나 큰 문제를 남긴 것은 안부확인 정보다. 안부확인 정보는 안부 전달 및 확인 문의, 피난소 등의 연락처 전달과 문의로 나뉘지만, 절대량이 많고 매우 개인적인 정보이므로 전화 이용이 압도적으로 많다. 따라서 지진 이후 피해지로의 통화가 쇄도하여 전화 폭주의 최대 원인이 된다. 이에 대해서는 뒷부분에 상세하게 다루도록 한다.

재해 피해지역 내외를 불문하고, 모든 지역을 정보권으로 하는 정보에는 지진·쓰나미 정보, 여진정보, 피해정보 등이 있다. 이들은 매스미디어의 특성과 가장 부합하는 정보다. 피해 보도의 쇼(show)화나 일극 집중화와 같이 전달 방법에 일부 문제가 지적되나, 고베 대지진에서는 정보 수요에 아주 잘 부응했다는 평가다.

대상별로 본 재해정보

현대사회는 성별, 연령, 계층, 언어의 다양한 속성 집단과 다양한 규모의 수많은 기능적 집단이 중층적이고 복합적 구조를 이루는 집합체다. 어쨌든 고베 대지진의 피해지역은 이러한 특징이 현저한 과밀도시 사회였다. 이곳에서는 개인적·개별적인 정보, 특정 대상의 한정적인 정보, 피해자 전체를 위한 종합적인 정보, 국민 전체를 위한 보편성이 높은 정보 등 다양한 정보가 필요했다. 이 중에서도 대상 한정의 특수한 개별적 정보가 다양한 형태로 요구되었으며 양적으로도 다수를 차지했다. 예를 들어 가옥이 파손된 사람들은 그 정도에 따라 피난소의 소재지, 건물의 위험도 판정, 임시주택안내와 신청방법, 수리업자, 건물 잔해 철거, 행정보조, 세금감면, 행정수속처럼 다양한 정보가 필요하고, 유아가 있으면 기저귀나 우유 입수 장소, 소아과 진료기관 등에 관한 정보가 필요하다. 신장투석 환자나 치료약이 필수불가결한 난치병환자는 평상시의 의료생활 루트가 필요하며, 장애인, 고령자, 외국인 등 사회적 약자는 정보 전달 통로 자체가 단절되어 이를 회복하기 위한 집단 개별 정보가 필요하다.

이런 종류의 정보는 행정과 관련 있는 경우 정보수집과 발신이 비교적 용이하며 미디어도 대응하기 쉽지만 이외의 민간정보는 평상시에는 필요하지 않는 정보이기 때문에 조직적인 것은 물론 체제적으로도 불충분하고 희소성을 갖는 경향이 있다. 관련 단체나 기관이 체제를 정비할 때까지 자원봉사자나 지역 및 전국의 미디어가 이를 보충했지만, 그 후 인터넷이 보급됨에 따라 항시적 정보체제가 구축되어 현재는 개별적이고 특수한 정보라 할지라도 대부분 전달이 가능해졌다.

지진 규모, 메커니즘, 여진 우려, 피해 정보, 구조 체제, 위기관리 등은 국민 모두의 관심사이자 복구 및 부흥을 전국적 규모로 지원하는 데 필수불가결하다. 일본은 지진이 언제 어디서 일어나도 이상하지 않을 정도로 빈번하게 발생하기 때문에 이런 정보의 보편성은 매우 높고, 종합적 정보를 많은 사람이 필요로 한다. 그리고 이 역할은 주로 매스미디어가 맡는다.

이 외에도 일회성으로 충분한지, 갱신해야 하는지, 또는 기록 및 반복해야 하는지에 따라서도 정보를 분류할 수 있으나 이는 모두 미디어 특성과 깊은 관련이 있다.

2) 재해보도와 미디어 특성

디지털 시대에는 디지털 기술을 토대로 영상, 음성, 문자, 데이터를 컴퓨터와 통신에서 통합적으로 처리하여 쌍방향, 미디어융합이라는 정보환경을 구현한다. 각종 미디어와 데이터베이스, 클라우드 서버를 연결하여 복합적이고 중층적인 네트워크가 구축되어 개인 레벨에서도 많은 네트워크에 접속이 가능함과 동시에 쌍방향의 자유로운 정보 취득 및 선택이 가능하다. 이상적으로는 언제 어디서 누구와도 정보를 교환할 수 있는 환경이라고 할 수 있다.

정보 유통 과정은 일반적으로 지식, 데이터, 사상, 의미를 발신자로부터 수신자에 전달하는 행위다. 물류와 비교하면 보내는 측인 생산자가 취재 및 편집으로 만들어낸 정보를 매개체인 유통수단을 통해 받아들이는 측인 수용자에게 보내면 수용자는 정보를 취사, 선택하여 판단과 행동으로 연결한다. 디지털 미디어 사회에서 정보 발신에 개인도 참여할 수 있게 되면서 정보량이 급증했고, 유통 과정이 중층화·복합화 됐음에도 불구하고 기본적으로 이 구조는 변하지 않았다.

생산단계에서는 생산자가 개인인지 단체나 기관인지, 정보의 취재·편집 의도, 시점이나 그 방법이 분석 대상이 되고, 유통단계에서는 구전, 활자, 전자매체 등 미디어 종류나 형태, 디지털인지 아니면 아날로그인지의 기록 양식 그리고 문자·화상·음성·수치인지 또는 이들의 복합인지의 표현 형식이 문제가 된다.

대면하여 목소리·표정·몸짓으로 매개되는 구전은 쌍방향으로 미묘한 뉘앙스를 전할 수는 있으나 문자·활자 등에 비해 객관성이 결여되고 전달 즉 복제될 때마다 정확성은 떨어진다. 한편 문자·활자, 인쇄물이 매개하는 정보는 유통이나 복제시의 객관성 및 정확성은 증가하나 시간성과 광역성에는 한계가 있다. 이들이 전자 매체로 변모하면, 정보전달을 커버할 수 있는 공간이 비약적으로 확대되고 유통에 필요한 시간은 대폭적으로 단축된다. 더욱이 디지털 기술을 매개함에 따라 방송, 인터넷, 인쇄 전자 미디어에 걸쳐 미디어 간 상호 교환이 가능해짐으로써 복합적 유통이 현실화됐다.

정보는 다른 소비재나 재화와 달리 유통 과정에서 사라지는 물건이 아니다. 일반 재화와 가장 다른 본질적 특징은 복제할 수 있고, 유통 및 소비 후에 없어지지 않고 남는다는 점이다. 정보는 복제되어 플랫폼을 통해 유통되며, 특히 디지털화된 정보는 2차 가공, 3차 가공이 쉬워 간단히 재생산할 수 있다. 이는 1차 정보뿐만 아니라 2차 정보, 3차 정보 등 간접정보가 유통될 가능성이 높을 뿐만 아니라 정보를 변조 및 가공하기 쉽다는 의미다.

디지털 미디어 시대는 수용자 입장에서는 접촉하는 미디어 수가 많기 때문에 언제, 어디서, 누구나 자유롭고 간단하게 정보를 입수할 수 있는지의 여부가 중요하다. 정보가 어느 정도 개방적인가 또는 폐쇄적인가, 특정 그룹 내에 한정된 것인가 등 정보 자체의 공개성과 미디어가 갖는 개방성이나 액세스의 난이도가 문제다. 재해정보의 경우 특히 일반시민이 데이터베이스에 대한 자유로운 액세스와 이를 위한 기술적, 제도적 검증이 필요하다.

많은 양의 다양한 재해정보에 디지털 시대의 각 미디어는 어디까지 대응할 수 있는 것일까. 미디어의 특성을 검토함으로써 이 점을 짚어보고자 한다.

정보의 송신자와 수용자의 관계 및 유통형태는 일반적으로 1대 1, 1대 N(다수), N대 N으로 나타낼 수 있다. 개인적 정보는 1대 1이 원칙이다. 대표적 미디어는 구전 및 전화다. PC통신에서 시작하여 인터넷을 이용한 메일 교환도 이에 포함된다. 1대 N은 소위 매스미디어의 형태로 N은 전국 규모의 공중, 어느 지역의 주민 전체, 특정 집단의 복수 구성원 등 다양한 레벨을 생각할 수 있고 정보의 내용은 그 대상 전체의 공통된 관심사들이다. 미디어로서는 N의 규모에 대응하여 전국방송이나 전국일간지, 지역방송이나 커뮤니티FM, 케이블TV, 지역일간지, 더욱이 전문방송이나 업계지, 동호회지 등이 거론된다. 이곳의 정보는 송신자 측에서 수용자로 일방향으로 전달된다. 그리고 현재는 그 자체가 하나의 매스미디어가 된 인터넷에 그대로 수렴된 것도 많다. 송신자는 방송국, 신문·잡지사 등 사업체와 운영체로서 조직되어 그 목적에 따르는 편집체제를 취하여 정보를 유통한다. 이를 매체인 매스미디어와 구별하여 언론이라고 표현하기도 한다. 이 중에서도 객관성, 보편성이 높고 사실에 입각해 정당·종교의 영향을 받지 않고 반권력·반권위적으로 시민에 열려 있으면서 계속성을 갖는 것만이 저널리즘이라고 불린다.

N대 N의 형태는 동시적이고 복수의 쌍방향 정보교환으로 방청객 참여형의 정보프로그램이나 전화참여형의 토론 프로그램·콜인[2] 등 방송 세계에서도 유사한 것들이 있지만, 인터넷의 발달과 더불어 매우 간단하고 일반화됐다. 양방향성을 지니며 동시성과 네트워크를 이용한 인터넷 게시판이나 메일링 리스트, 블로그나 트위터, 믹시나 페이스북과 같은 SNS가 차례로 새롭게 서비스를 전개하고 있다. N대 N의 정보형태에 대한 수요는 사회구조의 도시화, 다원화, 기능 집단화와 함께 증가했으나 인터넷 보급, 소셜 미디어 개발, 모바일화와 함께 대응이 용이해지면서 친근해졌다.

재해시를 생각하면 미디어 특성의 제1요소는 내(耐)재해성이다. 여기에는 지진, 폭풍우, 홍수, 쓰나미 등 자연의 직접적 충격과 그로 인해 발생하는 정전, 단수, 교통 차단 등 인프라 손상이란 2차적 충격에 의한 것이 포함된다. 또한 내재해성은 정보 송신자의 생산 시설이나 송신기, 전송이나 배달 등 유통단계, 수용자의 수용시설을 각 단계로 나누어 평가하고 이

---

[2] 시청자 전화 참여프로그램.

를 종합적으로 검토하여 판정한다. 디지털 미디어는 동일본 대지진에서도 드러났듯이 전원을 어느 정도 확보할 수 있는지, 건전지 및 자가발전장치와 이를 움직이는 연료공급체제까지 포함하여 전원의 내재해성이 매우 중요하다.

다음 요인은 미디어 보급률, 즉 정보기기가 어느 정도 일반화되어 있는가이다. 보급률은 엄밀하게 미디어 특성이라고는 할 수 없다. 당연하지만 보급률은 시간에 따라 크게 달라진다. 수용자인 이용자의 수요, 가격, 조작성(사용자 이용환경), 이에 판매하는 측의 상술이나 유행 등에 의해서 단기간에 크게 변한다. 그러나 모든 사람이 필요로 하는 재해정보를 미디어와의 관계에서 논하며 고령화가 진행되고 있는 지금, 미디어의 보급률과 사용자 이용환경은 불가결한 요소다.

미디어 보급률은 방송, 전화와 같이 남녀노소 거의 전국 100% 보급률을 보이는 미디어도 있고, 아이폰이나 스마트폰, 원세그(지상파 DMB방송) 등 아직 보급 중인 모바일도 있으며, 트위터나 페이스북 등 소셜 미디어처럼 보급이 진행되고는 있으나 아직 고령자는 거의 이용하지 않는 것도 있다. 더욱이 같은 미디어라도 지역적으로 편차가 큰 매체도 존재한다. 전국적으로 아직 한정된 지역에만 보급되어 있는 미디어 중에서도 커뮤니티FM과 같이 일단 개설되면 바로 해당 지역에 거의 100% 보급되는 미디어와 인프라가 정비되어도 가입율이 반드시 증가하지 않는 케이블TV와 같은 미디어도 있다. 지역적 차이점도 구체적인 재해정보의 전달을 생각하면 간과할 수 없는 중요한 요소다.

미디어의 경제성도 중요하다. 정보의 생산 코스트, 전송이나 배달 등 유통 코스트, 기기 가격 등으로 초기투자와 경영 경비로 나누어 생각할 필요가 있다. 단위 시간 당 또는 단위 공간 당 전송할 수 있는 정보의 절대량, 대상 범위의 규모, 한정적 대상 또는 보편적 정보에 강점을 발휘할 것인가처럼 정보대상도 중요한 요소다.

　미디어 특성을 논할 때는 이용자, 즉 수용자 측에서 본 정보의 질, 신뢰성, 만족도, 사용 편리성 등도 중요하다. 긴급 속보성은 충족시키고 있는가, 정보는 정확하고 항상 최신 것으로 갱신되고 있는가 또한 정보에의 접촉을 위해 수동적으로 단지 가만히 기다리고 있어야만 하는가, 반복되고 있어 어느 정도 기다리면 접촉은 가능한가, 아니면 수시로 주문자 정보(온디맨드) 형태로 간단하게 원하는 정보를 얻을 수 있는가 등이다. 사용의 편리성은 조작 난이도, 정보의 분류 정리, 검색성이 중요한 요소다. 이들은 상호 중복되는 부분도 있으나 정보와 미디어를 각각 개별·전문·특수성-일반·보편·종합성을 세로축으로 하고 협역·지역성-광역·전국성을 가로축으로 하여 각종 정보와 각 미디어를 위치시키면 〈그림 3-1〉 및 〈그림 3-2〉와 같다.

〈그림 3-1〉 각종 정보의 보편·개별성과 광역성·협역성

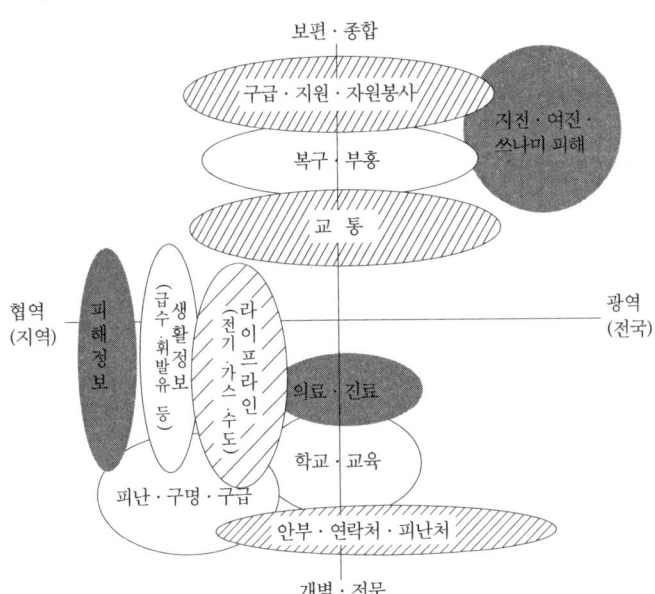

<그림 3-2> 각종 미디어의 보편·개별성과 광역성·협역성

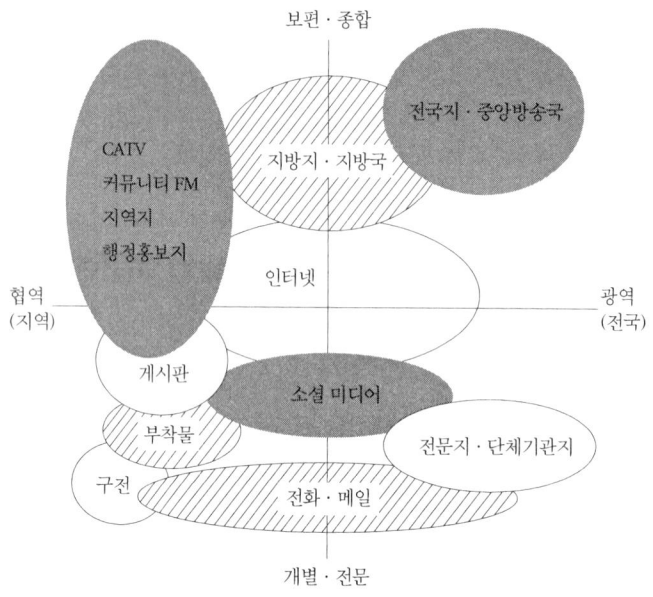

　재해정보의 구조와 미디어 특성을 고찰했으나, 재해 시 정보와 미디어의 관계는 그 뒤 어떻게 변화하고 전개됐을까. 고베 대지진을 계기로 우정성(현·총무성)이나 효고(兵庫)현에서 조사연구회를 발족하여 미디어의 바람직한 역할에 관해 검토했다. 그 결과, 재해 시 다양하고 대량의 정보에 충분히 대응하지 못했다는 지적에 따라 하드웨어 측면을 중심으로 전선의 지중화, 복선화, 루프화[3] 등 시설의 내재해성 강화, 정전시 전원확보 등 새로운 시설의 정비·확충이 추진됐다. 언론과 각종 미디어도 정보 생산, 발신, 유통 등에 대해 자기 검증을 진행했으나 이후 재해에서 어떻게 대응했는지 당시 뉴미디어였던 방송(커뮤니티FM과 케이블TV)과 PC통신·인터넷에 대해 구체적 사례를 통해 살펴보기로 한다.

---

3) 순환설계.

3. 방송 미디어의 전개와 재해정보

1) 커뮤니티FM, 임시재해FM

동일본 대지진에서도 증명됐으나 내재해성이 강하고 가장 의지가 되는 미디어는 무선 라디오방송이다. 시(市)·정(町)·촌(村) 단위의 라디오로서는 커뮤니티FM이 있다. 1992년부터 제도화되었으나 고베 대지진 당시 재해지역에는 오사카의 모리구치(守口)시에 'FM 모리구치'(FM-HANAKO)가 개국하고 있었고, 지진발생 1시간 후부터 시내의 피해, 도로상황, 교통기관의 운행상황 등 지역의 재해정보를 매우 자세하게 방송했다. 이후 소방방재기관으로부터의 전용 라인을 설치하여 재해 시에는 직접 연결해서 방송을 실시하거나 주파수를 'FM모리구치'에 고정한 전용라디오를 독신자나 요양 중인 노인들에게 무료로 배포하는 등 재해 시 지역 정보의 라이프 라인 기능을 강화했다.

커뮤니티FM은 라디오 방송이기 때문에 재해에 강하다. 방재행정무선과 접속하여 지진발생 직후부터 정보를 제공할 수 있고 지역 내라면 언제 어디서라도 청취가 가능하기 때문에 고베 대지진을 계기로 지역과 밀착한 재해정보 미디어로 주목 받아 국가나 지자체의 지원으로 보급 촉진을 도모하게 됐다. 고베 대지진 때 14개였던 커뮤니티FM방송국이 1년 후에는 25개, 2011년 7월 1일에는 248개로 증가했다. 재해 시에 손상을 받은 경우 서로 협력하는 체제도 구축했다.

고베 대지진에서는 재해 피해지 전역을 커버하는 임시재해FM방송국 'FM 피닉스'가 처음으로 허가되어 2월 15일부터 효고(兵庫)현 재해대책본부의 재해정보, 재해 피해지의 교통 정보나 생활 정보 등 지역 밀착 정보를 방송했다. 보다 좁은 지역의 시 단위 소식이나 생활 정보 등도 각 지자체마다 정해진 시간에 매일 방송함으로써 지역 재해정보 미디어로서 높은 평가를 받왔다. 지진발생 후 약 1개월이나 지나 개국이 늦게 이뤄졌고, 지자체 주도였기 때문에 행정기관에 대한 비판적 목소리가 나오기 어렵고, 민간 정보가 적게 다뤄지는 등의 한계는 있었으나 이를 계기로 정부에서는 재해발생 시 즉시 해당 시·정·촌에 면허를 부여하여 신속하게 개국할 수 있도록 제도를 정비했다.

앞부분에서도 다루었으나 2004년 니가타(新潟)현 주에츠(中越) 지진 때는 지진발생 4일 후에 커뮤니티FM인 'FM 나가오카'에 임시재해방송국 면허를 부여하고 출력을 높여 방송지역을 확대해서 재해정보를 내보내도록 했다. 기존의 커뮤니티FM 시설, 인력, 취재제작 능력을 그대로 살려 출력만 올린 뒤 임시재해방송국으로서 재해 피해 지역 전역에 지역 재해정보를 내보내는 방식은 이후에도 이어지고 있다.

동일본 대지진에서는 구두 신청으로 지진 당일인 11일 16시에 'FM하나마키(FM One)'가 하나마키(花卷)시로부터 운영위탁 형태로 면허를 부여받아 재해방송을 시작한 것 외에도 이와테(岩手), 미야기(宮城), 후쿠시마(福島), 이바라키(茨城)의 4개현에서 10개의 커뮤니티FM이 임시재해방송국으로서 지역 재해정보를 내보냈다. 그러나 산리쿠 연안이나 후쿠시마현의 해안가 주변에는 원래부터 커뮤니티FM이 드물었다. 5월 들어 개국한 미나미산리쿠(南三陸)초와 미야코(宮古)시 다로우(田老)지구를 포함한 지자체를 중심으로 새롭게 시작된 커뮤니티FM방송국이 16개로 많았고, 동일본 대지진의 임시재해방송국은 26국에 달했다. 신규방송국의 설립, 정보의 취재 및 수집, 프로그램 제작이나 송출은 'FM나가오카'나 다음 장에서 소개하는 'FM와이와이'가 지원했다.

커뮤니티FM은 행정정보 이외에도 안부나 피난소, 라이프라인이나 생활정보, 방사선 측정정보, 거리 상황 정보와 지역에서 가장 필요로 하는 뉴스, 지원과 복구를 위한 이벤트, 지역의 민요와 음악 등 커뮤니티 정보를 자세하게 전달했다. 엑센트나 표현이 꼭 능숙하다고 말할 수는 없지만, 때때로 울먹이는 목소리로 말문이 막혀가면서 전달하는 뉴스 및 정보는 정말로 지역 재해피해자들의 공감을 불러일으켰다. 새롭게 설립된 임시재해방송국은 쓰나미로 파손된 방재행정무선의 대체 기능으로서 기대된 부분도 있었지만, 지자체가 긴급 고용한 다양한 재해 피해자와 자원봉사자가 팀을 구성해서 프로그램을 제작하여 방송하는 가운데 단순히 행정홍보를 뛰어넘어 재해 피해자의 눈높이에 맞춘 정보교류·발신의 장으로 변화했다. 야마모토(山元)초의 '링고라디오'처럼 임시재해방송국의 역할이 종료된 이후에는 커뮤니티FM으로서 재출발하여 지역 복구와 재생의 매개역할을 수행하는 곳도 나왔다.

사실 전년도인 2010년 10월의 아마미(奄美)호우 수해 때, 지역의 커뮤니티FM '아마미FM'은 선구적인 재해방송과 미디어믹스로 정보 발신을 담당했다. 5일 간에 걸쳐 24시간 안부 정보와 피난자 리스트, 또는 청취자로부터의 정보를 토대로 재해방송을 계속했을 뿐만 아니라 정보가 부족한 지역 밖으로부터의 문의와 격려에 대응하기 위해 Ustream에도 동시재전송했다. 지역 밖에서 정보가 혼선을 빚는 가운데 확실한 정보를 아마미오지마(奄美大)섬으로부터 전달하기 위해 공식 트위터로 정보전달을 실시했다. 그 결과 재해의 실태가 가고시마(鹿兒島) 지역뿐만 아니라 일본 전역에 방송됐다(후루가와 유우코,『재해방송의 커뮤니티FM 크로스미디어 활용에 관련된 가능성과 과제-2010년·아마미 호우수해를 사례로-』, 일본매스커뮤니케이션학회 추계연구발표회, 2011년).

이러한 선례도 있어, 동일본 대지진에서도 10개 가까운 커뮤니티FM방송국이 Ustream과 커뮤니티 사이멀 캐스팅 라디오 연맹(CSRA)을 통해 인터넷으로 방송을 실시함으로써 원격지의 피난자와 지역관계자에게 정보전달, 커뮤니티 의식 공유라는 측면에서 커다란 역할을 수행했다. 또한 홈페이지와 블로그, 트위터 등의 인터넷도 소위 시민커뮤니티방송 등 많은 커뮤니티 FM과 재해정보FM이 활약하는 배경이 됐다. 커뮤니티FM방송국은 재해주민 교류의 장이 되었으며, 행정정보, 민간정보, 관광 및 이벤트 정보, 뉴스로부터 행사개최 이벤트 등 지역정보가 모두 집결되는 장소이기도 했다는 점에서 밖을 향해 발신하는 지역정보의 종합 사이트적 기능이 기대됐다.

2) 재해정보의 약자와 미디어

동일본 대지진도 그렇지만 재해는 먼저 약자를 덮친다. 재해 약자 중에는 고령자나 생활 궁핍자도 있으나 재해 시 필요한 정보에 액세스할 수 없는 재해정보 약자가 다수 포함된다. 재해정보의 약자 문제가 주목받게 된 것은 고베 대지진을 계기로 다문화·다언어방송국 'FM와이와이'와 청각장애인을 위한 '눈으로 듣는 텔레비전'이 시작되면서부터이다.

'FM와이와이'는 긴급한 필요성에 의해 무허가·불법으로 시작된 소위 해적방송국이었다. 고베 대지진 시 화재로 큰 피해를 입은 고베(神戸)시 나가타(長田)구는 약 20 여 개국 약 1만 명의 이주외국인이 생활하고 있었다. 나가타 지구는 한국인이 경영하는 중소 영세 신발공장이 밀집해 한국인 뿐 만 아니라 베트남의 난민 이주자도 다수 일하고 있었다. 그러나 정보는 지자체를 포함하여 모두 일본어만으로 전달되었기 때문에 일본어가 능숙하지 않은 이들에게 충분하게 전달되지 않았다. 심지어 재해로 출동한 자위대를 보고 쿠데타가 일어난 것으로 착각한 베트남인이 있었을 정도였다.

관동 대지진 때 발생한 조선인 학살의 재발을 우려해, 지진으로부터 2주일 후에는 오사카의 민단(재일본대한민국민단)의 지원 하에 'FM 여보세요'가 시작됐고, 이를 발판삼아 베트남어, 스페인어, 타갈로그(필리핀)어로 방송되는 'FM 뉴맨'이 시작됐다. 아침 7시부터 심야 1시까지 취사나 성금·위로금 교부, 임시주택 등 관련 생활 정보나 행정 정보를 전했다.

지진으로부터 반 년 후 두 방송국이 합쳐져서 'FM 와이와이'가 탄생했다. 비방송 전용 기자재, 중고 기자재를 사용한 방송 개시였다. 'FM 와이와이'는 일본어, 한국어, 베트남어, 중국어, 타갈로그어, 태국어, 스페인어, 포르투갈어, 영어 등 9개국 언어로 방송하는 일본 최초의 다문화·다언어 방송국으로 자원봉사자나 NPO의 손으로 재해정보를 내보냈을뿐만 아니라 직원들이 언어가 부자유한 외국인을 행정 창구까지 데려다 주기도 했다. 각국의 음악이나 오락, 지원 행사 및 이벤트 등 다양한 생활·문화도 방송하여 재해라는 비일상적 상황에 사람들의 마음을 위로해주는 커뮤니티의 정신적 지주 역할을 수행했다.

무허가로 소위 해적방송이기는 했지만 감독 관청의 오사카 전파감리국은 외국인에게 중요한 라이프라인의 역할을 수행하고 있다는 점을 이해하여 단속히지 않고 면허를 신청하도록 유도하여 이례적으로 신속하게 커뮤니티FM방송국으로 인가됐다. 정식 개국은 고베 대지진으로부터 정확하게 1년 후인 1996년 1월 17일이었다.

2010년에는 주식회사에서 NPO로 조직을 변경하여 현재도 10개국 언어로 다문화·다언어 방송을 계속하고 일부는 인터넷을 통해 해외에서도 청취된다. 재해정보의 외국어 번역을 공개하여 전국의 커뮤니티FM을 대상으로 인터넷으로 내보낸다거나 임시재해방송국의 개국을 지원하는 등 재해 시 정보를 지원하는 센터의 역할도 수행한다. 발전도상국가에서는 라디오가 주요한 미디어로 재해 시에는 특히 중요하므로 'FM 와이와이'는 세계 커뮤니티 라디오 연맹(AMARC)에도 가입하여 파키스탄 수해 및 지진, 아이티 지진시에도 국경을 초월한 지원활동을 전개했다.

'눈으로 듣는 텔레비전'은 고베 대지진 때 청각장애인에게 정보가 전달되지 못해 불편이나 위험에 빠졌다는 뼈아픈 경험이 출발의 계기가 됐다. 대지진이 발생하면 NHK 교육 텔레비전에서는 안부확인 방송만 하기 때문에 당시 4일씩이나 수화 뉴스가 중지됐다. 고베시 히가시나다(東灘)구에서 가스 탱크가 폭발할 가능성이 있어 수만 명의 주변 주민에게 피난명령이 내려졌지만 정작 청각장애인에게는 정보가 전달되지 못해 생명이 위험에 빠지게 되는 등 장애인이나 소수자에 대한 정보 제공이 충분하게 인식되지 못했다.

이런 경험에서 전문 텔레비전 방송국의 개설 요청이 있었지만 자금부족과 재원난으로 난항하다가 3년 반 후인 1998년 9월 전일본농아연맹 등으로 구성된 CS 청각장애자방송 통일기구에 의해 CS 위성방송의 형태로 '눈으로 듣는 텔레비전'이 시작됐다. 재해 발생 시에는 점멸 장치나 진동장치로 청각장애자에 알리거나 기존 방송프로그램에 자막이나 수화를 붙이는 것 이외에도 독자적인 청각장애인 대상 프로그램을 제작 및 방송하고 있다. 2002년에는 저작권 허락 없이도 일반 프로그램에 자막방송이 가능하게 되어 독립 UHF 방송국이나 케이블TV를 통해서도 방송을 할 수 있게 됐다.

니가타현 주에츠(中越) 지진 때에는 NHK 로컬방송을 포함한 TV뉴스에 생방송 자막을 넣어 방송했고, 청각장애인의 시점에서 독자적으로 취재 및 제작한 프로그램을 방송했다.

동일본 대지진 때에는 휴대전화나 컴퓨터로 동영상을 주고받으면서 개인 대상 수화 번역 서비스가 제공됐다. 고령화로 난청자가 증가하기 때문에 재해 시 장애인들을 가로막는 장애물 제거를 지향하는 정보 커뮤니케이션 지원은 이후 더욱 중요성이 높아질 것이다.

3) 케이블TV

케이블TV는 광대역 케이블을 설치하여 다채널·다미디어와 양방향성을 가능하게 하는 멀티미디어 시대의 중추적 인프라로 전화, 인터넷, 원격의료 등 다양한 분야에서 이용된다. 그리고 무엇보다도 지역밀착형 미디어다. 동네의 사건이나 소식, 교통정보 등 지역 생활 정보를 전하는 데 적합한 방송미디어이면서 지역재해정보를 동영상으로 전하는 미디어로서도 최적이다.

케이블TV는 재해보도 등 응급 대응과는 거리가 먼 매체로 여겨져서 고베 대지진에서의 재해방송은 시작이 결코 빠르지 않았고, 시행착오를 거듭하면서 겨우 진행됐다. 인력이 부족한 가운데에서도 지자체나 관계기관의 발표 정보를 팩스로 받거나 또는 직접 찾아가서 받아 이것을 그대로 스튜디오 카메라로 찍는 등의 고육지책으로 재해방송을 시작했고, 철저하게 지역 밀착형 정보를 방송했다. 전국 방송이 전하는 그러나 지역 주민이라면 누구라도 알고 있는 무너진 가옥이나 희생자 등 피해의 비참한 영상이나 소리가 아니라 재해 초기의 재해정보, 피난권고, 여진에 대한 경계, 가스·수도 등 라이프 라인의 피해와 복구 예상, 교통 정보, 또한 지역일반 생활 정보, 지자체나 조직·단체의 각종 상담 창구 조회 등 다른 지역의 주민은 알지 못하는 매우 구체적인 표현, 고유명사나 지명 공개로 피해자 시선에 입각한 매우 자세한 지역정보를 내보냈다. 다채널을 이용하여 동일한 정보를 계속하여 반복 방송함으로써 시청자는 비교적 시의성 높은 정보 접촉이 가능했다.

고베 대지진 시 정보제공과 문의, 고충처리, 인사 및 격려, 행정수속에 대한 시청에의 요구 사항 등 케이블TV에 전달된 시청자의 반향은 평상시의 지역 정보 프로그램과 비교하면 매우 많았고, 대지진을 계기로 재해정보 전달의 지역미디어로서 중요성이 인식됐다.

그러나 케이블TV는 헤드엔드부터 케이블을 통해 방송을 전송하기 때문에 헤드엔드가 고장나거나 케이블이 끊어지고 전원이 끊기거나 하면 지역 정보 뿐만 아니라 일반 지상파방송이나 위성방송까지 볼 수 없게 되고 더욱이 인터넷 서비스를 시작하게 되면서부터는 인터넷도 접속할 수 없게 되는 치명적 약점이 있다. 실제 아시야(芦屋)에서는 헤드엔드가 손상되서 2일 이상이나 지상파방송(위성방송은 방송이 됐다)이 중단됐고, 니시노미야(西宮)

에서는 비상용 자가발전의 연료가 바닥나 지진 당일 오후 약 8시간 동안 방송이 중지 됐다.

이처럼 케이블TV는 내재해성의 관점에서는 약점을 갖는 미디어이지만 대지진의 피해를 교훈으로 시설 강화를 도모하여 내재해성이 많이 향상됐다. 지진발생 직후부터 기능한 커뮤니티FM을 뒤따르는 형태로 생활 정보를 중심으로 지역 재해정보를 영상으로 전달하는 미디어로서의 역할을 담당했다.

2000년의 돗토리(鳥取)현 서부 지진 때는 요나고(米子)의 주카이(中海)텔레비전, 2004년 니가타현 주에츠(中越) 지진 때는 앞에서 소개한 나가오카시의 '엔・씨・티(NCT)'가 주민 눈높이에서 지역의 독자적 정보를 내보냈다.

동일본 대지진 때에는 쓰나미에 의한 연안부 피해가 컸다. 가마이시(釜石)의 '산리쿠 브로드네트(갈매기채널)'나 기센누마(氣仙沼)의 케이블TV는 사옥과 헤드엔드가 유실・손상됐고, 간선케이블도 유실 및 절단됐다. TV방송과 인터넷의 통신서비스가 두절되어 고베 대지진을 뛰어넘는 큰 피해가 발생하면서 케이블TV의 약점이 드러났다. 시오가마(塩釜)에 본사를 두고 이시마키(石卷)시에서도 서비스 중인 '미야기(宮城) 케이블텔레비전(마리네트)'이 일부 케이블의 유실에 그쳤지만, 9일간 정전으로 방송을 내보내지 못하다가 겨우 지역채널의 지역정보프로그램을 다시 재개하기에 이르렀다. 그러나 기센누마와 가마이시(釜石)는 반 년이 경과해도 일부 방송만을 송신할 뿐 아직 지역정보 방송을 내보내지는 못하고 있다. 전원상실과 함께 유선 미디어의 회선 절단은 디지털 미디어 시대에 중대한 과제를 남겼다.

미야기케이블TV가 재해 피해 실상을 상세하게 다룬 '이도바타(숙덕공론)館'이란 프로그램이 기록 영상으로서 귀중한 가치를 인정받아 케이블TV대상 보도특별상을 수상했다. 하지만 이 프로그램도 일정한 편집이 가해졌다. 시청자가 보고 싶지 않은 영상이 나올 수 있으므로 그 부분은 TV 스위치를 꺼달라는 자막까지 삽입했다. 이는 고베 대지진 또는 니가타 주에츠 지진 때

지역케이블TV의 입장과 동일했다. 지역의 누구나 알고 있는 비참한 영상이 아니라 외지인에게는 식상하지만 지역 주민들에게는 도움이 되는 영상이 중요하다. 물론 케이블TV는 같은 재해를 되풀이하지 않도록 지역의 영상 기록을 남겨서 문제점을 검증하는 역할을 맡고 있지만, 지역 재해 피해자의 시선이 지역 미디어의 출발점이라는 점을 각인시켰다.

도호쿠 지방에는 케이블TV방송국이 그다지 많지 않으나 센다이(仙台)나 하치노헤(八戶) 등 손상을 받지 않은 주변부의 각 방송국은 정전 복구 후 즉시 지역 재해정보를 내보냈다. '센다이케이블텔레비전(캣트비)'의 경우 전력 회복과 함께 문자로 전기, 가스, 수도 등 라이프라인의 복구 정보, 시내 버스의 운행 정보, 급수 장소나 병원정보 등 생활 정보에 특화된 정보를 장기간에 걸쳐 지역정보 채널에서 계속 방송했다.

'재해는 항상 새로운 얼굴을 하고 나타난다'라는 말은 재해가 그 지역의 독특한 지형·사회적 약점을 파고들며 나타난다는 것을 의미한다. 이에 적절하게 대응할 수 있는 것은 평소 그 곳에서 생활하고 지역에 관한 것을 구석구석까지 알고 있는 커뮤니티FM이나 케이블TV의 직원들 밖에 없다. 최근에는 지자체의 행정구역을 초월한 광역적 사업전개를 도모하는 MSO(Multiple System Operation)가 많다. 이제까지 수익성·경영효율을 중시하여 비용과 노력이 소요되는 지역방송에서는 소극적이었지만, IPTV와 디지털 위성방송의 다채널 서비스 및 인터넷 서비스 등 강력한 경쟁 상대의 출현에 따라 케이블 텔레비전의 원점(原点)인 지역정보를 중시할 수밖에 없게 됨으로써 동일본 대지진에서도 지역의 재해정보 제공에 나섰다.

커뮤니티FM방송국 간의 제휴 이외에도 같은 지역 커뮤니티FM과 케이블TV의 제휴 체제도 취해졌다. 동일본 대지진에서도 '미야기(宮城) 케이블TV(마리네트)'와 커뮤니티FM '베이 에어리어'는 같은 회사 소속으로 정보를 공유하고 역할을 분담하면서 각자 방송을 실시했다. 요코하마시의 '잇츠 커뮤니케이션즈'와 '요코하마 커뮤니티방송'이나 아이치(愛知)현 카리야(刈谷)시, 미에(三重)현 나바리(名張)시도 같은 회사가 케이블TV와 커뮤니티FM을 겸영하고 있었고, 각기 별도로 존재하는 회사들도 재해 시를 대비하여 제휴 협정을 맺고 있는 곳이 전국적으로 10곳 정도 된다. 재해 시에는 무엇보다 지역정보가 필요하나 단독으로는 거대한 정보 수요에 대응할 수 없다. 이러한 제휴 관계는 송신자 측의 인력 및 효율성 측면이나 주민의 지역 재해정보에 대한 요구라는 측면에서도 향후 증가할 전망이다.

지역 방송과 신문과의 제휴도 일부에서 시작했다. 재해 시 기능이 정지할 경우나 미디어의 약점을 보충하는 측면에서도 다른 미디어와의 제휴가 필요해지고 확대될 것이다.

4) 문자방송에서 데이터 방송으로

문자방송은 아날로그TV 주파수의 미사용 주사선 부분을 이용한 것으로 속보성, 임의성, 기록성, 선택성에서 우수하다. 때문에 많은 정보 중에서 보고 싶은 정보를 언제라도 자유롭게 찾아 볼 수 있다. 고베 대지진에서는 지진 재해정보로부터 시작해 사망자 명부, 생활 정보 등 NHK 종합채널에서만 최대 10개의 프로그램이 방송됐다. 'FM 모리구치'에서는 문자방송을 읽어 내보냈고, 고베시의 케이블TV에서는 지역채널에 그대로 넣어 방송했고, 사망자 명부는 신호 변환되어 인터넷으로 전 세계로 전해지는 등 미디어를 뛰어넘어 정보를 유통했다.

우스잔산 분화 때는 문자방송 이외에도 홋카이도 텔레비전이 독자적으로 개발한 데이터 방송인 '쿠라쿠'에서 재해 피해자를 위한 정보를 내보냈다. 분산해서 각각 다른 지자체에 피난했기 때문에 정보가 더욱 전달되기 어려웠던 아부타(虻田)초 주민을 위해 피난소에 전용 수신 단말기를 설치하여 많을 때는 하루 3회 발행된 초(町)의 홍보지 '호외 아부타'의 정보나 학교 학급통신 및 알림 소식과 같은 지역 정보를 전달했다.

문자방송, 데이터 방송의 노하우는 방송의 디지털화와 함께 훨씬 성능이 향상된 디지털 데이터 방송으로 계승됐다.

동일본 대지진은 방송의 디지털 전환 직전에 일어났기 때문에 L자형 정보 발신이 많았으나 일부에서는 NHK 교육채널이 안부확인 정보를 내보내는 등 디지털 데이터 방송이 전국과 지방의 재해정보를 전했다. 그러나 한정된 인력으로는 데이터 입력 인원 운용에 한계가 있었다. 데이터 방송으로 모아서 정리하기에는 너무 많은 재해정보는 통신회선(인터넷) 접속을 통해 정보원까지 전달할 수 있게 됐고 인터넷 정보가 이를 보완했다. 방대한 인터넷 상의 개별·전문 정보를 TV로 액세스 할 수 있게 됐으나, 그 정보는 TV방송국이 취재 편집한 것이 아니었다. 이로 인해 정보의 신뢰성, 정보원의 취재편집 능력이 문제로 대두되었다. 이에 대해서는 제4장에서 다루기로 한다.

4. 인터넷 미디어의 전개와 재해정보

1) PC통신의 가능성과 한계 — 고베 대지진

고베 대지진에서 새롭게 등장한 대표적 미디어는 PC통신이었다. PC통신은 확실히 시간, 공간을 제한하지 않고 1대1, 1대N, N대N 중 어느 종류의 정보 전달도 가능하므로 재해 시에는 기능적으로 최적의 미디어 특성을 지녔다. 이후 인터넷은 광대역화, 모바일화, 고성능이면서 조작성이 좋은 신규 단말이나 애플리케이션의 개발에 따라 진화·보급되며 동일본 대지진 때는 많은 시민에게 극히 당연한 일상적 미디어로서 이용됐다. 그러나 동일본 대지진에서 주목받은 SNS의 활용은 어느날 갑자기 실현된 것이 아니다. 고베 대지진 당시의 PC통신이나 인터넷의 움직임을 보면 지금까지 이어질 싹이 이미 그때부터 자라서 연장선상에서 전개되었다는 사실을 알 수 있다. 다소 지엽적인 내용이지만 당시 상황부터 소개한다.

PC통신사들은 고베 대지진 당일에 지진 관련 코너를 개설하고 이후 메뉴, 정보내용, 시스템 등을 점차 충실하게 정비해 특성을 발휘했다. 예를 들어 니프티서브의 경우, 17일 오후 1시에 '지진관련 뉴스'라는 "게시판"에서 '가르쳐주세요'와 '피해·교통정보'를 시작했고, 이후 '사망자명부'(1월 19일), '입시 일정 변경정보'(1월 20일), '지진 자원봉사자 포럼', '공적 기관으로부터의 알림'(1월 26일), '피난자 소재 정보'(2월 12일), '인터-V네트'(3월 1일) 등 메뉴를 추가했다. 또한 "게시판"도 더욱 세분화하여 '안부관련'(1월 19일), '구조·자원봉사자'(2월 10일)를 개설했고, 2월부터 3월초까지 관련 정보 코너나 게시판을 계속적으로 증설했다.

지진 코너 전체의 접속은 피크였던 1월 20일에 14만 회를 넘었고, 1월말에는 총 100만 건에 달했다. 접속 내역은 "게시판"이 31.2%로 가장 많았고, '지진 관련 뉴스', '공적 기관으로부터의 알림'순이었다. 한편 1월 17일부터 1개월 간 "게시판"에 게재된 정보는 5,690건이다. 내용은 안부 정보가 2,566건 (45.1%)으로 거의 반수를 차지했고, 피해정보는 21.2%, 교통정보는 12.5%였다(가와카미 요시로[川上 善郞] 외, 『고베 대지진과 컴퓨터·네트워크』, 일본매스커뮤니케이션 학회 춘계연구발표회, 1995).

안부 정보의 게시글 2,566건은 피해자 규모에 비해 적은 수이고, 그것도 직접 본인의 이야기가 아니라 누군가로부터 전해들은 정보가 많아 PC통신의 유효성이 높았다고는 할 수 없다. 더욱이 시작도 방송에 비해 빠르지 않았고 게시판을 읽어봐도 처음에는 대량의 잡다한 정보가 단순히 나열만 되어 있어 찾고자 하는 정보의 액세스가 용이하지 않았다. PC통신의 정보는 말하자면 가까운 주변에서 적당히 모아 기록된 것으로 체계적, 통합적인 것도 아니었다. 장소 및 시간에도 통일성이 없었고, 시계열적으로 일정한 기준에 따라 전달 및 갱신하고자 하는 노력도 없었다. 글자 수에 비해 정보량이 적어서 불필요한 정보의 삭제와 분류·정리가 필요했다.

이러한 가운데 정보 수집 및 정리 분야에서 활약한 것이 자연발생적으로 생겨난 정보 자원봉사자 그룹이었다. 지역뿐만 아니라 재해 피해지 이외 지역으로부터도 자원봉사자가 방문해 피난소를 돌면서 정보를 수집하고 발신하는 한편, 인터넷의 정보를 종이로 옮겨 피난소에 붙인다거나 피해지에 배포했다. '지진 자원봉사자 포럼', '피난자 소재정보'(2월 12일 개설)는 이렇게 해서 개설된 것으로 이때부터 PC통신을 통해 독자적인 정보를 제공하게 됐다.

현지에 들어가지 않고 매스미디어 등 재해피해지 밖에서 입수 가능한 정보를 정리 및 입력한 자원봉사자도 많았고, 3월 1일에는 다른 PC통신 간 정보교환을 가능하게 하는 인터-V넷가 구축되어 정보량과 이용성이 증가했다. 그러나 이미 그때는 정보 수요가 식은 상태였고, 더욱이 지자체 홍보지, 신문, 방송, 케이블TV, 문자방송 등 접근하기 쉬운 미디어로부터 정보를 충분히 전달받을 수 있는 상황이었다.

당시 PC통신 가입자는 일본 전국에서 약 300만 명, 최대 PC통신 중 하나였던 니프티서브의 경우 효고(兵庫)현의 회원은 총 3.4만 명(15~54세 인구의 약 1.1%)이었다. 그리고 PC통신 회원 중 정보를 입력하는 이용자는 반 수 이하였고, 정전이나 가옥의 손상으로 사용할 수 없는 케이스가 많았다. 당시 PC통신은 아직 방송이나 전화, 활자와 같이 누구라도 간단하게 조작할 수 있는 것이 아니었고 일반 피해자가 정보를 컴퓨터에 입력하고 출력하는 데는 반드시라고 해도 좋을 정도로 오퍼레이터 즉 매개자가 필요했다.

2월 하순이 되어 효고현과 현지 정부 대책 본부는 제조업체로부터 PC를 제공받아 현청, 관련 지자체, 행정방재기관과 피난소를 연결하여 주택정보, 교통정보, 각종 생활 관련정보나 자원봉사자 지원, 물자지원 등의 정보를 제공하는 '효고현 재해 네트'를 구축하여 운용을 시작했다. 그러나 이것도 유효하게 기능하지는 않았다. 컴퓨터를 조작하는 자원봉사자가 장기간에 걸쳐 항시적으로 피난소에서 계속 머물지 못했고 피난주민에 사용법을 가르쳐 주어도 충분히 사용하지 못하는 등 기기의 조작성 및 자원봉사자의 매개 체제의 문제가 컸다.

그 해 11월에 윈도우-95가 발매되어 PC통신이 일거에 인터넷으로 대체됐다. 조작성이 향상되고, 광대역화와 통신요금의 정액제 및 저렴화로 이후 가전제품과 같이 급격한 보급이 이뤄졌다. 디지털로 신속성, 정확성, 도표 등의 전송력이 뛰어나고 복사가 용이하며 더욱이 기록성, 분류 기능의 특징을 살릴 수 있고, 게다가 인터넷 자원봉사자가 정보의 수집 정리 체제를 정비함으로써 재해 시의 미디어로서 큰 기대를 받았다.

2) 매스미디어가 된 인터넷 - 우스잔산 분화

예지된 분화, 인터넷 시대의 재해

'유통된 정보량은 20년 전의 분화 때와 비교하면 엄청날 정도로 많았다.'

'화산류'란 말이 완전히 정착된 2000년 3월의 우스잔산 분화 재해에 관해 재해 피해자, 관계자 모두 공통적으로 지적하는 내용이다. 정보의 내용·종류도 많았지만 그것보다 유통된 정보량이 압도적으로 많았다.

이전 분화로부터 20년 사이에 화산학의 발전과 관측체제의 정비도 충실해졌고, 행정 대응의 섬세함과 신속함이 더해졌다. 그러나 그 이상으로 미디어 진화에 따른 부분이 크다. 인터넷을 통해 그것도 각기 다른 각도의 우스잔산 영상이 실시간으로 전달되고, 분화에 관한 정보가 각각의 전문기관과 관계 기관에서 발표됐다.

우스잔산 화산 분화 재해는 고베 대지진과는 대조적으로 사전에 예지되어 이러한 예지가 거의 적중하는 형태로 발생했다. 고베 대지진 때에는 재해 정보가 지진발생부터 전달되기 시작했던 것에 비해 우스잔산 분화 때는 분화개시 3일 전 화산성 지진의 단계부터 심지어는 활화산과의 공생 지역이기 때문에 지진발생 이전부터 이미 전달되고 있었다.

　재해 발생 형태에 따른 정보의 차이점도 있다. 고베 대지진에서는 지진 발생 이후 즉시 피해가 발생해서 피해, 안부, 생활 정보나 복구·부흥정보가 중심이 됐다. 우스잔산 분화 때는 3월 31일의 분화 개시 후, 제2, 제3의 대규모 분화나 화산류·토사류에 의한 피해가 염려되어 이에 대한 정보가 중시됐다. 재해 발생과 관련해 고베 대지진이 과거형의 정보였다고 하면 우스잔산은 장기간 폭탄을 품고 있는 것과 같이 현재진행형·미래형의 정보였다. 이는 방사능 오염 재해에도 해당된다.

　또한 고베 대지진은 주로 피해지역 내 피난이 실시되어 이후에는 생활 정보나 라이프라인 정보, 이어서 도시기능이나 경제기반 복구·부흥정보가 필요했다. 하지만 우스잔산 분화의 경우는 피해지 밖으로의 피난이었고 생활 정보와 함께 피해지나 그곳에 남겨진 가옥 피해 상황, 분화 활동을 지켜보면서 일시귀가나 단계별 피난해제, 귀가 후의 생활 재건이나 사업 재개를 위한 정보가 중요한 위치를 차지했다. 이 점은 역시 방사능 오염 재해의 경우와 동일하다.

　다음은 재해지역의 사회구조, 미디어 상황의 차이다. 고베 대지진은 인구 과밀 대도시에서 발생했으나, 우스잔산 분화는 전원농촌사회의 재해였다. 고베 대지진은 피해지역의 인구가 300만 명에 달했던 것에 비하면 우스잔산은 아부타(虻田)초·소우베쓰(壯瞥)초 두 곳과 다테(伊達)시를 합해도 인구 5만 명으로 한 자릿수에 불과하다. 매스미디어도 TV, 라디오 방송이 거의 홋카이도 전역을 대상으로 동일한 방송을 내보냈고, 케이블TV도 커뮤니티 FM도 존재하지 않았으며 재해로부터 한 달 이상 지난 5월 8일에 임시재해FM '레이크토피아'가 개국할 때까지 방송에 의한 지역 정보는 삿뽀로의 방송국에 의존할 수밖에 없었다.

　그러나 통신을 둘러싼 미디어 환경의 변화는 컸다. 재해용 음성 메시지는 실용화되어 활용됐고, 휴대전화는 폭발적으로 보급되어 5,700만건, i모드 등 메일이나 인터넷에 접속할 수 있는 휴대전화도 570만건으로 증가했다. 그리고 인터넷이 급격하게 보급됐다. 고베 대지진 당시 전국에서 300만 명이었던 PC통신 인구는 우스잔산 분화 시점에서는 인터넷 인구 2,700만 명으로 비약적으로 증가했고, 완전하게 매스미디어의 한 축을 담당할 정도로 성장했다. 더군다나 기술 발전으로 홈페이지 작성이 간편해지고 링크도 용이하게끔 되어서 게시판이나 메일 리스트로 많은 사람이 정보를 발신할 수 있는 환경이 만들어졌다.

방송이나 신문 등 기존의 매스미디어를 중심으로 하는 미디어 환경은 고베 대지진과 비교해 뒤졌으나 개별 정보유통에 관해서는 5년 간 인터넷 미디어의 발전과 보급으로 정보 유통을 충분히 보완했을 뿐만 아니라 오히려 능가하고 있었다.

매스미디어가 된 인터넷

인터넷이 매스미디어로 불리기 시작한 것은 분화 1, 2년 전부터였으나 우스잔산 분화 재해 때에는 인터넷 상에 매스미디어가 등장했다.

기존의 매스미디어는 방송이나 신문 모두 정도의 차이는 있으나 거의 인터넷 상에 우스잔산 분화 관련 홈페이지를 개설했다. 지역의 『무로란민보(室蘭民報)』, FM '레이크토피아'도 예외는 아니다. 여기에 접속하면 전국 대상 신문기사 및 방송원고뿐만 아니라 동시재전송은 아니었으나 음성이나 동영상도 있었고, 홋카이도의 지역방송이나 블록지 · 지역신문 기사에도 접속할 수 있었으며 방송국 3사의 홈페이지에서는 우스잔산의 상황을 생방송 카메라로 볼 수 있었다. 피해지 내부와 외부의 정보 및 영상도 외부에서 간단하게 얻을 수 있었다.

기존 매스미디어뿐만 아니라 독자적으로 홈페이지, 게시판, 메일리스트,

링크집 등 i모드 대응 사이트를 포함하여 인터넷을 통해 발신되는 정보도 많았다. 분화 3개월 후인 6월말 기준으로 수상관저, 중앙부처로부터 피해지의 개인에 이르기까지 개설된 홈페이지는 약 130개나 됐다. 오늘날의 기준으로 보면 극히 적은 수이나, 조직·단체·개인별로 보면 조직·단체가 약 80%, 연구자를 포함한 개인이 약 20% 남짓, 홋카이도 내부와 외부로 분류하면 비슷했지만 홋카이도 내부가 약간 많았다.

〈표 3-2〉 우스잔산 분화 관련정보 사이트, 홈페이지

발진조직·단체		도외	도내	합계	구체적 단체	주요정보와 특징
수상관저, 국가관청		13	5	18	관청, 개발국	행정, 분화정보
홋카이도 도청 및 지자체			9	9	도, 지청, 시·정·촌	행정, 피난, 교통, 생활
대학연구기관(지학)		10	4	14	학회, 국가연구소, 대학	지진, 화산, 지질, 위성관측, 영상
대학개인연구실		4		4	대학	화산, 재해, 보도
항공측량회사		7		7		영상, 항공사진
공공사업체		2	10	12	라이프라인 각 사, 협동조합, 일본적십자	안부, 라이프라인, 기상분화, 의연금
각종 단체		2	3	5	화산박물관, 수의사회, 관광협회	
은행, 손해보험회사		1	5	6	금융기관, 치요다화재	특별융자, 업무안내, 화산재해정보
매스미디어	방송	2	5	7	방송, 일기예보	보도전반, 재해지역정보, 기상정보
	신문·통신사	5	2	7		보도전반, 재해지역정보
학교(고등학교)			3	3		학교상황, 피난처, 학생 연락
피난소			4	4		피난생활, 일기
개인·유지		7	9	16		지역, 피난, 일기, 게시판, 체험담
지역 중소개인기업			8	8		피난, 체험, 생활, 사업·농업
프로바이더		4	1	5		링크집
NPO		7	1	8	AMDA, NPO 아이치, 동물애호단체	자원봉사, 활동보고
합계		64	69	133		

정보의 내용도 다양했다. 공간적으로는 피해지역 내의 사람들로부터 시작해서 피해지역 내부와 외부, 피해지역 밖에서 내부, 피해지역 외의 지역끼리, 시간적 경과에 따라서도 재해 국면에 맞춰 화산정보에서부터 안부·연락처, 피난·피난소, 교통, 생활, 라이프라인, 복구·부흥정보 등 거의 모든 정보를 망라했다. 정보의 유통형태도 개인 메일, 안부·연락처 정보로부터 1대N, N대N의 정보까지 다종다양했다.

이 중 어떤 형태로든 링크를 걸고 있는 것이 절반에 조금 못미치는 60개였다. 블로그나 트위터는 아직 없었고, 주로 홈페이지나 게시판을 이용하는 시대였기 때문에 링크를 통해 관련 정보를 용이하게 검색하고 링크의 선택 및 편집이 중요한 의미를 갖고 있었다. 정보 갱신도 '거의 매일', 또는 '정보가 나올 때마다 수시로'가 25%를 넘어, 비교적 빈번하게 이뤄졌다. 고베 대지진 때에는 전언정보나 인용정보가 많아서 정보의 신뢰성과 동질성이 문제점으로 지적됐으나, 우스잔산 분화의 경우 정보원으로부터의 발신이 많았고 갱신도 비교적 빈번하여 인터넷을 통한 재해정보가 매우 중요한 위치를 차지했다.

이 가운데에서도 주목받은 것이 '우스잔산넷'이다. 우스잔산넷은 3월 28일, 스스로가 피난민인 전직 저널리스트가 매스미디어 보도에는 주민 측 정보가 적다고 판단해 피난처에서 동료들과 정보를 전달한 것이 시작이었다. 4월이 되어 독자 도메인을 취득하고 '우스잔산넷'으로 독립했다. 근무자는 교육위원회 직원, 치과의사, 보이스카웃 동료들이었고, 4월 1일에 막 회사를 설립한 '도쿄레스큐·닷·나우'의 자원봉사자도 함께 참여해 재해 피해지 주민의 입장에 서서 독자적으로 취재한 기사, 피해지나 피난소 등의 르뽀, 화산분화 예지연락회나 기상대, 지자체 정보, 게시판 등을 통한 메시지, 메일링 리스트에 의한 정보·의견교환 등 피해자의 눈높이에 입각해 다방면에 걸친 정보를 발신했다.

지역에 소재하고 있는 만큼 이웃이나 반상회, 구청 직원 또는 의원 등을 통해 정보는 빠르게 수집됐다. 주민에게 가장 필요한 정보가 기자실에는 입수되지 않아도 재해대책본부의 발표 예정 단계에서 수중에 넣을 수 있었고, 역할 분담으로 신속하게 홈페이지에 게재했다. 피난민들이 가장 알고 싶어 하는 일시 귀가, 피난해제 정보를 최우선적으로 발표와 거의 동시에 홈페이지에 올렸다. 자체 기사는 많을 때가 1일 13~14건, 6월 말까지 총 200건에 달했고, 게시판의 업로드는 1,000건, 메일링 리스트는 1만 건을 넘었다.

이때문에 지역의 재해 피해지 정보, 피해자의 체험담이나 생활을 전하는 사이트로서 주목받아 정부기관, 지자체, 연구자나 연구기관 사이트에 초기부터 링크되어 매스미디어에서도 몇 번이나 다뤄졌다. 그때마다 접속이 쇄도하고 서버 증설이나 분산 서버 개설 등이 실시됐다. 일부 텍스트는 홋카이도TV의 데이터 방송 '클라크'를 통해 전송되어 PC를 사용할 수 없는 피난소의 고령자 등이 시청했다.

방문자수는 4월말의 황금연휴까지 약 1개월 간 15만, 6월 중순까지 20만을 넘었다. 피해자가 이곳에서 정보를 얻기만 한 것은 아니다. 중앙관청이나 도청 등에서도 매스미디어나 시·정·촌 단체장의 필터를 통하지 않고 주민의 직접적인 의견과 생활을 보여주는 것으로 중시했다. 많은 행정기관에서 우스잔산넷을 모니터했다고 한다. 우스잔산넷은 행정기관도 신경을 쓰지 않을 수 없는 곳이었기 때문에 이곳에서의 메일 교환이나 게시판을 보고 참고한 뒤 행정 대응에 나선 사례가 몇 건이나 있었다.

홈페이지, 자체 취재기사, 링크집, 게시판, 메일링 리스트란 중층적 사이트의 구조, 거리를 초월한 전국 규모의 편집제작 체제 등 우스잔산넷의 활동은 인터넷 시대의 새로운 매스미디어, 저널리즘의 태두를 예감하게 했다.

인터넷에서는 행정기관, 전문가, 연구자, 일반시민 그리고 매스미디어까지 모두 한 무대에 있는 셈이다. 정보, 기사, 주장, 해설이 모두 음미(吟味),

비판, 논의의 대상이고 인터넷을 통해 논의된다. '우스잔산넷' 사이트에도 피난소에 대한 불만이나 행정 비판 등과 함께 매스미디어에 대한 자유로운 발언이 있었으나, 다른 사이트에서도 매스미디어의 취재 방법이나 보도 내용에 관해 자세하게 코멘트를 가하면서 비판한 곳이 적지 않았다. 화산류에 대한 매스미디어의 보도가 크게 바뀐 것뿐만이 아니다. '제4의 권력'이라 불리는 매스미디어가 감시 및 비판을 받으면서 인터넷 상에서 논의의 도마에 올랐다. 하드웨어 측면뿐만 아니라 소프트 및 정보내용 측면에서도 인터넷은 매스미디어와 대적할 만한 미디어로 성장했다.

TV가 생기면서 신문이 변화했다. 인터넷이 보급되면서 TV와 기존 매스미디어가 변화하고 있다. 이는 정보와 사회와의 관계를 밑바닥에서부터 변화시킬 것이다. 우스잔산에 이어 같은 해에 일어난 미야케지마섬 화산 분화 재해에서 이러한 현상은 보다 현저해졌다.

3) 인터넷 저널리즘의 등장— 미야케지마섬 분화

정보제공을 요청하는 댓글입력

미야케지마섬 분화 재해는 우스잔산 분화보다도 인구가 한 자릿수나 더 적은 외딴 섬(離島)에서 일어났다. 2000년 6월 26일 밤, 미야케지마섬에서 화산성 지진이 발생, 분화 우려가 높아지면서 섬 내 피난 권고가 내려졌을 때, 미야케지마섬 관광협회나 상공회의소 홈페이지 게시판에 방송국이나 신문사, 통신사, 게다가 주간지 편집부에서 앞다투어 글을 올렸다. '정보제공을 부탁합니다', '메일이나 전화로 연락해주세요', '디지털 카메라로 사진을 찍으시면 보내주세요', '현장으로 기자가 가고 있으니 정보가 있는 분 연락주세요.' 자사 소속의 기자가 현장에 부재하고, 공항도 폐쇄되어 비행기도 뜰 수 없었다. 기자나 카메라맨이 배로 도착할 때까지는 꽤나 시간이 걸리므로 그 사이에 그때까지의 분화 패턴처럼 분화가 시작되고 용암이 흘러나오기라도 한다면…. 매스미디어의 초조함을 이해 못하는 것은 아니지만 속마음을 완전히 보여준 내용으로 인터넷 시대임을 강하게 각인시켰다.

이뿐만이 아니었다. 바로 이러한 매스미디어의 행태를 비난하는 글이 올라왔고 이를 둘러싸고 게시판에서 약간의 논쟁이 펼쳐졌다. 게시판에는 '신묘이케연못(新みょう池) 주변에서 분연이 올라오고 있다는 정보…', 간토(関東), 도카이(東海) 지방에도 대지진이 옵니다'란 잘못된 정보나 예지예측도 올라왔다. 이들에 대해서는 즉시 부정, 반론, 비판이 가해져 헛소문이 확대되어 전해지지는 않았다. 또한, 정보 전달에 협력하고 싶다는 신청이 계속되면서 링크집이나 재해 홈페이지의 작성 및 협력으로 발전했다.

그러나 우스잔산과 달리 미야케지마섬 분화는 예측된 패턴인 화산성 지진 후 분화가 시작되서 오지마(大)섬이나 하와이 화산과 같이 용암이 산 중턱의 계곡 사이를 흘러내려오는 방식으로 진행되지 않고 전혀 새로운 전개를 보였다. 미야케지마섬 분화 재해에서 가장 주목을 받았고, 섬 주민 전체의 외부 피난 계기를 만든 것은 인터넷 게시판의 '어느 화산학자의 독백'이었다.

매스미디어보다 빨랐던 게시판 정보

'언제나처럼 분연이 상단과 하단으로 갈라진 것처럼 보인 뒤, 하단의 구름(실제는 구름이 아니지만)이 강력한 기세로 주변을 채워갔습니다. 가장 시계(視界)가 좋지 않았을 때는 2m 앞에 있는 하얀 자동차가 볼 수 없게 됐습니다. 20m 정도 앞에 있는 가로등 불빛은 처음부터 전혀 보이지 않았습니다. 또한 심한 유황냄새가 납니다. 문은 닫혀 있으나 틈새가 있기 때문인지 문 옆에 가면 숨이 막힐 정도입니다'(8/29 05:19 투고번호 No 3764).

'환풍기 틈새로부터 안개인지 가스인지 재인지 모르는 것이 들어옵니다. 공기 중에 떠돌고 있는 것 같습니다. 고약한 냄새가 납니다'(05:37 No 3785).

'방으로 들어오는 가스를 어떻게 막으면 좋겠습니까…? 코가 아픕니다. 숨쉬기가 곤란합니다'(05:46 No 3796).

'왠지 방 안까지 시계가 나빠졌다. 일단 환풍기는 돌아가고 있으나 그래도 환풍기에서 안개가 역류한다. 저저, 아우슈비츠의 가스실 같다. 천정에서 가스 샤워가 내려오는 그림. 탁자 위를 손으로 닦으면 손이 약간 끈적거린다. 아주 냄새가 고약하다'(06:04 No 3818).

'방 안의 가스 충만은 멈춘 것 같습니다'(06:08 No 3825).

이것은 8월 29일 오전 4시 35분, 미야케지마섬이 대분화할 때 저온 화산류 밑에서 어느 섬 주민인 여성이 실황 보고한 것이다. 이외에도 섬 안의 각 장소에서 분화 모습을 리얼타임으로 보고하며 화산류가 발생하는 결정적 사진도 게재됐다(No.3854).

그렇다 하더라도 이는 신문 지면도 TV 뉴스도 아니었다. 인터넷의 게시판 '어느 화산학자의 독백' 상에서 일어난 일이었다. 그 뒤 실내로 흘러 들어온 화산류의 가스로부터 몸을 어떻게 지킬 것인가, 생방송을 하고 있는 각 TV 방송사는 왜 미야케지마섬의 분화를 전하지 않는 것인가라는 게시글이 계속됐다.

섬 주민이나 학자·연구자, 일반 시민이 써 넣은 정보는 기상청 발표, 매스미디어 보도보다 신속했고 이후 기상청, 매스미디어, 국가, 도(都)의 재해 대책에도 큰 영향을 주어 섬 주민 전체 피난의 계기가 됐다. 이 날 게시판에의 투고건수는 화산류 밑에서부터의 분화보고, 행정기관의 재해 대응에 관한 정보나 비판·제언 등 282건에 달했다.

인터넷 저널리즘의 출현

게시판 '어느 화산학자의 독백'은 1998년 4월, 항공측량회사에 근무하는 화산연구자·치바 다로(千葉 達郞) 씨가 학자나 화산에 관심을 갖고 있는 시민의 정보교류를 위한 장으로서 개설했다. 게시판은 2000년 3월의 우스잔산 분화를 통해 널리 알려져 같은 해 6월부터의 미야케지마섬 분화를 통해 섬의 주민이나 일반 시민이 다수 참가하여 폭발적으로 확대됐다. 게시판에서는 미야케지마섬의 분화활동 진행이나 피해상황·방재대책의 변화에 따라 일어나는 여러 문제에 대해 차례로 새로운 투고자가 참여해 정보교환 및 논의가 전개됐다. 화산활동이 시작된 6월 26일부터 9월 4일 섬 전체의 피난까지 71일간 투고건수는 3,080건, 하루평균 43건에 달했다. 이 사이 투고자는 179명이었고 많은 때는 하루 동안 10만 명이 넘는 사람들이 게시판에 들어왔다.

〈그림 3-3〉은 분화활동이나 재해를 시기별, 속성별 구성비로 정리한 것이다. 당시 학자·연구자와 화산에 흥미·관심이 있는 시민만의 투고였던 게시판에 산 정상부가 크게 함몰하면서 화산 재가 날린 7월 8일의 분화를 계기로 처음으로 섬 주민이 참여하여 현지 정보를 보내기 시작했다. 분화 및 화산재가 계속 날려 26일에는 화산재에 의한 토사류 재해가 일어나자, 섬 주민의 참여가 급증하여 화산재가 날리는 상황, 화산재 성질, 토사류 위험성, 토사류 대책, 분화활동 예상에 대해 학자·연구자 간 빈번한 정보 교환이 이루어졌고 신뢰관계, 연대감이 생겼다. 게시판에 기입된 화산활동에 관한 해설, 해석, 예측은 화산분화 예지연락회나 기상청, 도쿄도의 낙관적이었던 분위기와는 전혀 달랐고, 기존 매스미디어와 별도로 독자적인 분화재해정보의 세계를 만들어 내면서 미야케지마섬 주민의 여론형성에 많은 영향을 주었다.

체감 가능한 지진이 빈번히 발생하던 중 8월 10일 중간 규모의 분화가 일어났고 이후에도 매일 화산재가 계속 날리자, 분화예지연락회나 기상청의 사태가 수습되고 있다는 견해와는 반대로 게시판에서는 이제까지는 없었던 분화 시나리오 전개가 화제가 되어 대분화에 대한 걱정이 일었다.

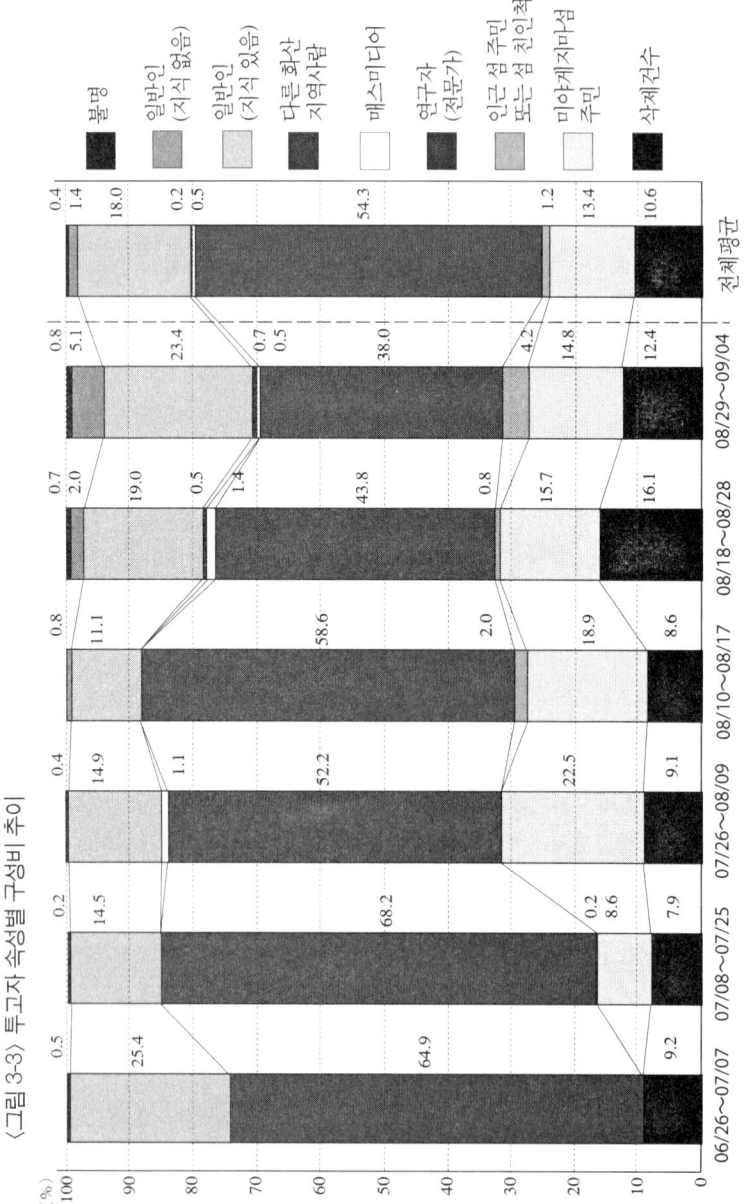

〈그림 3-3〉 투고자 속성별 구성비 추이

166 재해보도와 미디어

18일, 화산 폭발로 구름의 높이가 1만 4천 미터, 분석(噴石)을 수반하는 대분화가 일어나자, 섬 안의 각 지역으로부터 주민들의 긴박한 실황보고가 들어왔다.

'지금 분화가 일어났습니다. 바람은 동쪽', '어쨌든 굉장합니다. 분연이 점점 높게 올라가고 천둥소리가 멈추지 않습니다', '각 지역에 피난권고가 내려졌습니다', '안전지역이라고 했던 이즈(伊豆) 지역도 화산재가 내리고 있습니다. …지진도 흔들림이 계속되고 있는 가운데 멈출 기색이 보이지 않습니다', '화산재뿐만 아니라 지붕에 화산탄 같은 것이 떨어지는 "쾅쾅" 소리로 간담이 서늘했습니다'(17:11 No2750~18:48 No2757).

섬 주민 사이에 위기감과 초조함이 심해지면서 섬 주민 전체의 피난 목소리가 높아졌다. 인터넷을 사용할 수 있는 주민 약 50명이 참여하여 기상청, 분화예지연락회, 매스미디어, 행정에 대한 불신과 불만을 올렸다. 홋카이도 우스잔산 분화의 체험자, 섬 외부의 일반 시민 참여도 늘어 재해대응, 방재제도나 법률, 유사시 구체적 피난방법까지 제안 및 논의했다.

분화가 거듭될 때마다 새로운 투고자가 참여하고 투고 건수가 증가했다. 그와 함께 중심적 역할을 수행한 학자·연구자의 비중은 낮아지고 게시판은 섬 주민, 일반시민으로 폭이 넓어졌다. 분화 재해의 각 진행 장면에 맞춰 정보를 지닌 적임의 전문가가 새롭게 등장해서 핵심을 찌르는 투고, 이에 대한 논의로 인터넷 게시판에 저널리즘이 출현했다.

운영 관리인인 치바 다로(千葉 達郎) 씨는 '게시판은 양방향의 소규모 프치매스미디어다. 잘 기능시키면 이제까지의 어떤 미디어도 할 수 없었던 것을 할 수 있다'(No.2264)라고 말하고 이를 위한 조건으로서, ① 접속은 어디에서도 용이해야 되고, ② 게재까지 속도는 매스미디어 수준으로, ③ 화질은 칼라 인쇄 수준, ④ 신뢰도는 학술지 수준, ⑤ 저장은 영구적으로, ⑥ URL은 불변, 등 6가지를 열거, 이를 용이하게 할 수 있는 것이 게시판이라고 당시에 설명했다.

　게시판은 이후에도 분화나 지진, 풍수해, 또는 지구과학을 테마로 계속됐고, 동일본 대지진에 대해서도 활발하게 투고되고 있다. 어카이브도 정리되어 지금까지도 2000년 미야케지마섬 분화 당시의 투고를 볼 수 있다. 금일의 소셜 미디어 시대에도 통하는 어떤 점에서는 소셜 미디어에서도 아직 달성하지 못한 매스미디어로서의 저널리즘적 특성을 갖췄다고 할 수 있다. 이 부분에 대해서는 4부에서 자세하게 논하고자 한다.

5. 소셜 미디어 시대— 동일본 대지진

1) 최대 약점·전원상실

　동일본 대지진은 휴대전화·PHS 계약건수가 약 1억 2,000만 건으로 거의 인구 1명 당 1대씩 보급, 인터넷 인구가 8,000만, 초고속인터넷 서비스 계약자가 3,500만으로 모바일화, 브로드밴드화, 소셜 미디어화, 클라우드화가 진행되고 있는 실로 인터넷 시대의 한 가운데에서 일어난 재해였다. 인터넷에서는 TV나 라디오 방송이 생방송으로 흘러나오고 방송·통신의 융합이 진행하는 한편, 트위터나 믹시 같은 SNS는 재해정보로 가득 찼다. 유튜브에서는 도호쿠(東北) 지방 연안을 덮친 쓰나미 동영상이 넘쳐났다. Ustream, 니코니코 동영상이나 유튜브에는 도쿄전력이나 정부의 원자력발전소 사고 기자회견을 노컷으로 중계·녹화 전송했다. 원자력발전소 사고, 방사능 오염에 관한 학자의 해설이나 견해도 다수 제기되어 신문이나 방송이 보도하지 않았거나 또는 이와 전혀 다른 정보도 전달됐다.

　시민의 투고와 정보전달, 동영상 투고 및 전송도 매우 용이해지고, 일반 시민을 포함하여 이제까지는 없었던 대규모 재해정보가 인터넷을 통해 전달됐고, 장기간에 걸친 재해 기간 중 다양한 서비스나 앱도 개발되고 활용됐다. 재해 시의 인터넷 미디어 이용 및 전개도 급격히 진행되어 일반화됐다.

한편으로는 디지털 미디어 시대가 내포하는 최대 약점도 노출됐다. 피해지의 장기간 전원상실과 통신인프라 손상 및 기능 불능이다.

정전은 미야기(宮城)현과 이와테(岩手)현에서 거의 현 전체 지역, 후쿠시마(福島)현과 아오모리(青森)현에서도 이제까지는 없었던 대규모로 거의 해결되기까지 1주일이라는 장기간 동안 발생했다. 이시마키(石巻)시 등 일부에서는 10일 이상 계속됐고, 쓰나미로 쓸려간 가옥을 제외하고, 전 지역에서 완전 복구된 것은 6월 18일이었다.

정전 또는 자가 발전 연료 부족으로 TV중계소나 라디오 방송국, 케이블 TV 방송을 중단한 방송국도 적지 않았다. 피해지역에서는 정전에 의해 TV를 볼 수 없었다. 정보는 자동차 라디오나 휴대용 라디오, 구전을 중심으로 전달됐다. 센다이(仙台)시 와카바야시(若林)구 아라하마(荒浜) 해안에서 200~300구의 익사체가 발견됐다는 정보도 이곳에서 겨우 40km 밖에 떨어져 있지 않은 시라이시(白石)시에 살고 있는 피해주민들은 라디오에서 듣고는 사망자 수가 너무 많아서 잘못된 방송 내용이라 나중에 틀림없이 정정될 것이라고 생각했기 때문에 전기가 들어와서 TV로 쓰나미 영상을 볼 때까지 수일간 그 방송내용을 전혀 믿을 수 없었다고 한다.

재해 발생 직후에는 일부 유지됐던 통신도 계속해서 덮친 쓰나미에 의한 전화국 파괴, 고정 회선 절단에 이어 휴대 기지국의 배터리나 연료부족에 의한 자가발전 다운으로 전원을 상실하면서 두절됐다. 고정전화는 190만 회선이 피해를 입었고, 휴대 및 PHS 기지국은 29,000국이 정파(停波)됐다. 복구된 것은 1개월 반이 지난 4월말이었다.

분명한 점은 재해 발생 직후 전원이 유지되고 있는 동안 비교적 연결이 쉬웠던 트위터를 통해 게세누마(仙沼)의 중앙공민관에 400명이 고립됐다고

구원을 요청하는 등, 재해 피해 실태나 고립 상황의 극히 일부가 외부에 전해지면서 긴급구조에 커다란 일부 역할을 수행한 측면은 있었지만, 대부분의 피해 지역은 잠깐 사이에 정전, 통신 두절로 정보 공백 지역이 됐다는 점을 잊어서는 안 된다.

예외적으로 높이 10미터의 방파제를 해안에 건설한 것으로 유명한 미야코(宮古)시 다로(田老) 지역에서는 15미터의 높이에 달했던 메이지 산리쿠 쓰나미로부터 주민과 동네를 지킬 수 없었다며 쓰나미 피난 훈련과 방재 계몽 활동을 실시하는 한편, 초 청사(町廳舍, 현 미야코시 다로 종합사무소)를 쓰나미가 닿지 않는 고지로 이전하고, 고출력의 비상용 전원도 준비했다. 따라서 상용전원이 정전돼도 비상전원으로 종합청사는 거의 정상적으로 기능하고 조명과 컴퓨터, 통신기기도 작동해서 현장 직원과 피난소 등의 연락, 초·현청 등의 연락도 거의 계획대로 진행됐다고 한다. 쓰나미는 방파제를 넘어 마을을 파괴했지만, 희생자가 메이지 산리쿠 쓰나미 때는 인구의 83%, 쇼와 산리쿠 쓰나미 때는 인구의 20%였지만 동일본 대지진 때는 4%에 불과한 185명에 머물렀다. 소방단 관계자에 따르면 이러한 희생자 수도 잘하면 반으로 더 줄일 수 있었다고 한다.

그러나 다로(田老)는 예외적인 경우 전체적으로는 고베 대지진의 교훈을 살리지 못하고, 전력 다운과 통신 인프라 손상에 의한 통신두절은 인터넷 시대, 디지털 미디어 시대의 재해 시 큰 문제점으로 부상했다. 염려되고 있는 3연동대지진, 수도권 직하형 지진에서도 이와 같은 정보 두절 및 공백의 우려가 있어 총무성에서도 '대규모재해 등 긴급사태 시 통신 확보 방법에 관한 검토회'를 설치하여 대책을 강구하고 있다.

2) 미디어·정보원의 활용

동일본 대지진에서 미디어는 어떻게 이용되고 기능했던 것일까. 몇 가지 설문 조사나 보고서가 나오긴 했으나 조사 주제, 항목, 시기에 각각 차이가 있고, 조사 대상도 쓰나미 피해지의 피난소 주민, 임시주택 거주자, 피해지 주변지역, 도호쿠(東北) 지방, 간토권, 도쿄권으로 매우 다르다. 이번 재해는 지진·쓰나미 재해, 방사능 오염 재해, 수도권에서의 귀가 곤란 재해 등 몇 가지 양상을 갖고 있기 때문에 조사 결과 전부를 일반화하여 분석하는 것은 무리가 따른다. 대상 샘플, 조사 방법도 인터넷 이용자를 대상으로 한 인터넷 조사부터, 인터뷰 또는 설문지 배부에 의한 조사 그리고 면접에 의한 주민조사 등 다양하기 때문에 조사결과에는 각각 많은 편중이 존재한다고 보는 것이 좋다. 특히 인터넷 조사에서는 당연히 인터넷 이용률이 높게 나오고 조사 대상자의 연령, 연령 비율, 고령자를 어디까지 포함시킬 것인가에 따라서도 편중이 나타난다. 이런 점을 감안하여 몇 가지 조사를 〈표 3-3〉에 정리했다.

설문 조사를 대상지역별로 재해 피해지역에서 가까운 순서대로 피난소 주민, 임시주택거주자, 피해지 주변부, 피해지 외부 순으로 왼쪽부터 배열하고, 이용한 미디어·정보원을 세로로 배열했는데 이렇게 하면 전체적 특징과 피해지로부터의 거리에 따른 각각의 특징을 살펴볼 수 있다. 고베 대지진 때의 미디어 접촉(〈표 3-1〉)과 비교하면서 동일본 대지진의 재해정보와 미디어, 특히 소셜 미디어와의 관계나 그 특징에 주목해보고자 한다.

재해 피해자들을 대상으로 한 설문 조사는 서베이리서치센터가 실시한 미야기현 해안부의 쓰나미 피해지역 피난소에서의 조사와 민간방송연맹(협회)연구소의 미야기·이와테현 해안부 임시주택거주자조사(조사에서는 지진 직후, 당일, 2~3일째, 3일 후부터 1주일 후의 4기간으로 구분하여 질문하고 있으나 표에는 2~3일째를 게재했다)의 2가지가 있으나 정전으로 통신 인프라가 절단된 장소에서의 이러한 조사 결과는 고베 대지진 때와 매우 유사했다.

〈표 3-3〉 동일본 대지진의 미디어・정보원 이용

		① 서베이 리서치 센터		② 민방련・연구소	
대상지역		미야기현 쓰나미피해지 [1]		4 임시주택 [1]	쓰나미 피해지 [3]
조사지・대상자		피난소 피난자 [2]		임시거주자	인터넷 이용자
조사법, 응답자수		개별면접법 [3]: 451		청취조사: 500 [2]	인터넷 조사: 2268
조사기간		4/15~17		8/19~28	9/6~16
		지진 후 수일간의 정보원 주요정보원 가장도움이된 정보원 (복수응답) 451=100%		2,3일째 도움이 된 정보원 [4] 매우+상당히 도움이 됨 (복수응답)	
구전	친구・지인 가족 학교・직장	29	11.1	43.8	53.3
휴대전화		13.7	2.9	[5] 3.2 3.8	[5] 12.8 18.7
행정홍보 등		[4] 13.5	4	18.4	103
지역 방재방송				2.6	4.9
라디오	NHK 라디오 민간방송 라디오	61.9	50.8	53.2	68.9
	재해・커뮤니티 FM	3.1	0.9		
텔레비전	NHK 텔레비전 민간방송 텔레비전	13.3	8.6	13.6	41.4
	원세그(DMB)	-	-		
신문		31	12.6	14.4	25.9
인터넷 포털사이트 정부 사이트 지자체 사이트 신문사 사이트 NHK 사이트 민간방송 사이트 대학・연구기관 사이트				[6] 0.6	[6] 10.2
소셜 미디어		[5] 1.8	[5] 0.4	[7] 0.2	[8] 4.6

① 서베이리서치센터의 「미야기현 연안부의 피해지 설문조사」
 [1] 쓰나미 재해 15시(市)・초(町) 중, 8개 시・초(미나미산리쿠초, 온나가와초, 이시노마키초, 타가조시, 센다이시 와카바야시구, 나토리시, 와타리시, 야마모토초)
 [2] [1]의 8개 시・초 18개 피난소에 피난 중의 20세 이상 남녀
 [3] 질문지를 지참한 조사원에 의한 개별면접조사법
 [4] 지자체, 경찰, 소방서 등으로부터의 정보
 [5] 트위터 및 SNS 등
② 일본민간방송연맹연구소의 「동일본 대지진 재해시의 미디어 역할에 관한 종합조사」
 [1] 센다이, 나토리, 기센누마, 리쿠젠타카다의 가설주택주거자 각 125명
 [2] 방문 청취조사, 20세 이상 남녀, 평균연령 54.7세
 [3] 이와테, 미야기, 후쿠시마 연안부 쓰나미 피해지 39시・구・초・촌의 성별・연령별 구성에 의한 할당. 마크로밀의 모니터 회원 15~70세 미만 남녀 2,268명, 평균연령 41.7세, 그중 피해를 입은 사람은 208명(13.9%)
 [4] 정확하게는 재해 다음날과 다다음날에 도움이 된 정보원. 재해 당일의 수치는 거의 이것보다는 낮지만 '지역의 방재방송'이 가설주택의 경우 4.6) 2.6, 인터넷 조사의 경우 6.5) 4.9, 휴대전화가 가설주택의 경우 4.4) 3.2로 재해 당일 더 도움이 됐다고 응답
 [5] 휴대전화는 가설주택과 인터넷 조사 모두 좌는 통화, 우는 문자메일
 [6] 뉴스・지진/재해관련 사이트 등의 웹사이트
 [7] 트위터(0.2), SNS, 게시판, 페이스북 등 SNS(0), 동영상(0)
 [8] 트위터(4.6), SNS, 게시판, 페이스북 등 SNS(4.9), 동영상(2.5)

③ 동일본 리서치 센터		④ NHK 방송문화연구소		⑤ 노무라 종합연구소
미야기현	도호쿠 6현, 도	피해지 5현(아오모리, 이와테, 미야기, 후쿠시마, 이바라키)	주변지 [1]	간토 1도 6현
센다이시 중심가 [1]	소비자 모니터 [3]	인터넷 모니터		인터넷 이용자
히어링: 240 [2]	유치: 1000 [4]	인터넷 조사: 3152 [2]	인터넷 조사: 8104 [2]	인터넷 조사: 3224 [2]
5/21	6월	5/23~6/3	4/19~28	3/19~20
지진발생 후 정보입수경로 (복수응답)		미디어 이용변화와 인터넷 이용 당일→익일→3월 하순 3152명 + 100%	소셜 미디어 이용 (복수응답)	중시 미디어 · 정보원 (복수응답)
9.2	17.9 14.1 10.3	-	-	-
18.8	26.5	-	-	-
-	[5] 2.3	-	-	-
2.1	2.4	-	-	-
71.7	73.6	65→76→81%	-	-
33.8	54.6	30→48→96%	-	80.5 56.9
20.4	32.9	35→41→50%	-	-
16.7	37.6	6→40→77%	-	36.3
6.3	[6] 17.6	22→35→92% 이용한 사이트 (복수응답) 48 [3] - 22 5 13 -	51 [5] - - 14 14 8 -	43.2 [2] 23.1 - 18.6 10.8 8 6.4
	[7] 13.1	2~22 [4]	4~20 [5]	18.3

③ 도호쿠 일본리서치센터 「VOICE」(특별판 · 도호쿠판) 조사리포트의 「동일본 대지진에 관한 조사」
[1] 센다이시 중심부 방문자 중 20세 이상의 미야기현 거주 남녀
[2] 조사원에 의한 가두히어링 조사, 시내거주자 208명, 현내 시외거주자 32명
[3] 도호쿠 6현 현청 소재도시에 거주하는 소비자패널모니터의 20-60대 남녀
[4] 방문배부, 방문회수
[5] 정부와 지자체 홍보
[6] 인터넷 사이트 및 홈페이지
[7] 인터넷의 SNS
④ NHK방송문화연구소의 「동일본 대지진 · 피해지 및 주변지역의 미디어 이용조사 · 인터넷 유저에 대한 온라인 그룹 인터뷰 조사」
[1] 주변지역, 간토(이바라키 제외) · 코신, 시즈오카, 홋카이도, 아키타, 야마가타의 1都 11현 거주자
[2] 조사회사의 인터넷 모니터로부터 추출한 18~49세 남녀, SNS이용조사도 동일
[3] 야후의 재해 특별개설 사이트와 구글의 특별개설 사이트(22,17), 야후와 구글 이외의 사이트(20,25)
[4] 트위터(20), 믹시(16), 블로그(16), 페이스북(2), 유튜브(22), 니코니코생방송(5), Ustream(4)
[5] 트위터(20), 믹시(17), 블로그(15), 페이스북(4), 유튜브(20), 니코니코생방송(7), Ustream(6)
⑤ 노무라종합연구소의 「재해에 수반된 미디어 접촉 동향에 관한 연구」
[1] 인구 구성에 비례한 20~59세 남녀 인터넷 이용자
[2] 휴대전화에 의한 인터넷 이용을 포함. 이하 사이트 동일

재해 후 수일 간(피난소), 2, 3일째(가설주택)의 재해에 관한 정보원은 라디오(피난소- 61.9%, 임시주택- 53.2%, 이하 조사장소는 생략)가 가장 많았고, 이어서 구전(29%, 43.8%), 신문(31%, 12.6%), 지자체·경찰·소방청 (13.5%, 18.4%)의 순으로 TV(13.3%, 13.6%)는 상대적으로 적었다. 이 표에는 싣지 않았지만 민간방송연맹의 가설주택 주민 조사에서 정전·단선 등으로 '전혀 도움이 되지 않았다'고 응답한 미디어로서 TV, 고정전화, 휴대전화의 통화와 메일이 두드러지게 많았다. 정전, 단선에 따라 정보 단절이 컸다는 것을 알 수 있다.

정보 두절, 정보 공백은 고베 대지진과 같았다. 라디오가 전국의 지진 쓰나미 재해의 일반 정보를 전달했다고 해도 가족·친척, 지인·친구의 안부나 지역의 재해정보는 구전과 피난소, 거리에 붙여 있는 전단지 등이 중심이었다. 이시마키히비신문(石巻日々新聞)의 필사대자보신문도 이러한 것의 하나였다. 따뜻함이 깃든 손글씨와 재해 피해 지역 주민의 눈높이에 입각한 신뢰성 있는 지역정보는 주민이 원하는 공론장을 커버하는 뉴스이자 정보로 바로 이것이 신문의 본질이기도 했다.

고베 대지진과 크게 다른 점은 정전·단선의 상황 하에서 휴대전화가 피난소에서 13.7%, 임시주택에서 휴대전화 통화 3.2%, 휴대전화 메일 3.8%로 텔레비전과 비슷하거나 뒤를 잇는 중요한 역할을 담당했다는 것과 재해 FM(3.1, -)이나 인터넷(-, 0.6%), 트위터나 SNS 등 소셜 미디어(1.8%, 0.2%)가 정보원으로서 적지만 열거됐다는 점이다. 민간방송연맹연구소의 쓰나미 재해 피해지 주민의 인터넷 조사(평균 연령 41.7세, 주택 전·반파의 피해를 받은 사람- 39.6%)에서는 더욱 많아서 인터넷- 10.2%, 소셜 미디어- 4.6%였다. 표에는 없으나 정전·단선 등에 의해 '전혀 도움이 되지 않았다'라고 응답한 사람이 TV보다 높은 약 20% 정도에 달하고 있다는 것을 생각하면 인터넷 이용자 사이에서 인터넷은 매스미디어에 이어 정보미디어로서 매우 중요한 위치를 차지하고 있다는 것을 알 수 있다.

　실제 동일본 대지진의 정보화 상황을 이와테·미야기·후쿠시마 등 피해 3현에 한정해보면 도쿄·오사카와 같은 대도시권에 비해 약간 떨어지지만 6세 이상 인터넷 보급율은 69.8%, 초고속인터넷 계약 세대비율은 46.6%, 모바일 인터넷 보급율은 58.6%, 아이폰과 스마트폰도 대략 10% 전후로 보급되었다고 추정된다. 미야기현에 비해 이와테현과 후쿠시마현의 고령자가 많은 해안부나 피난소, 임시주택거주자에서는 이러한 보급률이 낮지고 있지만 이미 초고속인터넷 및 모바일화가 진행됐다고 볼 수 있다.

　동일본리서치센터가 실시한 센다이시 중심부 통행인 240명의 인터뷰 조사(주택 피해를 받음: 52%) 및 도호쿠 6개현의 현청 소재지의 소비자 패널 모니터 1,000명에 대한 방문설문지 배부·회수조사(주택 피해를 받음 24%)에서도 정보 입수 경로는 라디오가 센다이 중심부가 71.7%, 도호쿠 6개 현청 소재지가 73.6%로 압도적으로 많고, TV가 뒤를 잇고 있으나(33.8%, 54.6%), 이번에 새롭게 등장한 지상파 DMB(피난소 조사에서는 항목이 없었고, 가설주택조사에서는 TV에 포함)의 이용도 많아서 센다이 중심가에서 20.4%, 도호쿠 6개현에서는 32.9%로 지진 후 광범위한 정전으로 전원이 상실된 기간 동안 정보 입수의 중요 미디어로서 많이 이용됐다는 것을 알 수 있다. 구전이나 거의 이와 같은 친구·지인, 가족·학교·직장으로부터의 전파도 피난소나 가설주택조사와 비슷하게 많았다. 휴대전화도 18.8%, 26.5%로 많아 지진발생 후 재해 피해지역에서의 정보유통, 커뮤니케이션 특징을 엿볼 수 있다. 또한 현청 소재지 주민의 인터넷 조사에서는 인터넷 사이트(17.6%)나 SNS(13.1%)가 정보 입수 미디어의 일각을 차지하고 있었다.

　NHK 방송문화연구소가 실시한 아오모리(青森)·이와테·미야기·후쿠시마·이바라키 등 피해지역 5개현의 인터넷 모니터·스크리닝 조사에서는 각종 미디어를 언제부터 이용하기 시작했는가를 조사했다. 이에 따르면 재해 발생 후 당일 이용한 미디어로는 라디오가 65%로 압도적으로 많았고, 지상파 DMB- 35%, TV- 30%, 인터넷이 22%로 뒤를 이어 동일본리서치센터의 도호쿠 6개현 조사와 같은 경향을 보였다. 그러나 이러한 이용 형태는 시간 경과에 따라 달라져 다음날까지, 3월까지 등 정전 해소에 따라 TV가 30%→ 48%→ 96%, 인터넷이 22%→ 35%→ 92%로 급증함에 비해, 처음부터 정전에도 불구하고 정보를 얻을 수 있었던 라디오(65%→ 76%→ 81%), 지상파 DMB(35%→ 41%→ 50%)는 그다지 증가하지 않았다(신문은 6%→ 40%→ 77%). 인터넷 이용자 대상의 조사라고는 하나 민간방송연맹연구소의 인터넷 조사처럼 재해 피해지역에서 전력 복구와 함께 인터넷이 매우 중요한 정보원이 되었다는 것을 보여준다.

정전으로 큰 피해를 받지 않았던 1도 6현 3,224명에 대해 인터넷으로 조사한 노무라종합연구소 조사에서는 도호쿠 피해지역과는 대조적으로 중요시된 미디어·정보원은 TV(NHK- 80.5%, 민방- 56.9%)가 압도적으로 많았고, 다음으로 인터넷 포털 사이트(43.2%), 신문(36.3%), 인터넷의 정부·지자체 정보(23.1%), 인터넷의 신문사 정보(18.6%) 그리고 소셜 미디어가 18.3%로 라디오(NHK- 11.4%, 민방- 11.6%)보다도 높았다.

동일본 대지진에서는 소셜 미디어의 활약이 알려졌으나 실제는 어떠했을까. 각종 설문 조사 결과를 보면 피해지역에서는 재해발생 직후 일부 지역을 제외하고 정전·단선으로 곧 정보공백 상태에 빠졌지만 전력복구, 통신복구와 더불어 비교적 젊은 사람들을 중심으로 소셜 미디어가 이용됐고 또한 피해지역에서 주변부, 외부 지역으로 갈수록 인터넷과 모바일의 보급률이 높아서 이용률도 높아지고 전력다운, 단선의 영향도 적어진다는 점에서 소셜 미디어 이용이 많았다. 외부 지역이나 수도권에서는 TV와 더불어 속보 미디어로서 이용됐다는 것을 알 수 있다.

3) 인터넷의 재해정보

그럼 구체적으로 인터넷은 어떻게 이용됐고 재해정보를 어떻게 전달했을까.

방송은 저작권과 면허로 방송권역이 한정되지만 동일본 대지진에서는 처음으로 TV방송이 인터넷으로 동시 생중계됐다. 대재해라는 비상시였고, NHK를 비롯하여 많은 민방 키스테이션과 재해 피해를 입은 지역 방송국 중에서 빠른 곳은 지진발생 당일부터 TV방송을 그대로 생중계해서 Ustream이나 니코니코 동영상의 인터넷으로 동시 전송했다. 또한 라디오방송도 Ustream 이외에 인터넷으로 동시에 방송하는 라지코(Radiko)로 간토, 간사이 방송국이 각각의 방송권역을 뛰어넘었다. 4월 12일부터는 이와테・미야기・후쿠시마・이바라키의 피해지역 7개 라디오방송국이 방송을 전국에 내보냈다. KDDI 휴대전화를 이용한 'LISMOWAVE'에서도 재해 피해지역 3개 현의 FM 방송을 전송했고, 앞의 절에서도 소개한 커뮤니티 사이멀 라디오 연맹(CSRA)에서도 재해 피해 지역의 커뮤니티FM 방송과 긴급재해FM 방송을 PC나 스마트폰 대상으로 방송했다.

실로 방송과 통신의 융합이었다. 정전된 장소나 직장에서 볼 수 있었던 것 뿐만이 아니다. 안부나 재해 피해상황을 전달하는 피해지역 방송은 멀리 떨어져 있는 피난처 주민과 고향을 떠나 타향에 있는 사람들에게 또는 외국에서도 인터넷으로 직접 청취할 수 있었다. 니코니코 동영상만으로도 3월 11일부터 25일까지 사이에 연인원 1,400만 명의 인터넷 이용자가 방송에 접속했다. 그뿐만이 아니다. 3월 11일부터는 독자적으로 '니코니코 특별 프로그램'을 제작 방송했다. 재해 피해지역으로부터 생방송을 포함해서 4월까지 8개 프로그램, 시청자는 150만 명을 넘었다.

4부에서도 다루겠지만, 원자력발전소 사고에서는 도쿄전력, 원자력안전보안원과 정부 기자회견을 지진 직후부터 24시간 태세로 대응하여 수백 회에 달하는 도쿄전력과 정부 기자회견을 처음부터 마지막까지 노컷으로 완전 생중계를 실시했다(스기모토 세이지[杉本誠司], 「니코니코 동영상으로 TV 재해보도를 배급, 한발 먼저 시작된 협업의 의미」, 『Journalism』, 2011. 10). 이전까지는 없었던 사례였다.

방송국을 비롯하여 신문사 등 기존 매스미디어도 활발한 인터넷 이용을 도모했다. 프로그램을 생방송 또는 신문지면을 PDF로 내보낸 것뿐만 아니다. 홈페이지에 안부 정보 등 몇 개의 재해 관련 사이트나 포털사이트가 정보를 전달하여 하루 접속이 100만 페이지뷰를 넘은 적도 있다고 한다. 홈페이지뿐만 아니라 IBC이와테방송, 『가호쿠신보(河北新報)』, 『이바라키신문(茨城新聞)』, 라디오후쿠시마, 또는 『후쿠시마민보(福島民報)』 등의 매스미디어는 이미 개설했거나 또는 새롭게 개설한 트위터를 통해 각 지역의 안부확인 정보나 피난소정보, 생활 정보 등을 전했다. 통신네트워크의 전화나 메일이 전달되기 어려웠던 가운데 클라우드 경유의 트위터는 비교적 소통하기 쉬웠고 정보공백 상황 하에서 이용자로부터 정보제공도 계속됐다. 제공된 정보는 많은 경우 '트위터로 제공됐다'라는 설명이 붙어 방송됐다. IBC이와테방송에서는 지진발생 8분 후에 지진 재해 트위터를 개시, 지자체로부터의 정보나 피해지역으로부터의 정보를 전달했는데, 1개월 후 4월 11일에는 팔로워가 2만 명을 넘었다(마시모 타쿠야[真下卓也], 「너무 규모가 커서 다 다룰수 없었다- 절망과 무력감 속에서-TV & Radio & Net@IWATE」, 『調査情報』, 2011. 7~8).

이와테현 등의 지자체나 많은 공공기관에서도 지진발생 후 홈페이지 뿐만 아니라 트위터 등의 소셜 미디어로 지진 재해 대응정보를 발신했다. 지자체로부터 정보를 얻으려고 하는 이용자의 증가에 맞춰, Digital Garage와 경제산업성이 공공기관 트위터 공인 계정의 인증 신속화 및 리스트 작성을 통해 많은 지자체가 믿을 수 있는 정보를 제공할 수 있는 체제를 취했다. 행정기관의 정보 발신 미디어로서 트위터 이용이 동일본 대지진을 계기로 일거에 일반화된 것이다.

그러나 동일본 대지진의 최대 특징은 개인이 소셜 미디어로 안부, 피해, 피난, 구조, 지역 생활 정보, 라이프라인 정보, 기타 다양한 정보를 핀포인트 발신했다는 것이다. 재해 피해지에서는 소셜 미디어가 대도시 정도의 보급률이 아니었고 더욱이 고령자가 많았다. 그러나 그 양이 결코 적지 않았다. 게다가 외부를 대상으로 한 정보의 내용, 목적과 지역별 등으로 정리한 사이트가 인터넷 자원봉사자에 의해 몇 개씩이나 만들어졌다. 이에 대해서는 4부에서 상세히 다루도록 한다.

한편, 디지털 격차의 문제도 현저하게 부각됐다. 하나는 정전과 회선 불통에 의한 통신 두절이 장기화된 지역, 다른 하나는 인터넷 이용환경의 정비가 미흡하고, 이용할 수 있는 사람조차도 없는 지역과 피난소가 존재했다. 이런 곳에서는 정보가 생산되지 않았기 때문에 부족물자의 지원도 이뤄지지 않았고, 디지털 정보 격차에 의한 피난생활의 격차가 한동안 지속됐다.

개별적인 정보량과 히트 수는 적었으나 가장 정보 수가 많고 더욱이 내부 · 내부, 내부 · 외부, 외부 · 외부로 유통 형태도 다양한 안부확인 정보에서도 새로운 움직임이 나타났다. 동일본 대지진에서도 안부확인 정보를 중심으로 통화가 쇄도한 결과, 심한 병목현상으로 고정전화에서 각사 최대 80~90%, 휴대전화에서도 70~95%의 통화 규제가 실시됐으나, 휴대전화 문자는 도달지연은 있었으나 비교적 쉽게 전달됐다. 안부확인 정보는 병목현상과 통신단절로 연결이 쉽지 않은 경우도 있었지만, NTT의 재해용 음성 메시지 다이얼 등록 · 열람 333만 건, 휴대전화 각 사 재해 음성 메시지 등록 350만 건, 확인 580만 건(2011년 5월 말)으로 최고치를 기록했다.

인터넷의 매스미디어나 지자체의 안부 정보 및 피난처 정보는 구글의 퍼슨 파인더 플랫폼에 축적됐다. 이용자가 간단하게 등록, 검색, 열람할 수 있어 뉴질랜드나 아이티 지진새해에서도 이용됐다. 동일본 대지진에서는 지진발생 당일 개설되어 안부확인 정보의 등록은 6월 중순 시점으로 67만 건에 달했다.

고령자인 피해자가 많은 가운데 매스미디어나 지자체, 시민에 의한 다양한 형태의 정보수집, 트위터나 믹시, 페이스북 등 소위 소셜 미디어를 통한 발신, 인터넷의 정보 축적에 따라 이제까지의 미디어로는 대응하기 어려웠고 방대한 양과 유통의 다양화로 재해정보 중에서도 가장 다루기 까다로웠던 안부확인 정보도 아직 장애물은 남아있었지만 그래도 하나의 가시적인 방향이 제시됐다.

대지진에서는 구조 및 지원을 위해 피해지역의 도로 상황을 파악하는 것이 가장 중요한 정보 중 한 가지인데, 혼다의 리얼타임 네비게이션 정보를 지도에 연결한 자동차·통행실적 정보 맵도 14일 공개되어 활용됐다.

또 한 가지 특징적인 점은 인터넷이 가장 잘 할 수 있는 것으로 각종 단체가 제휴하여 인터넷 활동을 통해 여러 피해지 지원활동을 진행했다는 부분이다. 민관 제휴에 의해 개설된 '타스케 아이 재팬(서로 돕는 재팬)' 프로젝트에 의한 자원봉사 정보의 수집·정리·발신이나 접속 집중에 의한 병목현상과 안전성 확보를 위한 클라우드 서비스나 서버 분산 서비스를 많이 제공했다는 점도 이후 재해보도와 미디어를 생각할 때 중요한 부분이다.

4) 소셜 미디어 이용

그러면 인터넷의 소셜 미디어는 이용자가 어떻게 이용했을까 살펴보기로 한다.

이용비율은 같은 인터넷 정보라도 노무라종합연구소, 민간방송연맹연구소, NHK의 설문 조사 항목이 다르기 때문에 각각 미묘한 차이가 있다. 어느 조사나 야후나 구글의 포털사이트(뉴스사이트)가 가장 많았지만 신문사나 방송국 소위 매스미디어의 홈페이지와 비교해보면 소셜 미디어 쪽이 같거나 많았다.

다음에 소셜 미디어의 이용 상황을 살펴보면 NHK 조사 및 IMJ모바일이 실시한 트위터, 페이스북 이용 실태에 관한 조사(피해지를 제외한 전국 932 샘플, 3/26~28, 인터넷 조사)에서는 모두 트위터나 믹시는 정보입수, 페이스북은 가족과 지인·친구의 안부확인이나 소식을 알기 위한 목적으로 구분해 사용하고 있었다.

지진발생 직후 정보 두절, 정보 공백에 빠진 피해지역에서는 라디오나 TV, 신문 등의 매스 미디어로부터 전체 상황을 알 수 있어도 가장 필요한 가족·지인의 안부나 피해정보, 지역의 라이프라인을 비롯한 각종 생활 정보 등은 이후에도 구전 또는 벽보 외에는 얻을 길이 없다. 그래서 전원·통신 회선이 회복되면 인터넷 이용자는 트위터를 통해 정보 습득에 나선다. 공인 계정을 개설한 지자체 트위터 등으로부터 해쉬태그(hashtag)[4]를 이용하여 관련 정보를 수집하고, 스스로도 주변 지역 생활 정보를 적극적으로 발신했다.

그 결과 트위터나 인터넷을 이용할 수 없는 고령자의 경우 구전 등에 의해 정보를 얻는다고 해도 확실히 정보 격차가 생겼다. 라디오후쿠시마와 같이 트위터로 올라온 정보를 인터넷뿐만 아니라 방송으로 소개한 것이 고령자에게 도움이 됐다는 사례도 많았다(시교우 아야코[執行文子],「동일본 대지진·네트워크 이용자는 소셜 미디어를 어떻게 이용했는가」,『放送調査と研究』, 2011년 8, 9월호).

니가타현 주에츠 지진 때 FM나가오카가 '청각장애자가 가까이 있으면 이 정보를 전달해주십시오'라고 방송한 것과 같이 인터넷과 친화성이 높은 라디오, 즉 지역라디오가 디지털 정보격차를 조금이라도 메우기 위해서 고령자나 인터넷 비이용자를 위한 트위터 등의 인터넷 정보를 의식적으로 전달

---

4) 트위터 제공 인기 주제, 이슈 안내 서비스.

하는 것도 이후 당분간 필요할 것이다.

동일본 대지진 때 트위터 등의 소셜 미디어, 인터넷 미디어의 역할 증대는 이 〈표 3-3〉에는 없지만 미디어·정보원에 대한 지진 전후의 신뢰도 변화를 통해서도 알 수 있다. 이제까지는 인터넷이라고 하면 정보의 정확성이나 신뢰성에 대한 의문이 많았으나 설문 조사에서는 이제까지와는 반대의 결과가 나왔다. 신뢰도가 대지진 전후로 '증가했다'와 '저하했다'로 비교하면 포털사이트에서는 노무라종합연구소의 조사가 4.2배, 민간방송연맹연구소 인터넷 조사(뉴스사이트 포함)에서 9.2배, 마크로밀 조사(4/15~16, 수도권 1도 3현, 20~69세 남녀 5,155명)가 9.5배였고, 모두 '신뢰도가 증가했다'가 압도적으로 많았다. 소셜 미디어에 대해서도 노무라종합연구소에서는 1.5배, 민간방송연맹연구소 인터넷 조사에서는 3배(트위터, SNS, 동영상 사이트 평균), 마크로밀에서 2.6배(트위터, 동영상 사이트, 라이브 스트리밍, 믹시, 기타 SNS 평균)로 역시 '신뢰성이 증가했다'라고 대답한 응답자가 많았다. 각종 조사에서 동일본 대지진 후 SNS나 인터넷의 접속 시간이 증가했다는 보고도 이들이 차지하는 위치가 높아졌다는 것을 반증한다.

이에 반해 노무라종합연구소와 민간방송연맹연구소 조사에서는 정부·지자체의 홈페이지나 발표는 전보다 '신뢰도가 저하했다'가 많아졌다. 정보의 신뢰성이 떨어진 것은 4부에서 다루는 방사능 오염 재해정보와 관련이 있다고 해도 좋다. 실제 방사능 오염 재해에서는 특히 피해자(방사능재해에 관심을 갖는 계층) 사이에서 그 분야 전문가의 트위터나 블로그에의 접속이 현저하게 두드러졌다(시쿄 아야코[執行文子], 前揭論文).

간토 지역권의 조사에서는 귀가 곤란 재해가 당연히 포함되어 있는데 이를 대상으로 한 조사로는 서베이리서치센터의 조사가 있다. 표에 싣지는 않았지만 조사에 따르면 병목현상은 있어도 정전, 통신 두절은 없었기 때문에 인터넷이나 지상파 DMB방송, 인터넷을 통한 TV 동시 중계방송 등 많은 사람들이 휴대전화나 인터넷을 통해 정보를 얻고, 가족·친구와 정보를 교환했다. 도시화가 진행되고 지역에서의 구전이나 공동체를 통해 정보를 얻기 어려운 사회에서는 이후 더욱 모바일 인터넷이나 소셜 미디어가 구전을 대체하는 재해 시 정보 미디어로서 큰 역할을 담당하게 될 것이다.

이렇게 보면 동일본 대지진의 믹시와 트위터 같은 소셜 미디어는 재해 피해지에서 정전과 통신 두절이 발생한 재해 피해 직후부터라기 보다는 전력과 통신이 복구되어 지자체와 지역 매스미디어가 태세를 갖춰 기능하기 시작하면서부터 활용되었다는 것을 알 수 있다. 한편, 재해 피해 지역 밖에서는 이른 시점부터 재해 피해지역의 지원·복구·부흥을 위한 정보교환과 활동 추진을 위해 큰 역할을 담당했다.

간토 지역권의 입장에서 보면 지진 쓰나미 재해는 다른 지역의 문제였지만, 귀가 곤란자 재해에 대해서는 당사자 그리고 원자력발전사고의 방사능 재해에 대해서는 주변부로 재해에 따라 지역이 처한 상황이 완전히 달라졌다. 재해의 모습, 재해지역과의 거리, 처한 상황에 따라 정보내용과 미디어 상황은 전혀 달라지고 사람들의 미디어 행동도 차이가 있었으나 재해 시에는 재해 피해지를 포함한 모든 지역에서 인터넷이나 소셜 미디어를 통한 정보를 빠트릴 수 없게 됐다는 점, 휴대전화나 스마트폰 등 정보단말이 이젠 필수품이 되고 있다는 점은 분명하다. 동시에 이를 전제로 하여 고령자나 재해 약자 등에 대한 정보 격차가 생기지 않도록 하는 체제 구축이 불가피해졌다.

4부
디지털 시대의 과제 – 정보의 신빙성과 모호성

후쿠시마 제1원자력발전소 4호기 4F의 참상
(2011. 6. 10. 도쿄전력 제공)

머리말

3부에서 살펴본 바와 같이 고베 대지진에서 겨우 편린(片鱗)을 보여주었던 것에 지나지 않았던 디지털 미디어와 인터넷은 동일본 대지진에서는 기존의 매스 미디어와 견줄 정도로 성장했다. 매스미디어의 1:N(多)과 일방 통행의 정보발신·유통에 비해, 1:1, 1:N, N:N의 다양한 정보발신·유통이 가능해짐으로써 전문가·연구자나 일반시민, 재해 피해자 등 개인이 소셜네트워크를 대상으로 자유롭고 간편하게 정보를 발신할 수 있는 시대가 됐다. 동시에 개인이 발신한 방대한 정보의 정확성과 신빙성 문제가 새롭게 부각됐다.

신빙성뿐만 아니다. 재해정보에는 반드시 옳고 그름을 나누기 어려운 애매모호한 부분이 있다. 방사능 오염 재해에서 관심·주목을 모은 피폭 허용량에 대한 기준이나, 도카이 지진예지정보, 활단층이나 해구형 지진의 '향후 30년 사이에 00%'라고 내려진 장기 확률 예측 등은 흑도 백도 아닌 불확실 정보로 헛소문이나 유언비어의 원인이 되기 쉽다. 불확실 정보는 인터넷도 매스미디어도 피할 수 없는 디지털 시대의 골치 아픈 과제다.

관동 대지진 때는 구전, 1973년의 지진 쓰나미 유언비어 소동이나 화장실 휴지사재기 소동 때는 신문·잡지, 방송 등의 매스미디어가 유언비어의 발생원으로써 유언비어를 확대하고 증폭시켰다. 2003년 12월, 수 일 간 451억 엔이나 되는 예금이 인출된 사가(佐賀)은행 소동은 20대 여성의 휴대전화에 의한 사실무근의 대량 문자 발송이 연쇄적으로 전달되어 초래된 것이었다. 지금과 같은 디지털 미디어 상황 하에서 재해 시 신빙성이 결여된 정보나 불확실 정보가 사회적 혼란을 초래할 가능성은 부정할 수 없다.

정보는 송신자로부터 수용자로 미디어를 매개하며 흘러 다닌다. 이것이 매스커뮤니케이션의 기본적 구조이나 재해정보, 특히 불확실 정보는 정보의 과정, 생산·편집·발신, 유통 그리고 수용자의 수용 방법 모두 문제가 된다.

4부에서는 매스미디어와 인터넷이 양립하는 미디어 환경을 부감(俯瞰)한 후에 재해정보의 신빙성을 담보하는데 빠질 수 없는 송신자의 정보생산·편집·발신에 대해 과거의 재해 사례를 토대로 고찰한다. 이어서 지진 예지·예측정보, 동일본 대지진 방사능 오염 정보의 불확실성 문제를 명확히 한 뒤, 모바일 등의 디지털미디어가 외연화된 감각 기관이 되고 있는 지금 생산·발신 등의 송신자뿐만 아니라 수용자들이 불확실한 정보에 어떻게 대처하고 리스크 경감을 위해 고도정보화사회를 어떤 식으로 성숙시키는 것이 바람직한 것인가에 대해 고찰한다.

1. 재해정보의 신빙성

1) 다시 그려진 미디어 지도

고베 대지진으로부터 16년, 미디어 환경은 완전히 변했다. 인터넷 미디어가 현저하게 신장한 것에 비해 기존 매스미디어는 상대적으로 미디어 전체에서의 지위가 낮아지고 있다. 매스미디어를 경영적 측면에서 지탱하는 광고 수입도 인터넷이 라디오, 잡지, 신문을 따라 잡으면서 분명한 변화를 보여주고 있다. 신문·잡지·TV·라디오 등 소위 매스미디어 4대 매체의 광고수입은 모두 감소하는 추세지만, 경기가 좋지 않은 가운데도 인터넷 광고비는 계속 증가하고 있다.

그렇다 하더라도 기존의 매스미디어가 미디어 지도 가운데에서 차지하는 비중은 아직 크다. 장기적인 감소 경향에 있다고는 하나 2009년 현재 신문은 전국일간지·지역일간지를 합쳐서 매일 5,035만 부, 1세대 당 0.95부씩 발행되고, TV의 일일시청률(6~24시)도 41.2%로 감소하고는 있으나 아직 중요한 지위를 지키고 있다. 현재는 매스미디어와 인터넷이 양립하는 미디어 환경이고 불안한 동거가 계속 진행되고 있다.

재해정보의 경우 특히 그 신빙성이나 불확실성에 기인한 소문이나 유언비어의 가능성을 생각할 때 한 가지 주목해야 하는 것은 기존의 뉴스·정보 미디어다. 주간지의 신문 광고와 버스·지하철 내의 광고 그리고 신문의 라디오·텔레비전 프로그램 편성표다. 주간지나 잡지를 선전하는 광고나 신문의 라디오·텔레비전란(欄)에서는 같은 정보가 같은 표현으로 대량으로 흘러나오고 접촉수도 많다. 주간지나 잡지를 선전하는 신문 광고나 버스·지하철 내 광고는 매체의 판매 확대를 목적으로 하는 광고다. 게재 기사가 타이틀 또는 표제만 나오지만 비교적 활자가 크고 게다가 눈에 띄게 게재되어 있어 광고보다 뉴스에 가까운 정보성을 갖는다. 동일본 대지진에서도 현저하게 나타났으나 주간지의 타이틀이나 표제는 사람의 시선을 끌기 위해 복잡한 사회사상·사건을 단적으로 대담하게 표현한다. 과장된 선정적인 표현, 큰 활자, 호기심을 자극하는 인사이드 정보의 타이틀이 되기 쉽다. 게다가 동일한 문자 표현이 전국일간지 뿐 만 아니라 지역일간지, 스포츠지에까지 큰 지면으로 게재되어 정보의 노출도는 전국일간지보다 훨씬 크고 도달범위도 넓다. 조사에 따르면 신문 광고 중에서 주간지·잡지 광고에 대한 접촉률이 눈에 띄게 크므로 잡지 광고의 뉴스·정보 미디어로서의 역할은 크다고 할 수 있다.

주간지에 관해서는 신문광고 외에 대도시에서의 교통광고, 버스·지하철 내 광고의 정보전달도 간과할 수 없다. 최근에 통근·통학 시간이 길어지고 생활에서의 이동 기회가 많아짐에 따라 승차 시간이 증가하고 있다. 더욱이 활자에서 멀어지고 있는 젊은 사람 또는 젊은 여성의 대중교통 이용률이 높고 작은 활자까지 읽는 경향이 있다는 점, 비용이 라디오처럼 낮다는 점에서 교통광고는 금액으로 라디오를 따라잡으며, TV, 신문, 잡지에 이은 광고 매체로 성장했다. 이 중에서 눈을 끄는 것이 발매일과 함께 교체될 때까지 2일간 게재되는 주간지의 버스·지하철 내 광고로 철도이용자 수, 도달률 등을 계산해보면 도쿄 50km권의 경우 게재 수가 많은 주간지는 수백만 명이 버스·지하철 내 광고로 정보에 접촉한다.

물론 동일본 대지진으로 어느 정도 반전됐다고는 해도 주간지는 신문 이상으로 장기적 감소 경향에 있다. 교통광고도 2008년 리먼 쇼크 이후 줄어들어 차 내 광고 스페이스의 공백이 두드러지고 있고, 주간지의 버스·지하철 광고도 감소했다. 대신 차 내에서 휴대전화나 스마트폰을 이용하는 모습이 두드러진다. 따라서 버스·지하철 광고의 영향력은 이전 정도는 아니지만 직장이나 학교에서도 이야기거리가 되는 경우가 많아서 화제성 있는 사건사고, 재해 등의 경우는 아직 무시할 수 없다.

신문의 라디오·텔레비전 편성표의 정보성도 주목된다. 주간지 광고 이상으로 많은 신문지면에 같은 프로그램 제목이 나오기 때문에 노출도는 더욱 크다. 신문사의 조사에서도 신문의 라디오·텔레비전 편성표를 읽는 사람은 80% 이상으로 접촉률이 매우 높고, 최신 화제를 얻기 위해 눈길을 주는 독자도 적지 않다. 이와 같이 기존 매스미디어의 연장선상에 있는 미디어도 정보의 신빙성이나 불확실 정보의 전달·유통을 고찰하는 데 있어 유의

하지 않으면 안 된다.

최근 16년 간 최대 변화는 말할 필요도 없이 기존 매스미디어에 대신해서 인터넷 미디어, 소셜 미디어가 큰 위치를 차지하게 됐다는 것이다. 휴대전화는 거의 1명에 1대꼴로 보급되었다. 인터넷 이용자는 8,000만 명(85.1%)에 달한다. PC를 포함한 전체 인터넷 이용자는 9,400만 명(78.2%)에 이르고 거의 완전한 생활필수 미디어가 됐다. 초고속인터넷 계약건수도 3,500만(세대비율 64.8%)에 달하고 휴대전화, 스마트폰 등 모바일 인터넷화도 진행되어 문자정보뿐만 아니라 동영상도 자유롭게 유통할 수 있는 환경이 됐다.

이와 같은 미디어 환경 하에서 조우한 동일본 대지진은 엄청난 양의 재해정보가 인터넷에 넘쳐났다. 기존 매스미디어도 잡지를 포함하여 신문은 PDF 등으로 지면이나 기사 그대로, TV나 라디오는 Ustream으로 동시중계방송을 내보낸 것뿐만 아니라 각 홈페이지나 트위터로 지면과 방송에는 내지 않은 정보를 적극적으로 내보냈다. 인터넷이 메인의 전송·유통경로, 정보의 광장, 커뮤니케이션의 장소가 된 디지털미디어 시대다.

앞으로 모바일화가 더욱 진전되면 아마 사람들의 감각 연장선상에 자리매김하게 될 것이다. 물론 미디어 지도가 크게 새로 그려지고 감각기관의 외연화가 진행되어도 커뮤니케이션의 기본구조가 바뀌는 것이 아니다. 정보는 송신자로부터 미디어를 통해 수용자에게 전달되고, 수용자는 그 정보를 취사선택 및 수용하여 행동한다. 인터넷 미디어, 소셜 미디어의 발달·보급에 따라 정보 발신에 개인이 다수 참가함에 따라 정보량이 비약적으로 증대하여 정보의 신빙성 및 정확성과 정보의 수용 방법이 인터넷 시대의 커다란 과제로 남았다. 재해정보는 특히 정보의 정확성 그리고 정보원의 확실성이 중요하고 이를 위해서는 정보원 스스로 정확한 정보생산·편집·발신이 필수적이다.

2) 재해정보의 생산 · 발신

인간 사회는 수렵채집, 농경, 공업 그리고 정보화 사회로 진화를 거쳐 고도정보화사회, 디지털 미디어 사회로 들어섰다. 디지털 기술의 발전은 미디어 간 정보유통을 크게 증가시켰으나, 그 결과 각 미디어에는 동일 정보가 약방의 감초처럼 대량으로 게재되어 정보량은 방대하게 보여도 종류와 내용은 매우 한정되고 빈약할 수밖에 없다. 또한 틀린 방향으로 가공된 부정확한 정보가 유통될 위험성도 있다.

정보 유통이 매우 발달해도 그 과정에는 정보의 생산 · 발신 및 수신 · 해석의 과정이 남아 있고, 더욱이 이것은 지금 이상으로 중요성이 커지고 복잡해지고 있다. 정보의 생산 · 발신에 주목해 비유적으로 말하면 그 속에는 수렵채집, 농경, 공업사회의 부분이 내포 · 구조화하고 있다. 수렵채집에 해당하는 것이 정보의 취재 · 수집이고, 농경에 해당하는 것이 정리 · 편집 그리고 표현, 제작, 발신이 공업에 해당한다. 어느 부분도 기술, 경험, 노력, 수고를 필요로 하고 유통과정에 비해 생산성이 매우 낮다. 게다가 인간성, 개성, 문화나 가치관이 반영되는 부분도 있다. 유통부분의 기술혁신, 코스트 다운이 어느 정도 진행돼도 정보의 생산 · 발신 없이 정보화 사회는 성립하지 않는다. 이는 기존 매스미디어뿐만이 아니라 게시판, 블로그, SNS는 물론이고 140자 이내로 표현하는 트위터 등 소셜 미디어에 대해서도 동일하다고 할 수 있다.

재해라는 비상시에는 특히 정보의 생산, 발신이 중요하다. 신속 또는 효율적으로 정보원이 기능할지 아닌지는 취재, 취사선택, 편집, 정리, 표현 제작의 방법 및 시스템 구축과 관계가 있다.

지자체의 정보발신기능 강화와 신속화

행정기관이나 방재기관, 라이프라인 기관은 그 분야의 정보가 모이는 장소이고 취재·수집·정리도 일상적으로 행해지는 전문조직이다. 이 부분이 재해 시 긴급 정보 발신원으로서 기능하는 것이 위기관리상 무엇보다 중요하다. 특히 제1단계로 긴급하고 적절한 구명·구급이나 피난유도정보, 피해정보, 안부·연락처, 전화·전기 등 대체성이 없는 라이프라인 생활 정보를 내보내지 않으면 안 된다. 정보발신원이면서 동시에 전달에서도 거의 매스미디어와 같은 역할을 맡는다.

고베 대지진 때는 안전 신화가 침투한 상황에서의 불의 일타였기 때문에 행정기관이나 공공기관의 대응이 매우 늦었으나 우스잔산 때에는 분화 개시 전 화산성 지진의 단계에서부터 재해대책본부가 발족하고 소방방재 홍보선전차의 방송이나 피난 후에는 홍보지나 직접 방문 홍보 그리고 지자체의 홈페이지에 재해정보 사이트를 개설하여 대응했다. 분화까지 시간이 있었기 때문에 사회시스템 유지 및 이전을 도모했고, 지자체나 각종 단체, 공공기관 등 정보발신원이나 통신 인프라도 계속적으로 기능하여 정보가 두절되는 일 없이 발신됐다.

정보의 발표·갱신에서는 인쇄물·종이 뿐 만 아니라 지금은 디지털 신호로의 발신이 불가결해졌다. 기자실에서의 발표를 경유하지 않고 케이블 TV, 커뮤니티FM이나 임시재해방송국, 인터넷에 발신원이 직접 내보내고, 그 정보는 누구나 그리고 어디에서라도 접속할 수 있도록 하는 것이 바람직하다.

우스잔산 분화 때에는 3월 28일, 화산성 지진발생의 뉴스가 전국에 방송되자 지자체의 홈페이지 방문수가 급증했다. 이를 알아차린 홍보 담당자가 급히 밤중에 분화 관련 사이트를 개설하고 이후 재해대책본부로부터의 정보를 컴퓨터로 작성, 동시에 홈페이지에 올려 이를 기초로 기자회견을 하기에 이르렀다.

재해대책본부의 정보발신은 기본적으로 주민과 피해자를 위한 것이었으나 이는 기자회견 형식으로 TV나 신문을 통해 전국에 보도됐다. 인터넷에서 발신된 정보는 그 이상의 의미를 지닌다. 전기, 전화, 가스, 수도 등 라이프라인의 사업체가 지역을 위한 피난 정보나 생활 정보를 모니터하여 재해피해지의 재해 대응에 활용했기 때문이다. 이 뿐만 아니다. 인터넷에 정보를 올리는 것은 도청이나 정부 관계기관에 대한 신속한 상황보고가 되어 화산 관계 연구기관으로의 전달기능을 수행하는 등 정보를 정확하게 관계기관에 전달하는 역할을 했다. 매스미디어와 함께 복선적 정보 루트를 구성했다고 할 수 있다. 꼼꼼하게 정보를 올리고 그대로 기록으로 남기 때문에 이후에 정보를 검색할 때에도 매우 편리하다. 당시로서는 획기적인 것으로 전자 미디어 시대를 맞이한 정보원의 직접 발신으로 큰 변화였다.

동일본 대지진에서는 정전이나 쓰나미로 인한 통신 회선 절단으로 행정 회선이 두절되거나 행정기관 자체가 피해를 입어 재해대책이 원활하게 기능하지 못한 지자체도 있었으나 현이나 시·정·촌의 지자체는 인터넷을 이용하여 내·외부에 정보를 전달했다. 홈페이지의 서버가 다운된 이와테 현청이나 기센누마(氣仙沼)시 등에서는 트위터를 이용했으나 많은 지자체가 공식 계정을 열어 소통이 쉬웠던 트위터 등의 소셜 미디어를 이용해서 정보를 발신했다. 지자체나 재해대책본부의 정보발신에서 인터넷이 중요 미디어였다.

홈페이지가 다운되어 정보발신 기능을 상실한 곳에서는 미나미산리쿠(南三陸)초와 같이 개인 블로그가 공식 홈페이지 대체기능을 수행하거나 임시재해FM이나 커뮤니티FM이 수집한 정보를 홈페이지에 정리하여 그 기능을 대체한 곳도 있었다.

민간정보의 생산·발신

민간정보의 취재·편집·제작, 발신은 지역신문, 커뮤니티FM, 케이블TV

등 지역 미디어가 중심이었다. 케이블TV의 경우 전송로 복구, 지상파·위성방송의 확보가 우선적으로 이루어져야 했기 때문에 대응이 늦어지는 경향이 있었으나 방송 복구와 동시에 지역재해정보의 대응에 나섰다. 지자체나 공공기관의 정보를 내보내기 시작한 뒤 다음 단계에서는 개점한 상점이나 주유소, 상가 등의 생활 정보와 같은 민간정보의 발신을 담당했다. 지역에 대해 잘 알고 있었기 때문에 피해자의 눈높이에서 이뤄진 자체 취재·편집으로 지역의 독자적 정보가 매우 중시됐다.

케이블TV나 커뮤니티FM 등 지역 라디오에는 시청자나 청취자로부터의 정보가 많이 모인다. 편집·체크 체제가 있으나 완전하게 확인하지는 않고 또 그런 수고를 할 수 있는 형편도 아니기 때문에 이런 정보는 믿고 사용하는 경우가 많다. 일반적으로 재해 피해 초기에는 악의가 가득 차 있고 범죄에 연결된 것 같은 내용은 없었으나 시간이 지나 안정되면서 수상한 내용의 제보가 나타나는 경향이 있다. 지역에 한정된 케이블TV나 보다 좁은 지역의 커뮤니티 FM의 경우, 얼굴을 알고 있거나 또는 실질적인 인간관계로 존재하기 때문에 자기 억제의 효과가 있어 문제가 되는 경우는 적지만, 얼굴이 보이지 않는 넓은 지역에서는 주의가 필요하다.

방송이나 신문 등 거대 매스미디어는 정보를 취재·취사선택, 편집, 표현, 갱신·정정이란 몇 단계의 과정을 거쳐 생산하고 제공한다. 따라서 그 정보가 편견에 치우친다는 측면도 있으나 사회적으로는 타당한 평가, 가치판단을 거친 것이기도 하다. 그러나 재해 시는 매스미디어조차도 문제를 일으킨 사례가 몇 가지나 있다. 예를 들어 고베 대지진 때 NHK 생활 FAX 정보에서는 지진발생 일주일 후인 1월 25일부터 2월 4일 동안 피해자의 입장에서는 그 당시 가장 중요하지만 홍보 체제가 갖추어지지 않은 '임시 주거', '의료', '입시나 전학' 등에 대해 개인으로부터의 요청이나 정보제공을 팩스로 받아 방송했다. 약 10일 동안 1,600건에 가까운 정보를 받았으나, 방송에 앞서 발신원에 전화로 확인한 결과, 그 중에는 취업을 조건으로 하는 주택 제공 및 영업을 목적으로 하는 부동산업자로부터의 정보, 결혼·재혼을 의도한 소개 의뢰, 의뢰원 불명 등의 경우가 있었고 시간 경과에 따라 이런 종류의 정보 비율이 증가하여 최종적으로는 이런 정보가 400건에 달했다. 재해정보 전달은 정보의 정오(正誤)뿐만 아니라 그 정보를 방송할 때의 사회적 타당성도 추궁받게 된다. 따라서 수용자인 시청자나 독자의 얼굴이 보이지 않는 매스미디어에서는 사실확인 등의 과정이 필요하다. 이러한 정보는 개인으로부터 전달되는 경우가 많다. 동일본 대지진 때는 젊은 사람들을 중심으로 일반시민도 블로그와 트위터 등 인터넷으로 재해 피해지로부터 정보를 발신했다. 개인이 핀포인트의 정보를 발신하는 경우에도 최소한의 재해지식, 표현기술 이외에도 모럴과 리터러시가 필요하다.

커뮤니티FM이나 케이블TV의 지역 재해정보 발신을 위해서는 일반시민이나 자원봉사자의 협력 및 역할분담이 필수적이다. 청취자 참여를 비롯하여 시청자참여 프로그램이나 퍼블릭액세스채널을 항시 운영하여 평상 시부터 인재를 육성하고 조직화하는 것이 바람직하다. 예를 들어 도카이 지진의 지진 대책 강화지역으로 지정된 가나가와(神奈川)현 히라츠카(平塚)시, 오이소(大磯)초에서는 상점주인, 근로자, 교원, 학생 등으로 이루어진 NPO 조직이 지진에 대비하여 월 1회 지역의 '쇼난(湘南)케이블네트워크(SCN)'와 FM '쇼난(湘南)히라츠카 커뮤니티방송·나파사'에서 동시 생방송으로 재해 관련 프로그램을 제작·방송하고 있다. 몇 군데 그룹으로 나누어 평소에는 일반 프로그램을 제작하면서 비상시에는 언제라도 지역 재해정보를 모아 역할을 분담하여 긴급방송을 할 수 있도록 체제를 갖추어 동일본 대지진 때에도 대응했다.

2009년 효고현 사요(佐用)초의 호우재해 때에는 주민 디렉터로 육성한 '가두(街頭)카메라맨'이 '히메지(姫路)케이블텔레비전'의 '사요(佐用)채널'에서 영상 정보를 내보냈고, 지역 SNS '사요치'에서도 정보를 제공했다.

매우 상세한 지역 재해정보는 결국 평소부터의 지역 활동, 지역 활성화를 지향하는 행정기관이나 주민의 노력, 소위 지역의 활력에 좌우된다고 할 수 있다.

3) 인터넷의 편집

편집의 중요성

동일본 대지진에서는 인터넷이 없으면 정보가 충분히 전달될 수 없다는 것이 명확해졌으나 인터넷 상의 정보에는 정보 가치, 정확성, 사회적 타당성이란 점에서 의문이 남고, 신빙성에 관해서도 항상 의문이 제기된다. 게시판, 블로그, 트위터 정보는 옥석(玉石)이 섞여 있어 화장실의 낙서처럼 신빙성 결여로 비아냥의 대상이 되는 내용도 있다. 쉽게 흥분하고 쉽게 식으며 반대로 맹렬하게 불타오르는 경우도 자주 볼 수 있다.

인터넷은 통신으로 시작되서 익명이 전제이지만 통신에서 유래했다고 해서 정보의 허술한 게재는 용납되지 않는다. 개인 책임성에 있어서도 정보의 수·발주(授受)가 이루어지지만 발신정보에 대한 책임을 자각해야 하고 내부 고발이나 비밀 정보의 공표 등 익명의 장점이 있다고는 해도 익명성 자체가 그대로 가면이 되는 위험성은 피해야 한다.

트위터든 SNS든 원칙적으로 정보는 취재편집·제작자 및 단체 이름, 즉 발신자 이름을 명기(明記)하고 정보원이나 일시를 기입할 필요가 있다. 미확인 정보, 전문(傳聞) 정보는 그 취지를 명기해야 하고 정보의 시기 및 출처를 명시하며 정정, 갱신, 폐기도 발신자의 책임하에서 처리해야 한다. 정보원이 명확하면 사실 확인, 그 후의 사태 변화 추적 및 상세한 정보의 전개가 가능하기 때문이다. 트위터와 홈페이지, 매스미디어 등의 정보로부터 취사선택되어 복제되거나 또는 리트윗, 재작성으로 데이터화되는 경우도 단순한 정보유통뿐만 아니라 일정한 주관, 가치판단 상의 취사선택 및 가공표현이 이루어지고 있기 때문에 편집의도가 가해졌다고 생각해야 한다. 정보의 생산뿐만 아니라, 가공유통에 있어서도 정보에 대한 책임이 요구되고 있으며, 최소한의 재해관련 지식도 요구된다. 재해정보는 빠르게 움직인다. 피난소 정보나 지원요청, 필요물자 등은 갱신과 같은 연속성도 중요하다.

그러나 편집기능이 조직화되어 있지 않은 소셜 미디어의 정보를 발신자의 책임감이나 모럴, 리터러시만으로 해결할 수는 없다. 어떻게 하면 인터넷 미디어의 신뢰성을 높일 수 있을지 보다 신뢰성 있는 인터넷에서의 정보생산 및 발신을 위해서는 어떠한 방법과 수단을 생각할 수 있을지 검토가 필요하다.

게시판 '어느 화산학자의 독백'

인터넷 미디어의 편집과 관련한 선구적 사례는 앞에서 소개한 게시판 '어느 화산학자의 독백'에서도 볼 수 있다. 게시판의 톱페이지, 표제 밑에는 게시판의 목적이나 개설 취지 등을 명기한 후, '단 개인 공격이나 유언비어, 부적절한 발언은 삭제하고 관리도 엄격하게 합니다'(당시 표기. 단 현재도 문구는 거의 변하지 않음)라고 편집관리 방침을 명확하게 명시해놓았다.

실제로 〈그림 4-1〉을 보면 알 수 있는 것처럼 투고수에 비해 삭제 건수가 결코 적지 않았다. 미야케지마섬 분화 기간의 총 투고건수 3,080건 중 삭제건수는 376건으로 거의 12%에 해당했다. 이 중에는 잘 못 쓴 것이나 중복투고, 사실 오인 등 투고자가 스스로 삭제한 것도 있으나 많은 경우는 게시판 관리자에 의해 삭제됐다. 삭제 대상은 주로 다음과 같다.

- 유언비어나 소문, 그 원인이 되는 허위, 착각, 부정확한 정보
- 특정한 개인이나 조직에 대한 비방, 중상(中傷)
- '죽어라', '죽인다'와 같은 감정적 · 자극적 용어나 표현
- 과학적 가능성으로서는 있을 수 있어도 섬 주민에게 무용한 불안을 주

는 극단적이고 비극적 분화 시나리오나 참상
• 행정기관에 대한 강한 비판으로 전화 등 집단적 항의 요청

하루 접속수가 10만 건을 넘어 게시판이 사회적 영향력을 갖게 됨에 따라 8월 18일의 대분화 후 섬 주민 사이에서 위기감이 넘쳐난 단계에는 삭제 건수 비율이 16%에 달했다.

〈그림 4-1〉 일자별 투고건수 · 삭제건수

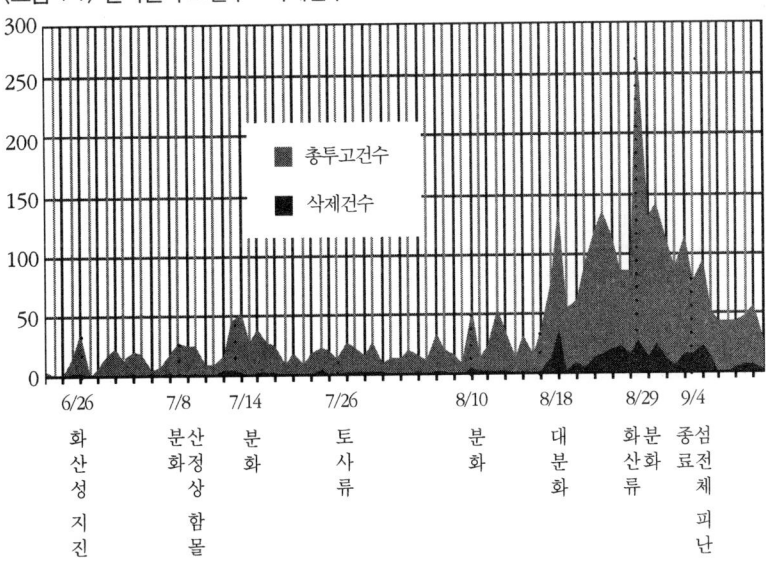

많은 경우, 관리자 치바다로 씨가 투고자에게 메일로 연락을 취하여 사전에 양해를 얻어 삭제했으나 처음에는 엄격한 삭제로 인해 투고자로부터 비판이 없었던 것도 아니었다. 그러나 시간이 흐름에 따라 참가자도 납득하면서 편집 방침은 공유되어 갔다. 그리고 '이것은 삭제될지도 모르지만…', 또는 '관리인이 이것은 삭제해도 괜찮습니다'란 문구를 집어넣어 삭제까지의 수 분간 노출을 목적으로 투고하거나 무슨 일이 있어도 뜻을 전하고 싶을 때

4부 디지털 시대의 과제   199

는 노골적이고 직설적인 표현을 비유로 바꾼다거나 상세한 내용은 자신의 홈페이지를 보라는 안내문을 적어 넣는 등 편집 방침을 존중하는 고도의 표현 테크닉이 이용됐다. 삭제가 게시판의 무질서를 방지하고 전체의 방향성을 나타내며 매스미디어와는 다른 인터넷만의 새로운 편집형태를 창출했다고 할 수 있다.

그래도 게시판 정보가 매스미디어의 정리된 정보와는 다르게 옥석이 섞여 있는 것은 구조적인 것으로 피할 수 없다. 그러나 이는 관점을 바꾸면, 정보의 수집·제공, 해석, 의견 교류·교환이라는 취재나 편집 과정이 인터넷 상에서는 개개인에게 제공된다는 말도 된다. 반대로 말하면 정보를 취사선택하고 편집·정리하는 작업이 참가자 개개인에 요구되는 것이다.

소셜 미디어 편집

인터넷의 세계에서는 '우스잔산넷'이 지역 정보를 독자적으로 취재·보도했다고 소개했으나, 운영에는 전국 네트워크의 동료들이 많을 때에는 100명 정도 참여하여 홈페이지반, 이벤트반, 교통정보반, 링크반, 서버분산반 등 익숙하고 좋아하는 분야와 필요에 따라 지원하는 체제가 취해졌다. 이것은 시민에 의한 독자적인 재해정보의 생산·발신 시스템이 상설적으로 조직화된 사례라 할 수 있다.

동일본대지진 때에도 '코스모 석유 화재로 유독물질이 섞인 비가 내린다', '방사성물질에는 요소를 섞은 구강세정제를 마시면 좋다'란 유언비어와 소문이 인터넷에서 많이 떠돌기도 했고, 이미 해결된 과거 정보가 계속 삭제되지 않고 남아 혼란을 일으켰다. 4월 6일에는 총무성이 원전 재해도 포함하여 인터넷 유언비어에 대한 적절한 대응방안을 통신사업자에게 요청했다. 트위나비에서는 계속 바뀌며 넘쳐나는 트위터 정보 보고, 공식 계정과 TV의 Ustream 배급, 퍼슨파인더의 URL 등을 소개하는 한편, 24시간 태세로 트위터를 통해

도움이 된다고 생각되는 정보를 픽업해서 소개했다(야마모토 유스케[山本裕介], 「재해 시의 트위터 움직임과 향후 과제」, 『인터넷백서 2011』).

트위터나 믹시로부터는 소셜 미디어 특유의 편집 기능을 엿볼 수 있었다. 한 가지는 인터넷의 정보를 주시하여 소문이나 유언비어가 흘러 다니면 부인(否定) 정보를 내고 이러한 정보의 체크, 확인, 평가하는 인터넷 자원봉사자나 전문가가 있어서 '유언비어 검증 사이트'(http://wiliki.zukeran.org/)까지 만들었다. 유언비어나 헛소문 정보에 대해 많은 경우 거의 같은 날 부인 정보를 올렸다.

인터넷 자원봉사자 또는 저명 트위터나 인터넷 저널리스트의 수집·요약·정리라는 편집 형태도 등장했다. 해쉬태그를 이용해서 넘쳐나는 정보 중 관련 정보를 수집·정리하거나 지원물자의 제공 호소 등 한번 인터넷에 게재되면 언제까지라도 정보가 삭제되지 않고 갱신도 되지 않아서 혼란을 일으키는 관련 트위터는 모두 삭제 가능한 공식 리트윗을 이용하도록 유도했다. 이러한 앱의 활용으로 소셜 미디어 특유의 편집 기능이 강구되고 이를 이용하여 몇 가지의 테마, 목적, 지역마다의 재해정보 프로젝트와 사이트가 생겨 인터넷 자원봉사자나 인터넷 저널리스트 또는 조직을 운영했다. 인터넷 상에 만들어진 편집체제가 완전하다고는 할 수 없지만 어느 정도는 기능했다는 점에서 이것도 소셜 미디어 시대의 새로운 전개라고 할 수 있을 것이다.

이와 같이 인터넷 특유의 정리·편집이나 체크기능이 작용했다는 점, 인터넷이 생활 가운데까지 비집고 들어와 어느 정도의 리터러시가 배양됐기 때문에 각종 설문 조사 결과를 보거나 학생들에게 물어봐도 유언비어나 소문은 거의 믿지도 않았고 소동도 일어나지 않았다.

인터넷 정보에 대해서는 이제까지 신뢰성에 대한 의문이 컸으나, 동일본 대지진에서 특징적이었던 점은 3부에서도 다루었듯이 재해 전후로 인터넷에 대한 신뢰성이 증가했다는 평가가 설문 조사 결과에서 나왔다는 것이다.

조사대상이 인터넷 이용자이고 인터넷 조사였다고는 하나 주목할 만한 것으로 여기에서도 미디어 지도, 미디어 이용의 큰 변화를 볼 수 있다. 인터넷상의 정보수용이 익숙해져서 새로운 감각의 외연기관을 단련한 결과, 리터러시가 향상된 측면이 있을 지도 모른다.

소셜 미디어 등의 인터넷 세계에서는 누구라도 수용자이자 동시에 송신자다. 여기에는 매스미디어에서는 불가결한 전문 저널리스트 또는 그 집단이나 조직이 반드시 필요하지는 않다. 그렇다고 하면 매스미디어를 지배하고자 하는 회사·조직이나 자본·시장의 논리를 벗어나, 오히려 일반 시민이 생활자의 시선에서 일상과 스스로가 능숙한 전문 분야에 관해 발언, 표현, 코멘트할 수 있다. 인터넷 저널리즘은 저널리스트적인 감각만 있으면 전문가의 지식, 시민의 발상으로도 충분히 성립할 수 있는 세계다. 이 경우 저널리스트적인 감각이란 '어느 화산학자의 독백'에서 볼 수 있는 바와 같이 삭제 기준을 공유하는 것, 즉 편집방침을 공유하는 것을 의미한다. 요즘의 소셜 미디어 재해정보에서도 마찬가지로 인터넷 공간에서도 공공성 의식, 시민의식의 자각 및 공유에 기반한 정보발신, 언론 및 표현 활동이 불가결한 것이다.

정보의 신빙성과 정확성을 담보하는 생산·편집·발신에 대해 살펴봤으나 다음에는 본질적으로 흑백을 명확하게 판단하기 어려운 재해 불확실 정보, 지진예지예측 및 방사능 오염에 관해 살펴보기로 한다.

2. 지진예지·예측 정보의 불확실성

1) 도카이 지진예지의 불확실 정보
예지비판과 불확실 정보의 움직임
1부에서 서술한 바와 같이 도카이 지진의 예지체제는 1979년 성립했으나 지진예지는 예측처럼 장밋빛처럼 진행되지 않았다. 이후 니혼카이(日本海) 중부 지진(1983년, M7.7), 쿠시로(釧路) 연안 지진(1993년, M7.5), 홋카이도 남서 연안 지진(1993년 M7.8), 홋카이도 도호(東方)연안 지진(1994년, M8.2), 산리쿠하루카 연안 지진(1994년, M7.6)과 매그니튜드(M)7.5 이상의 지진발생으로 인한 쓰나미 피해를 포함하여 큰 피해를 초래했다. 어느 것이나 발생 전에는 예지도 예측도 못했다.

이러한 지진에서는 몇 가지의 전조현상이 있었다고 보도됐고, 또는 학회에서 발표 및 보고됐으나 어느 것이나 지진발생 이후에 지적된 것으로 지진예지가 아니라 '지진 후 예지', '지진후지(後知)'이고, 전조현상도 엄밀하게 검토하면 거의 맞지 않았고 '전조현상'이 아니라 '전조 환상'(R. 게라, 「지진예지의 위대한 환상」, 『신조(新潮) 45』, 1994. 2)이라고 비판받았다. 지진의 메커니즘(發震機構)은 처음에 생각했던 것보다도 복잡다양하다는 것만이 명확해졌다.

사회의 변화도 컸다. 지진이 일어난다고 여겨지는 시즈오카현은 동서를 연결하는 대동맥이 집중하는 교통의 요충지로 더욱이 진도 6이 예상되는 강화지역은 이후 산업체 집중이 급속하게 진행됐다. 일본종합연구소는 1994년, 경보 발령이 빗나갈 경우 사회·경제 생활이 중지되면서 발생하는 경제적 손실은 하루 7,200억 엔에 달한다고 계산했고, 경계 선언 이전에 이행 단계를 설정하여 대응 행동을 완충하도록 제언했다. 경계발령과 이를 전제로 한 방재 행동에 현실사회로부터도 의문이 제기됐다(야마모토 마사키 [山本 雅樹], 「지진예지의 불확실성을 허용하는 사회시스템의 제안」, 『Japan Research Review』, 일본종합연구소).

1995년 1월 고베 대지진을 계기로 지진예지에 대한 비판이 일제히 일어나 지진예지에 대한 수정이 진행됐다. '지진방재대책특별조치법'(약칭 지진법)을 제정했고, '지진예지추진본부'는 폐지하고 '지진조사연구추진본부'를 설치했으며, '예지'의 2문자가 사라지고 '조사연구'로 바뀌었다. 그 밑에 설치된 지진조사위원회는 직하형 지진을 일으킨 전국 활단층 및 해구형 지진에 관해 정밀 조사하고 그 하나하나에 대해 지진이 발행하는 장기적 확률을 평가했다. 이후 10년, 30년, 50년 등의 장기간 예측을 확률로 평가했지만 니가타현 주에츠 지진이나 도호쿠 태평양 연안 지진은 어느 것이나 조사 대상이 아니었다.

한편 문부성의 측지학(測地學)심의회는 지진예지계획에 관해 총 점검, 자기 평가를 행하여 지진예지의 실용화는 곤란하다고 하면서도 도카이 지진에 대해서는 '직전인 1944년의 도난카이(東南海) 지진 직전과 유사한 지각 변동이 일어난 경우'라는 매우 한정된 조건을 붙여 예지 가능성을 남겼다.(이 조건 이외의 예지는 곤란함)(측지학심의회, 『보고 · 지진예지계획의 실시 상황 등의 리뷰에 관해』, 1997년 6월)

결국 도카이 지진의 예지는 특별 취급으로 지금까지와 같이 진행하도록 됐으나 사회 변화, 지진예지 수정을 둘러싼 흐름 속에서 예지체제, 정보발표체제도 변화에 직면하고 있다. 1998년, 기상청은 판정회 소집의 레벨까지 도달하지 않아도 이상 데이터가 나온 경우 새로운 불확실 정보인 '관측정보'를 내고 도카이 지진과의 관련성 유무를 확실히 할 때까지 계속하여 정보를 내보내기로 했다. 예지체제의 큰 변경이었다.

강화지역 확대와 3단계 불확실 예지정보

이후 새로운 지식 및 연구 성과에 기초하여 2001년 예상 진원 지역이 수정됐다. 스루가완(駿河)만 트랩을 따라 설정되어 있던 이제까지의 장방형의 진원지를 약 50km 서쪽인 하나마코(浜名湖)호 부근으로 변경하고 또한 해역도 엔슈나다만의 남쪽 연안까지 전체적으로 약 20% 확대한 길쭉한 모양의 지역으로 변경했다. 이 진원지를 기초로 지진의 진동도 다시 계산했고 진도 6의 지역에 나고야시를 포함하여 아이치(愛知)현의 꽤 많은 부분, 나가

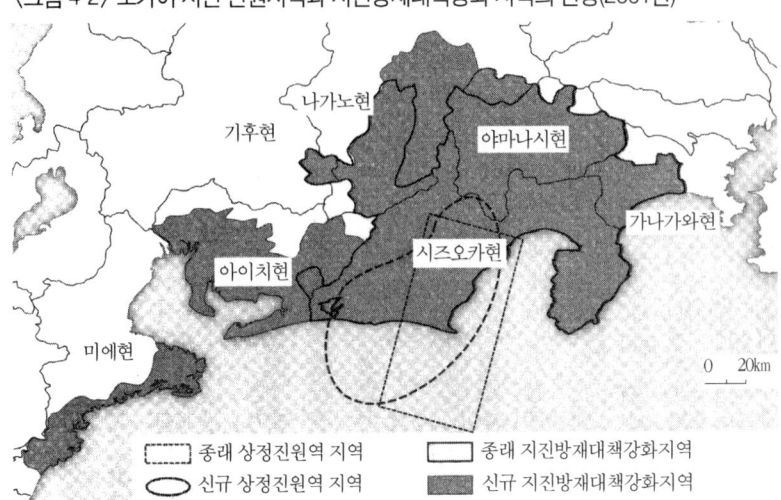

〈그림 4-2〉 도카이 지진 진원지역과 지진방재대책강화 지역의 변경(2001년)

노현의 스와(諏訪) 등을 추가했다. 더욱이 이세시마(伊勢志摩) 연안에는 3m 높이의 쓰나미가 밀려오는 것이 명확해졌고, 2002년 4월, 지진방재대책강화 지역은 이제까지의 6현 67시(市)·정(町)·촌(村)에서 이즈(伊豆) 각 섬을 포함하여 1도(都) 7현 263시(市)·정(町)·촌(村)(이후 합병으로 157 시·정·촌 감소), 1,250만 명이 거주하는 지역으로 확대됐다(〈그림 4-2〉).

인구 300만 명의 거대도시 나고야가 강화지역에 포함됨으로써 지진예지의 정보 체제의 수정도 요구됐다. 경계 선언 발령 후는 교통기관의 운행 정지로 대규모 귀가 곤란자가 발생하는 등 대응조치가 늦어지는 반면, 관측정보로는 불확실성의 폭이 너무 넓어서 대응할 수 없기 때문이다.

새로운 예상 진원 지역에 걸맞는 형태로 2004년부터 3단계의 신 예지정보 체제가 시작됐다. 신 예지정보체제는 이제까지 폭넓게 실시되어 왔던 불확실 관측정보를 세분화해서 엷은 회색의 '도카이 지진 관측정보'('관측정보'), 검은색에 가까운 '도카이 지진 주의정보'('주의 정보')로 세분하여, '주의정보' 단계에서 대응조치의 준비행동을 취하도록 했다. 그리고 검은색에 해당하는 '도카이 지진예지정보'('예지정보')는 경계 선언을 발표하고, 경계 본부 실치, 방재 응급대책을 실시한다. '주의정보' 단계에서 준비행동을 시작하여 대도시인 나고야에서도 닥쳐오는 지진에 시간적으로 대응이 가능해지고 현실적인 의미를 갖는 예지정보체제로 거듭났다. 지자체는 새로운 예지정보체제에 맞추어 방재대응행동을 다시 연습하게 됐다.

이러한 3단계 예지정보 체계는 청색, 황색, 적색의 신호에 비유할 수 있다. '관측정보'는 청신호에 비유할 수 있으나, 연구자에 따라서는 '청색'이 아니라 '황색의 점멸신호'라고도 한다. '관측정보'는 2011년 '도카이 지진에 관한 조사정보'(이하, '조사정보')로 수정되어 이상이 있는 경우의 정보에 해당하는 기존의 '임시'와 새롭게 판정회 정례회의 내용을 전달하는 '정례'의 2종류 정보로 나뉘었다. 청색이라고는 하나 '임시·조사정보'가 엷은 불확실 정보임에는 틀림없다. 그렇다면 '임시·조사정보'와 '주의정보'로 구분하는 차이는 무엇인지 의문이다.

새로운 예지정보체계도

지진은 일종의 파괴현상이고, 파괴현상은 일반적으로 예측이 곤란하다. 지진예지도 예외는 아니다. 따라서 이제까지 지진예지는 불가능하다는 생각이 정설이었으나 도카이 지진 정도의 대규모 지진이라면 그 발생의 극히 초기 단계부터 지각 이상이 나타나 관측망을 촘촘하게 펼쳐놓으면 그러한 이상을 체크할 수 있다는 주장이 제기되고 있다. 구체적으로 말하자면 지진이 시작되는 가장 초기단계의 프리슬립(전조미끌림)을 지각변동계(volumetric strainmeter)[1]로 파악하여 예지정보를 내고자 하는 것이다. 이상이 한 곳인 경우 '임시조사정보', 두 곳은 '주의정보' 그리고 세 곳까지 증가한 단계에서는 '예지정보'를 낸다.

---

1) 암반의 팽창과 수축을 정밀하게 측정하는 기계.

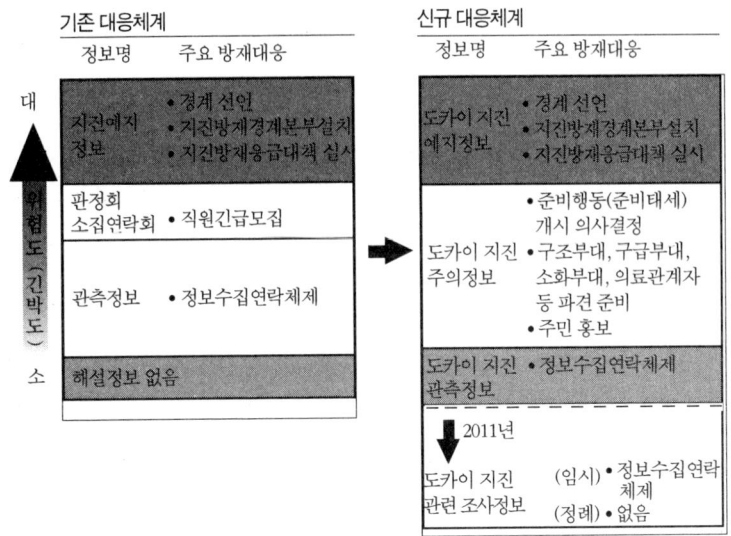

〈그림 4-3〉 도카이 지진에 관한 정보와 방재 대응

시뮬레이션에 따르면 육지의 지각변동계 측정점이 많은 곳에서는 경계 선언보다 반나절 내지 수 시간 전에 '주의 정보'가 나오게 되고, 그만큼 대응 행동을 취하기 쉽다. 그러나 엔슈나다 연안의 해저와 같이 관측점이 없는 장소에서 전조 진동이 시작되는 경우는 시간적으로 거의 여유가 없기 때문에 경우에 따라서는 경계 선언이 늦어지는 경우도 있다.

지진의 발생 시작인 전조 진동을 신속하게 파악하는 것, 이는 전조현상을 파악하여 예지하는 것이라기보다는 시작된 지진의 초기 파악이라고 표현하는 편이 적합하다. 염원이었던 지진예지는 결국 초기 파악에 불과했다. 그것도 기상청이나 학자·연구자들이 인정한 바와 같이 도카이 지진이 반드시 이와 같은 형태로 파괴현상이 일어난다고는 할 수도 없다. 미리 진동이 없이 갑자기 파괴현상이 일어날 가능성도 있고, 예상 대로 진행될 것인가에 대해서는 뭐라고 단정하기 어려운 상황이다.

'조사정보'는 물론, '주의정보'나 '예지정보' 단계에서도 관측상의 이상이 수습되어 백색이 되는 케이스는 상정되어 있다. 그러나 앞에 기술한 바와 같이 신호는 청색·황색·적색 순을 따라 직선적으로 진행되고 있을 뿐 도중에 청색 또는 황색으로 되돌아가는 경우에 대해서는 깊은 논의 및 검토가 이루어지고 있지는 않다. '임시·조사정보'에서 '주의정보'로 어떻게 진행할 것인가에 대해서도 마찬가지다. '주의정보'는 경계의 단계가 낮기 때문에 별로 주목받지 않고 있으나 실제로 살펴보면 장기에 걸쳐 많은 미디어가 관여하고 있다고 생각되며 불확실 정보로서의 문제점은 변함이 없다. 그렇기 때문에 지진학자 시마무라 히데키(島村英紀) 씨가 픽션으로서 쓴 것과 같이(시마무라 히데키[島村英紀], 『'지진예지'는 거짓말투성이』, 講談社, 2004), 경계 선언을 발령하고도 수일이 지나도 지진이 일어나지 않는 일도 일어날 수 있다.

불확실한 정보의 장기화– 불확실 정보의 문제점

2000년도부터 관측된 유라시아 플레이트(육지 부분)의 역방향으로 미끌림, 슬로 슬립이나 오마에자키(御前崎)의 수준점[2] 변화에 대한 분석 및 해석을 기초로 학자·연구자나 관계자는 몇 개의 도카이 지진발생예측을 발표했다. 정부의 지진조사위원회는 2004년 도카이 지진(M8 정도)이 30년 내에 발생할 확률을 84%(2012년 현재 88%)라고 발표했다.

도카이 지진 이외의 지진예측도 발표됐다. 도카이 지진과 연계된 도난카이(東南海, 70%), 미나미카이(南海) 지진(60%)과의 동시 3연발 지진발생 가능성의 확대, 미나미간토(南關東)에서의 지진발생확률(30년 내 발생확률 M7급 70%, M8급 0.6%)이나 수도권직하형의 지진피해예상과 전국 200개에 달하는 활단층과 해구형 지진의 장기 확률예측 그리고 동일본 대지진 이후 각곳에서 지진발생 가능성의 중대 지적 등 실로 지진예측·예지정보가 범람하고 있다.

기상예보에서의 강수확률은 예를 들면 '내일 오전, ○○%'로 표현되므로

---

[2] 지형이나 구조물 등의 높이를 측정하는 기준점.

생활감각에 가깝지만, '이후 30년 내 지진이 일어난 확률은 ○○%'는 어떻게 받아들여야 할까. 생활감각과 연결되지 않고 실로 애매모호한 정보라고 표현할 수밖에 없다.

지진 정보는 신문, 주간지, TV뉴스나 와이드쇼, 지진관련 특별 프로그램으로 빈번하게 흘러나온다. 매우 간단하고 담담하게 보도되는 것도 있으나, 선정적으로 크게 다뤄지는 경우도 있다. 인터넷에는 독자적인 지진예지·예측 정보도 다수 존재한다. 현재 기상청에서 도카이 지진의 예지정보조차 나오지 않았으나 우리들은 사실상, 지진예지·예측의 불확실 정보 하에 놓여 있다고 할 수 있다.

도카이 지진의 새로운 예지정보 체제는 흑백 사이에서 빠져있었던 회색 부분을 다시 두 가지 농담 부분으로 세분화해서 커버하는 것으로 현실성 차원에서도 진전됐다는 평가다. 그러나 제도로서의 신정보체제 그리고 사실상의 불확실 정보환경은 동시에 ① 정보발표 수준, ② 미디어 전달·보도 수준, ③ 수용자 수준이라는 새로운 문제점을 부상시켰다.

우선 첫 번째 문제점은 발표의 수준, '임시·조사정보'의 범위와 그 기준이다. '임시·조사정보'는 엷은 불확실 정보로 정의되나, 이 중에는 지각변동계의 이상뿐만 아니라 진원 지역 및 주변에서 발생한 현저한 지진활동에 관한 정보도 포함된다. 이런 정보나 연구자의 독자적인 가설이나 예측을 어떤 코멘트를 붙여 발표할 것인가 하는 부분이다.

두 번째 문제점은 '임시·조사정보', '주의정보'를 매스미디어나 미디어가 어떻게 전달할 것인가 하는 평가와 뉴스 판단 부분이다. 경우에 따라서는 관련 담화나 해설을 전달할 필요가 있는데, 이런 경우의 해설자 선정과 코멘트가 문제다. 발표된 정보의 평가 및 해설은 독자적인 판단에 맡겨져 언론 기관에 따라 취급이나 전달방법이 매우 다를 가능성이 있다. 더욱이 불확실 정보는 장기에 걸쳐 전달된다. 이렇게 되면 정보전달에는 TV, 신문뿐 만 아니라 주간지나 인터넷이 참여해서 정보의 융합과 가공 변형이 실시되어 복잡한 상호작용이 일어나면서 수용자에게 전달된다. 사람들은 지진이 일어날 것인가, 일어나지 않을 것인가를 알고 싶어 한다. 그러나 과학자에 따라 견해는 다르다. 과학이란 이름 하에 다양한 사실이 다양하게 해석되고 미디어는 이를 다양한 형태로 전달한다.

이뿐만이 아니다. 예언자, 종교가, 주술가, 자칭 초능력자, 사이비 과학자도 자신만의 데이터나 근거에 따라 자유롭게 지진예측을 발표한다. 명확하게 틀렸다고 할 수 있는 정보도 있으나 과학적, 비과학적이라고 반드시 확실하게 구별할 수 없는 것도 있다. 결국 누구도 알 수 없고, 오직 신(神)만이 알 수 있다는 사태가 벌어질지도 모른다. 이러한 상황 속에서 시민은 정보를 받아들이고 행동한다.

예를 들어 태풍이나 폭우·홍수의 기상경보, 미국의 허리케인 예보 등에서는 틀리거나, 오보 및 예측실패를 확실히 구별할 수 있다. 기상예보나 강수 확률 예보는 기간이 한정되어 있고, 발표자, 송신자와 수신자 사이에도 예지정보에 대한 공통의 룰 및 암묵의 이해가 있다. 기간도 짧기 때문에 피난을 비롯해 방재대책도 가능하다. 경제적으로나 사회적으로도 대응이 가능하고 생활에서의 고통이나 불편도 감내할 수 있다. 그러나 지진예지의 불확실 정보는 기간이 길고 오보라거나 틀렸다고 단정할 수 없는 상황이 지속된다. 많은 시간이 경과한 그 다음에야 오보였다 틀렸다 또는 지진이 일어난 다음에야 적중했다고 말 할 수밖에 없다.

2) 과거의 지진예지 불확실 정보

여진정보의 불확실성

동일본 대지진에서도 많은 사람이 경험했으나 대지진 후에는 여진이 발생한다. 본진-여진형 지진의 경우 여진의 규모는 일반적으로 본진보다 크지 않고, 횟수도 시간에 따라 감소하는 것이 통계적으로 확실하며 여진활동의 예측을 확률적 수치로서도 제시할 수 있다. 기상청에서는 대지진 뒤, 여진정보를 내보낸다. 예를 들면 '이후 일주일 이내 M6 이상의 지진이 발생할 확률은 15% 정도로 최대진도는 6약(弱)이 될 것이다'와 같이 기간 및 지진 규모, 발생 확률 그리고 예상되는 최대진도를 덧붙여서 주의를 촉구하는 것이 일반적이다. 실제로는 예상된 규모의 지진이 일어나는 경우도 있으나 일어나지 않는 경우도 있다.

2004년의 니가타현 주에츠 지진은 여진활동이 활발하여 몇 번이나 여진정보의 발생확률을 조정했고, 2003년 미야기현 북부 지진에서는 M5.5, 진도 6약의 지진이 발생하여 여진정보가 나온 이후에 그보다 큰 M6.2, 진도 6강(强)의 지진이 발생했다. 그래서 앞에 일어난 지진을 전진(前震), 후에 일어난 지진을 본진(本震)이라고 불렀다. 이러한 예를 통해서도 여진정보 예측의 곤란함을 알 수 있다. 여진정보는 실로 일종의 지진예지정보, 그것도 불확실 정보인 셈이다.

여진정보는 대지진 직후, 가옥이나 건물에 피해가 발생한 가운데, 더욱이 진동이 계속되는 심리적인 불안과 사회적으로도 혼란된 시기에 나오기 때문에, 수용자는 매우 높은 관심을 갖고 받아들인다. 그렇기 때문에 대지진 이후의 여진정보는 반드시라고 해도 좋을 정도로 유언비어를 동반한다. 발표된 여진정보의 매그니튜드와 진도의 혼동에서부터 종교인·무속인, 일반인의 예언까지 유언비어의 종류나 규모도 다양하며 경우에 따라서는 패닉에 이르는 경우도 있다. 여진정보는 대지진 직후라는 특수한 상황 하이기는 하지만, 도카이 지진예지는 불확실 정보의 유통을 고려하는데 참고되는 부분이 적지 않다.

실제로 도카이 지진예지의 불확실 정보가 나온 경우와 유사한 사례가 과거에도 몇 번이나 있었다. 다음에서는 전형적인 2개의 예, 1973년의 네무로 반도 연안 지진 후의 지진정보 그리고 1978년의 이즈섬 근해 지진 후의 여진 정보 패닉에 관해 살펴보기로 한다.

도카이 지진의 예지관련 정보는 여러가지 케이스를 상정할 수 있다. 지진이 전조 없이 돌발적으로 일어나는 경우도 있으나 몇 번의 지진이 계속된 뒤 본진 발생이라는 단계적 진행의 케이스도 있었다. 도호쿠 태평양 연안 지진의 경우도 2일 전에 M7.3의 지진이 있었고 50cm에서 1m의 쓰나미가 기록됐다. 이 외에도 몇 번의 작은 지진이 일어났으나 이 지진이 전진(前震)이고 본진(本震)이 그 이후에 발생했는가에 대해서는 예지 단계에서는 논의도 정보도 없었다. 가장 까다로운 것은 예지 단계에서 전문가의 판단이 정반대로 나뉘어지는 경우다. 네무로 반도 연안 지진은 그 한 가지 전형으로 여겨지는 경우로 불확실 정보가 유통된 경우다.

예측된 지진, 갈라진 평가- 네무로 반도 연안 지진

이 지진은 앞서도 소개했으나 1973년 6월 17일, 예상대로 홋카이도 동부 네무로 반도 연안에서 발생했다. M7.2(후에 M 7.4 수정), 네무로(根室), 구시로(釧路)에서는 진도 5, 도쿄에서도 진도 3의 진동이었고, 홋카이도 및 도호쿠의 태평양 연안에는 쓰나미도 밀려 왔다. 그러나 피해는 비교적 적었다.

지진은 예측된 M8보다 작았다. M7.4의 지진은 M8.0에 비해 8분의 1규모로 아직 8분의 7의 에너지는 남아있다는 것을 의미한다. 더욱이 이 지역에서 일어난 지진은 M8 규모의 지진 이전에 그것도 대지진 1~2년 또는 4~5년 전에 M7 규모의 지진이 일어난 경우가 많다는 독특한 특징이 있다는 것이 당시 지적됐다. 그래서 지진 직후부터 아직 에너지가 남아 있고 같은 규모의 지진이 다시 발생할 가능성이 있다는 견해가 제시됐다.

주민이 불안에 떠는 가운데 여진이 이어져 1주일 후인 24일에는 M7.0(후에 M7.1 수정)의 큰 지진이 발생하여 구시로 진도 5, 네무로 진도 4를 기록,

쓰나미 경보도 다시 발령됐다. 일련의 지진으로 지진 에너지가 이미 방출됐는지 아니면 이제까지의 지진은 전진이고 앞으로 보다 큰 본진이 일어날 가능성이 있는지 학자들의 평가는 두 가지로 갈라져서 기상청도 '어느 쪽이라고 하기 힘들다'라고 밖에 말할 수 없는 상황이었다.

6월 26일 긴급하게 개최된 지진예지연락회에서는 위원들의 판단이 어느 쪽도 과반수에 미치지 못해 결국 양론 병기의 애매한 통일 견해를 정리하여 기자회견에 임했다. 이 발표 후, 7월 초부터 홋카이도 동부에 관측을 집중하고 긴급 데이터를 수집해서 8월 23일 다시 예지연락회를 열었으나 이때도 격론 후 발표된 통일 견해는 어느 쪽이라고도 단정할 수 없다는 것이었다.

아직 인터넷 등이 없었던 시대로 일반 시민은 신문이나 TV, 잡지 등 기존 매스 미디어의 보도를 통해서만 정보를 얻을 수 있었다. 지진 직후부터 홋카이도의 지역일간지, 전국일간지는 양쪽의 견해를 보도하고, 예지연락회의 회의를 계속 취재 보도했다. 경계심을 불러일으키는 신문과 거의 보도조차 하지도 않는 신문도 있었고, 보도 프레임이나 태도도 신문에 따라 달랐다. 학자의 견해들이 계속 대립하면서, 매스 미디어도 독자적으로 보도할 수밖에 없었다.

지역 주민들은 이런 보도를 어떻게 받아들였던 것일까. 홋카이도의 신문에서는 이 시기 '도토(道東) 대지진', '네무로 대지진'이란 단어를 많은 곳에서 볼 수 있다. 지역의 『네무로신문(根室新聞)』은 지진 뒤 '대지진 때의 마음가짐'이란 제목으로 방재 캠페인 기사(6월 29일~)를 게재했고, 지자체는 다시 한 번 지진에 대비하는 팜플렛을 배포했으며, 주민자치회 중에는 단체로 비상용 구급주머니를 주문한 곳도 있었다. 휴대전등이나 비상식량을 준비하고 불조심을 하는 가정도 많았다. 그리고 8월 22일에는 M8의 도토(道東) 대지진을 상정한 대규모 방재연습도 시행됐다.

『네무로신문』에서는 "유언비어라고까지는 할 수 없지만 종교적 예언같은 것이 꽤 많이 들려온다. 어디까지 과학적 근거가 있는지 의문이 들기 때문에 현혹되지 않도록 주의해야 하지만 그렇다고 해도 당분간 경계를 늦추는 것도 금물이다"(7월 3일)라는 기사를 볼 수 있으나 패닉이나 소동으로 이어지지는 않았다. 홋카이도 동부가 인구가 적은 지역이라는 점, 삿뽀로 중심의 신문과 방송, '전보쇄도, 이틀 동안 한 달 분'처럼 전화의 폭주가 아니라 전보가 뉴스가 되었던 시대로 미디어 환경도 지금과는 많이 달랐기 때문이다.

어쨌든 네무로 반도 연안 대지진이란 불확실 정보는 그 자체가 확실한 결론 없이 종료됐다. 그로부터 40년, 당시와 비교하면 지진과학은 매우 진보했고, 상세한 지식도 얻을 수 있다. 그러나 도카이 지진을 포함하여 지진의 예진·예측 정보는 그때와 유사한 상황이다.

이즈섬 근해 지진의 여진정보 소동

여진정보의 전형적인 유언비어 소동의 사례는 1978년 이즈섬 근해 지진 소동으로, 소위 여진정보 패닉사건이다. 1월 14일, M7.0, 최대 진도 5의 이즈섬 근해 지진이 발생하여 이즈반도를 중심으로 사망자 25명, 가옥 전·반파 700동의 피해가 발생했다. 광산의 슬래그 적치장의 제방이 무너져 시안(청산)화합물을 포함한 유독폐수가 가노가와(狩野)강에 흘러들어오는 2차 피해도 일어났다.

여진이 계속되는 가운데 4일 후인 18일 오후 1시 30분, 정부의 비상재해대책본부에서 나온 여진정보를 시즈오카현이 다시 현 지사(県知事)·재해대책본부장 이름으로 발표했다. 이것이 여진 정보 소동의 발단이었다. 발표로부터 수 시간 뒤, 사람들이 안전한 장소로 피난하거나 생필품 사재기에 나서는 등 이즈 반도를 중심으로 각지에서 소동이 벌어졌다.

매스미디어는 이 사건을 여진정보 패닉 사건으로 대대적으로 보도했다. 과연 패닉 사건에 해당하는 것인가라는 개념 정의부터 학자·연구자들이 의문을 던지기 때문에 '소위'란 말을 붙이는 경우도 많지만 '비상소지품을 준비했다'- 이즈서부에서 63.4%(이즈 전체에서 33.2%), '빵이나 통조림 등을 사러 갔다'- 33.3%(상동, 13.0%), '근무처나 외출지에서 집으로 귀가했다'- 10.6%(상동, 6.6%), '가까운 안전한 장소에 피난했다'- 9.8%(상동, 3.8%), 시즈오카현 전체에서 긴급귀가한 사람 약 7만 명, 생필품 사재기 11만 명 그리고 피난한 사람이 2만 명을 넘었다(미래공학연구소, 『도카이 지역에서 지진예지에 관한 정보 시스템에 대한 조사연구보고서 최종판』, 과학기술청 연구조정국, 1980년)라고 하면 엄밀하게 패닉이라고는 정의할 수 없다고 해도 이미 단순한 유언비어나 헛소문의 범위를 뛰어넘은 것만은 틀림없다.

이 사건은 유언비어이기는 했지만 오보는 아니다. 과장된 예보는 더욱 아니다. 마치 예상된 도카이 지진의 직전예보, 절박함을 내포한 지진예지정보, 경보발령의 대규모 필드 실험과 같은 것이었다. 그렇기 때문에 많은 문건과 조사연구가 보고되어 있다. 상세한 내용은 이들 보고서를 참고하기 바란다.

사건을 대략적으로 요약하면 현 지사 이름으로 발표된 여진정보는 3가지 통로를 통해 흘러나왔다. 매스미디어, 행정기관·지자체 그리고 민간 조직인 프로판가스협회다.

시즈오카방송국은 라디오 임시 뉴스 외에 오후 2시 34분, TV 드라마 방영 중 뉴스속보로서 자막 방송을 내보냈고, TV시즈오카와 NHK 라디오는 모두 정시 뉴스 중에서 방송했다. 프로판가스협회 루트는 도중 매그니튜드와 진도의 혼동, 지진이 일어난 시간 및 장소의 특정 과정에서 단어 전달 게임처럼 내용이 크게 바뀌었지만 협회 조직을 통해 매우 빠른 속도로 전달됐다.

행정기관을 통한 전달 루트는 가장 시간이 오래 걸렸고 지자체에 따라서는 순회 홍보선전차로도 전달됐다.

각각 정보가 독립적으로 전달된 것은 아니다. 재해 직후에 구전이 매우 활발했던 곳도 있고, 개인 또는 조직을 통해 전달되면서 서로 섞이고 융합해서 새로운 의미가 붙여지거나 해석도 부가됐다. 전달된 정보는 지역에 따라 차이가 있었다. 소동이나 혼란도 진원지에서 멀고 진동이 작았던 시미즈(淸水)나 시즈오카와 진원지에서 가까운 이즈 반도 특히 여진으로 크게 흔들렸던 이즈 반도 서부와 기타 지역은 온도차가 있었다.

결국 문의가 많아지고 소동이 커진 것에 놀란 현 지사가 여진정보를 부정하는 기자회견을 개최했고, 이를 TV방송국이 방송하면서 소동은 가라앉았다.

지대한 방송의 영향력

여진정보 소동이라 하면 프로판가스협회 사건이 떠오를 정도로 이때의 정보 전달은 많이 알려져 있다. 많은 보고서들도 이때의 문제점에 주목하여 전언 게임과 같은 정보가공·변형, 전달의 조사 분석에 많은 지면을 할애하여 문제점을 지적하고 있다. 확실히 가공·변형된 정보의 조직적 전달이 수행한 역할은 크다. 그러나 방송이 수행한 역할도 컸다.

단기간의 유언비어 소동이었기 때문에 매스미디어 중 기능을 수행했던 것은 방송밖에 없었다. 정보는 〈그림 4-4〉에 적혀 있는 것과 같은 시간과 형태로 방송됐다. 결과적으로 방송 각사의 여진정보에 대한 평가 및 뉴스 판단은 매우 차이가 있었다.

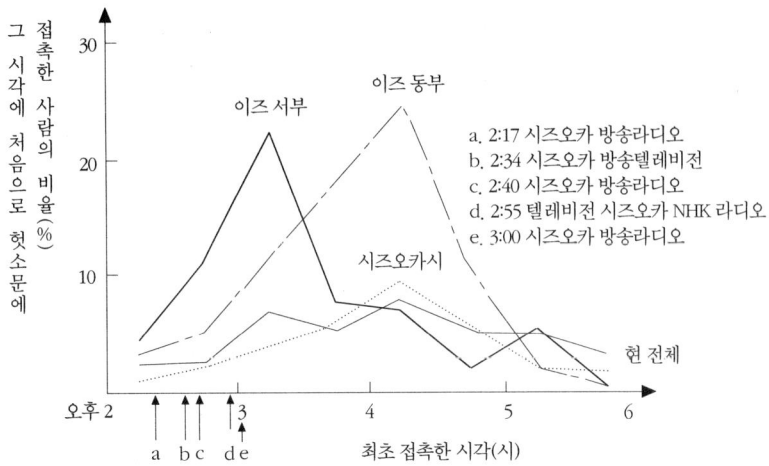

〈그림 4-4〉 여진정보 헛소문 신규접촉률의 시계열 변화 현황

이즈는 반도 중앙에 산맥이 있기 때문에 반도 서부에서는 시즈오카TV를 볼 수 있으나 동부는 보기 어렵고 주로 채널수가 많은 도쿄의 지상파 방송을 시청하는 곳이 많다. 따라서 이즈 서부에서는 여진정보의 입수처가 다른 지역보다도 시즈오카의 로컬뉴스가 많았고(민간방송TV 20.3%, 민간방송 라디오 8.9%, NHK 라디오 7.3%, 대지진 직후였기 때문에 라디오의 정보접촉도 매우 많았음), 정보 접촉시간도 당연히 다른 지역보다 빨랐다.

이즈 서부는 15일 발생한 대규모 여진(M5.8)으로 매우 큰 피해를 받았다. 가모무라(賀茂村, 현・니시이즈[西伊豆])초의 아라리(安良里) 지구에서는 여진에 대한 불안 때문에 15일부터 16일까지 100명 이상의 주민이 안전한 논에 텐트를 친다거나 자동차 속으로 피난했다. 이곳에서는 주민의 30%가 TV뉴스를 시청했고, 20%가 라디오의 로컬 뉴스를 청취했다. 뉴스를 보거나 청취한 사람 중 76%가 '지진이 지금도 일어나고 있다', '지진경보가 나왔다'고 잘못 받아들였으며(현 전체에서는 41%), 이렇게 오해한 사람의 60% 이상이 정보를 다른 사람에게 전달했다고 한다(미래공학연구소, 『중간보고서』).

이곳에서는 방송과 구전이 결정적 역할을 담당했다.

여진정보가 나오기 직전, 정오의 민간방송 로컬 뉴스는 여진 지역이 이즈 서해안으로 확대됐다는 도쿄대 지진연구소의 관측 결과를 가까운 마츠자키(松崎)초 해안의 사진을 사용하여 방송했다. 이 뉴스를 보고 당황한 사람이 적지 않은 상태에서의 연이은 여진 정보 뉴스였다.

많은 보고서가 지적하는 바와 같이 가장 큰 영향을 준 것은 시즈오카TV 방송국의 자막 뉴스 속보였다. 그러나 TV시즈오카, NHK 시즈오카 라디오의 정시 뉴스에서의 여진정보 역시 당황해서 안절부절 못하는 사람들이나 불안을 느끼고 있었던 사람들에게 더욱 불안을 가중시켰다. 이렇게 보면 프로판가스협회의 여진정보 전달이 없었다고 해도 이와 유사한 여진 소동은 틀림없이 일어났을 것이다.

소동의 진정에 큰 효과를 발휘한 것도 방송의 적극적인 부인(否定) 정보였다. 민방TV방송국은 오후 4시 55분 뉴스, NHK는 스모 중계 중 그리고 5시대에는 라디오로 3회, TV 4회 그리고 NHK와 민간방송이 6시대의 로컬 뉴스에 시간을 할애하여 전달했다. 그리고 그렇게 컸던 소동도 드디어 진정됐다. 방송이 많은 부분, 씨를 뿌리고 만들어낸 유언비어 소동이 방송의 적극적 부인(否定) 정보로 수습된 것이다.

도카이 지진의 불확실 예지 정보 상황 하에서도 새로운 임시 · 조사정보, 또는 관련 해설 및 해석이 나온다면 방송을 하게 될 것이다. 그리고 지금의 미디어 환경 하에서라면 틀림없이 인터넷도 끼어들게 된다. 기간이 장기간에 미치면 방송뿐만 아니라 신문, 주간지 등의 잡지도 더해진다. 발표된 정보의 뉴스 판단 및 평가, 해석 및 해설이나 관련 정보는 미디어마다 차이가 있고 다종다양한 정보를 발신하게 될 것이다. 지진이란 자연재해의 예지 · 예측과는 다르지만, 동일본 대지진의 방사능 오염 재해에서 볼 수 있었던 정보 전개는 바로 이런 대표적 사례에 해당했다.

3. 방사능 오염 재해의 불확실 정보

1) 안전·안심 편중의 매스미디어 보도

"괜찮아요?"라고 물으면 "괜찮아요"라고 말한다. "안심해도 되나요?"라고 물으면 "안심해도 되요"라고 대답한다. "걱정 없어요?"라고 물으면 "걱정 없어요"라고 말한다. 그래도 불안해서 "안전한가요?"하고 물으면 "안전해요"라고 대답한다. 잘못 들었을까요. 아닙니다, 옛날부터(그랬는걸요).

동일본 대지진 때 자주 나온 AC(공공광고기구) 광고의 가네코 미스즈(金子みすず)의 시를 비꼬아 표현한 '도쿄전력은 정확하고 정직한 정보를'이란 제목의 투고(『아사히 신문』, 2011년 4월 4일)의 일부다. 후쿠시마 제1원자력발전소의 사고를 둘러싸고 정확한 정보를 요청받았던 것은 도쿄전력만이 아니었다. 원자력안전위원회, 원자력안전·보안원, 정부의 발표, 이를 토대로 한 TV나 신문 등 주류 매스미디어의 보도도 마찬가지였다. '격납용기는 안전', '만약을 대비하여 피난을', '즉시 건강에 영향이 있는 것은 아니다', '선동이나 소문에 현혹되지 않도록'이란 안전과 안심을 호소하는 말들이 넘쳐났다. 이를 수상쩍게 생각하고 믿을 수 없다고 생각한 사람들은 인터넷 상의 정보로 몰려들었다. 인터넷에는 틀린 내용이나 과장된 것도 있었지만 도쿄전력이나 정부 발표, 이를 토대로 한 TV나 신문의 보도와는 다른 사고방식이나 방사능에 관한 정보 그리고 엄격한 평가가 전달되고 있었다.

달라진 사고평가와 피폭기준

원자로의 중대사고(Severe Accident)에 이르는 프로세스는 매우 단순하고 교과서적인 것이라고 한다. 그리고 이번에도 예외는 아니었다. 2011년 3월 12일 이후에 일어난 후쿠시마 원자력발전소 1~4호기의 폭발로 방사성 물질의 대량방출 및 확산 그리고 15·16일, 21일의 강우설(降雨雪)이 오염의 중요한 포인트였다. 대기 중의 방사성 물질 방출의 절정은 여기에서 거의 끝났다. 이후는 대기 중보다도 오염수의 해양 방출이 문제가 됐고, 지하수 오염이 염려됐다.

그러나 안전 신화에 안주하고 있었던 도쿄전력은 "상정(想定) 외"라고 하며 사고(事故)에 사고(思考)가 정지하여 초기대응이 늦었던 것뿐만 아니라 정보도 충분하게 공개하지 않았다. 게다가 도쿄전력, 정부, 관계기관 간의 의사소통도 이루어지지 않았다. 약 2개월이 지나서야 도쿄전력은 드디어 1~3호기의 멜트 다운,[3] 3개월 가까이 경과하여 멜트 스루[4]를 인정했으나 도쿄전력이나 일본 정부도 처음에는 과소평가 및 낙관적 예측으로 일관했다. TV·신문도 이를 기초로 안전 및 안심 정보를 내보냈다. 그러나 낙관적 예측과는 반대로 발표된 다양한 수치, 데이터나 기준치가 시간 경과에 따라 커지고 좋지 않은 방향으로 변경됐다.

이러한 예의 전형은 국제적 사고평가(INES)다. 사고 레벨이 처음 도카이무라(東海村) JCO사고와 같은 레벨4, 18일에는 스리마일섬 사고의 레벨5 그리고 한 달 후인 4월 12일엔 체르노빌 사고와 같은 '심각한 사고'인 레벨7로 증가했다. 물론 그 사이 새로운 폭발이 일어나지도 않았다. 그 결과 3월 12일부터 16일 사이의 폭발사고에 대한 평가를 변경할 수밖에 없었다.

원자력발전소 작업원의 허용피폭선량은 이전까지 연간 100밀리시벨트에서 사고 직후인 15일에는 250밀리시벨트로 상향 조정됐고 일반 시민의 피폭기준도 1밀리시벨트에서 후쿠시마(福島)시나 코리야마(郡山)시의 유아·아동들의 경우도 야외활동의 제한기준치가 긴급 시란 이유로 20밀리시벨

---

3) 멜트 다운은 원자로의 핵연료가 녹는 노심용융현상을 말한다.
4) 멜트 스루(원자로 관통)는 격납용기까지 녹아내린 핵연료가 원자로 용기 밖으로 낙하하는 현상을 말한다.

까지 상향됐다. 물론 그 사이 원자력발전소 작업원, 어린이, 시민의 방사선에 대한 저항력이 높아진 것은 아니었다.

건강에 미치는 영향을 고려한 피난 지역의 설정·변경도 마찬가지였다.

11일 피난지시는 3km, 실내 대피지시는 10km 이내였으나, 12일에는 피난지시가 20km 이내 지역으로 확대됐고, 15일에는 대상 범위 밖의 30km 이내 지역에 대해서도 실내 대피지시가 내려졌으며, 25일에는 자율피난요청으로 변경됐다. 4월 22일부터 드디어 동심원상의 구역 설정이 아니라 30km 지역 범위를 포함하여 방사선량에 따른 계획적 피난구역과 긴급 시 피난기준 구역을 지정하여 방사선량이 많은 이이다테무라(飯館村) 등이 새로 추가됐다. 한 달 전과 비교해서 새롭게 오염 구역이 넓혀지거나 농도가 높아진 것은 아니었지만, 그러나 TV나 신문은 이런 변경을 추인하거나 추종하면서 사실을 전달만하는 것이 기본적 입장이었다.

공교롭게도 피난 구역은 신칸센(新幹線)이나 고속도로가 다니는 인구 30만 명의 후쿠시마시, 군마시까지는 확대되지 않고 영유아·학생의 실외 행동의 시간 제한에 그쳤으나, 방사능 오염에 대한 염려 때문에 자체적으로 피난하는 사람이 계속 끊이질 않아, 후쿠시마현 밖으로 피난이나 이사한 사람이 연말까지 6만 명에 달했다

4월 17일 발표(이후 매달 개정)된 일정표에서 피난주민의 귀가 판단 시기는 제2단계의 6~9개월 후가 목표로 설정되어 있었지만, 7개월 후인 10월에는 20km 지역 밖의 긴급 시 피난기준구역의 지정이 해제됐다. 12월 16일에는 일정표의 스텝2를 달성했다면서 원자력발전소 사고수습을 선언하고 경계구역, 피난 지시 구역의 해제에 대한 검토도 시작했지만, 단순히 원자로의 냉각 유지 상태만을 확인했을 뿐, 방사성물질이 사라지거나 그 확산이 멈춘 것은 아니었다. 토양의 방사성물질 제거 작업도 시작했으나, 피폭량이 큰 사람 또는 오염이 심한 장소는 피난이 아니라 이주가 필요했다.

안전・안심 편중의 매스미디어 보도

주민 피난은 '만약을 위해서'가 아니라 처음부터 필연적이라고 예측됐다. 스피디(SPEEDI: 긴급 시 신속 방사능영향 예측시스템)의 방사능 오염 예측에 의하면 더욱 명확했다. 그러나 이 데이터는 '신뢰성이 결여됐다', '혼란을 일으킨다'란 이유로 3월 23일까지 일본 국내에서는 공개되지 않았다. 기상청의 확산 예측도 마찬가지로 사람들은 영국・독일・프랑스의 해외 기상대와 같은 관계기관으로부터 인터넷을 통해 파악했다. 사고 직후에 바로 공개했다면 정부 대응이 자꾸 늦춰졌어도 지자체나 주민들은 마음의 준비를 하고 대응할 수 있었을 것이다.

스피디 데이터의 은폐는 분명한 범죄행위이지만 매스미디어 기자들이 기자회견에서 어느 정도까지 추궁했는지, 사고발생 직후 원자력발전소의 상황이 더 이상 심각해지지 않도록 어떻게 저지할 것인가에 보도를 주력할 수밖에 없었다고는 하더라도 좀 더 주목했어야 마땅했다. 설상가상 기상학회까지도 회원들에게 확산 예측의 공표를 삼가하도록 요청했다.

앞서 다루었던 이즈섬 근해 지진의 여진정보 소동(214~216 페이지)의 아픈 경험에서 매스미디어는 재해나 지진예지에 관해 사람들이 패닉을 일으키지 않도록 신중한 언어나 표현을 선택하여 안전・안심 정보에 역점을 두고 보도하게 됐다. 미증유의 대규모 방사능 오염이란 사태에 도쿄전력의 정보 은폐와 과소평가에 치우쳐서 때 늦은 정보공개 및 정부관계기관의 패닉을 염려한 기자 회견 발표가 이어졌다. TV나 신문은 도쿄전력이나 정부의 광고・홍보활동을 통해 원자력발전 추진과 안전신화에 속박되어 있었기 때문에 이 발표를 기초로 안전・안심을 강조하는 편중된 보도 및 해설을 계속했다.

'연료는 손상됐으나, 연료봉은 용융되지 않았다', '약간의 방사성 물질 유출', '사태는 심각하지 않다', '당장은 건강에 영향이 없다', '발암 위험은 담배

보다 매우 적다', 'CT나 X-ray 촬영을 받는 것보다도 피폭량은 훨씬 적다.'

주류 매스미디어인 TV나 신문에는 이런 말들이 넘쳤고 '잠정(暫定)'이란 표현이 활약했다. 특히 영상과 음성을 통해 종합적으로 호소하는 TV는 사회불안이나 패닉을 일으키지 않도록 신중하게 언어를 선택하여 전달했다. 1,000만 명 이상의 사람들이 그것도 다양한 사람들이 보고 있는 TV 보도가 '현실과 영향력의 틈새에서' 신중해지는 것(잇시키 쿄우시[一色淸]·보도 스테이션 코멘테이터, 아사히신문 그룹 4·17)은 어떤 의미에서는 어쩔 수 없는 것이었는지도 모른다. 예전에 NHK에서 보도 업무에 관계했던 사람으로서 충분히 이해되는 부분이다.

정확했던 잡지·인터넷 정보

그러나 지금은 미디어 환경이 완전히 다르다. 대안 미디어인 주간지나 인터넷은 다른 시각의 정보를 내보냈다.[5] 원자력발전 추진과 거리를 둔 코이데 히로아키(小出裕章) 교토대학 원자로실험소 조교와 다케다 쿠니히코(武田邦彦) 주부대학(中部大學) 교수 등의 학자·연구자는 처음부터 교과서대로의 시나리오를 예측하여 사고 중대성을 전달했다. 프리 저널리스트는 현지의 방사능 오염의 심각성 및 장래 영향을 블로그와 인터넷을 통해 전했다.

오염의 진행도 실로 교과서대로였다. 폭발로 방출된 방사성 물질은 대기 중에 확산하여 바람을 타고 흘러 다녔고, 강우(降雨)에 의해 하천이나 토양

---

5) 관련된 주요한 내용들은 다음과 같다.
 · PJ News for the People in Japan- http://www.news-pj.net/
 · 原子力資料情報室(CNIC: Citizen's Nuclear Information Center)- http://www.cnic.jp/
 · 다케다 쿠니히코(中部大學)- http://www.takedanet.com/
 · Web Iwakami (이와카미 야스미 공식사이트)- http://iwakamiyasumi.com/
 · 비디오뉴스 닷컴 인터넷 방송국- http://www.videonews.com/
 · Our Planet-TV(특정비영리활동법인 아워 플랫닛TV)- http://www.ourplanet-tv.org/
 · 주간지 중에서는 AERA와 주간 다이아몬드, 약간 선정적인 부분이 있기는 하지만 주간현대

을 오염시켰다. 방사성 물질의 구름이 직격한 장소는 오염이 현저한 핫스팟이 됐다. 오염은 수돗물, 농작물, 산나물·버섯, 담수어, 우유·고기 등에도 영향을 미쳤다. 해양으로의 방출 및 오염은 해초나 어패류로 확산됐다. 시나리오대로의 오염 및 피해 진행에 대해 행정기관은 사전에 예측하여 선제적으로 대응하지 못했고 이를 위한 정보도 공개하지 않았다. 『2011년도 방재백서』는 동일본 대지진을 다루고 있으나 지진 쓰나미 피해의 63페이지 중 원자력 재해는 겨우 15페이지에 불과했다. 2011년 5월말 시점에서의 정리라고는 하지만 살펴볼 가치가 있는 내용은 거의 없고 오염 확대, 오염식물대책이나 오염제거 등 예상되는 사태나 대책에 대해서도 아무런 기술이 없었다. TV나 신문도 상상력을 발휘하여 이를 기사화하는 곳은 없었다. 오히려 객관보도 및 사실보도의 제목 하에 발표 정보에 해설을 섞어 전달하는 것에 머물렀다.

TV나 신문 보도에 질렸던 많은 사람들 가운데 중고령자는 주간지나 잡지, 신문을 거의 읽지 않는 젊은 사람들이 인터넷의 대안 미디어로부터 주로 정보를 얻었다.

포토 저널리스트인 히로가와 류이치(広河隆一) 씨나 모리스미 타카시(森住卓) 씨는 사고 발생 직후인 3월 13일 방사선 측정기를 갖고 현지에 들어가서 주민이 고농도의 방사능에 무방비 상태로 놓여있는 것을 보고했고, 15일에는 도쿄 아다치(足立)구에서의 계측 결과가 시민으로부터 보고됐다.[6] 교토대학의 이마나카 테츠지(今中哲二)는 3월 28일과 29일 이이다테무라(飯

---

6) · DAYS를 통해 본 날들- http://daysjapanblog.seesaa.net/article/190772977.html
　· DaysInternational 일본어판- http://daysjapanblog.seesaa.net/jp/?PHPSESSID=9922e013bbc8256530fa25addc1ffbf6
　· 『DAYS JAPAN』 5월호
　· 모리즈미 타가시의 포토블로그- http://mphoto.sblo.jp/
　· YouTube-3월 15일 도쿄의 방사선량 증가- http://www.youtube.com/watch?v=hMKo9ZmhEjo&feature=related

館村) 주변의 방사선 조사[7]를 실시했다. 연구자인 기무라 신조(木村真三) 씨나 오카노 유지(岡野雅治) 씨도 재해 지역 주변의 방사선량 측정조사를 실시하여 핫스팟을 지적[8]했다.

문부성이나 IAEA(국제원자력기구)도 이이다테무라의 토양 오염을 조사했고, 계획적 피난 구역으로 지정되기 3주 전인 3월 30일에는 주민피난을 권고했으나 이런 내용은 모두 TV나 신문에서 작게 다뤘고, 그 뒤 그린피스가 어패류나 해초류의 오염조사 협력을 신청하여 독자적으로 실시하여 발표[9] 했을 때의 보도 자세는 무시 그 자체였다.

이런 정보는 인터넷과 주간지 그리고 월간지에서 크게 다뤄졌다. 원자력발전소 사고 방사능 오염 재해와 같이 재해가 일회성이 아니라 계속 진행 중인 경우 TV나 신문은 그날 그날 뉴스에서 시간에 쫓기며 다루는 경향이 있으나 주간지는 정보를 세밀하게 분석해서 문제점을 제시하고 미래까지 예측하는 기능을 수행할 충분한 시간이 있다. 장기적으로 독자가 감소 추세였던 주간지였으나 방사능 오염 재해라는 특징과 정부와 도쿄전력의 발표에 의존하지 않는 독자(獨自)적인 취재, 독특한 분석, 단도직입적인 표현 그리고 과도하게 선정적인 내용도 있었지만 눈치보지 않는 비판적 언설로 인해 판매부수가 증가했고 매진이 나올 정도로 많은 사람들에게 읽혔다.

"인재"에서 "원자력촌(原子力村)"으로- 매스미디어 보도자세의 변화

방독 가스 마스크 사진에 '방사능이 밀려온다'는 제목의 'AREA' 3월 28일호는 금방 매진됐다. 영향도 커서 신문이나 인터넷으로부터 불안을 부추기는 내용이라는 비판도 빗발쳤다. 그러나 시간이 경과하여 많은 데이터

---

[7] 원자력안전그룹(Nuclear Safety Research Group)- http://www.rri.kyoto-u.ac.jp/NSRG
[8] NHK ETV특집 '네트워크로 만드는 방사능 오염 지도'(2011년 5월 15일 방송).
[9] 그린피스 후쿠시마 원자력발전소 주변, 해양조사의 결과 발표- 니코니코의 생방송- http://live.nicovideo.jp/watch/lv51016819

나 정보가 명확해지면서 안전·안심, 건강에 영향이 없다는 말과는 반대로 'AREA'나 '주간다이아몬드', '주간현대' 등의 주간지나 인터넷의 블로그나 유튜브에서 전해진 방향으로 사태가 전개됐다. 미야케지마섬 분화 재해 때의 인터넷 게시판 '어느 화산학자의 독백'과 같이 대안 미디어가 전한 방사능 재해정보가 결과적으로는 실정과 미래를 정확하게 파악했던 것이다.

    방사능 오염이 확대되고, 그 실태가 주간지나 인터넷의 세계에서 이야기될수록 사람들은 소위 원자력으로부터 거리를 두었던 학자·연구자, 원자력발전 반대자에게 귀를 기울이게 됐고, 여론은 변화했다. 이는 TV·신문에도 미묘하게 반영됐다. 3월 하순, 농산물 오염이 계속 발견되고, 수산물에의 오염 확산, 도쿄 수돗물에서도 방사능 오염이 나타났다. 매스미디어는 조금씩 안전·안심의 편견에서 벗어나 보도 자세를 바꿔갔다. 4월 2일, 고농도의 오염수 해양 유출이 판명됐고, 도쿄전력이 낮은 수치의 오염수를 당연하다는 듯이 대량으로 바다로 방출하기 시작하자 지구 규모의 오염 확대에 대한 해외로부터의 비난이 높아진 때부터 비판적 논조가 명확하게 나타났다. 이것은 기사의 용어 사용으로부터도 명확하게 알 수 있다. 아사히신문, 요미우리신문, 마이니치신문, 닛케이신문의 기사를 검색해보면 '인재(人災)'라는 키워드는 3월 14일 처음 나온 뒤, 3월 말부터 4월 중순까지 많은 날은 하루 7건 이상으로 증가했으나, 그 후에는 5월 3일의 12건을 제외하고 5건 이하로 감소했다. 이에 비해 보다 비판적 의미를 포함하는 '원자력촌'은 3월에는 16일에 처음으로 1건이 나왔으나 4월이 되면서 자주 나왔고, 5월 중순 이후는 거의 매일 1~2건 나올 정도로 증가했다(릿쇼대학[立正大學] 대학원생, 이시다 유미코[石田裕美子], 2011년 5월 조사). 신문의 논점이 사고 후 2주 이상이 경과하면서 인재로, 2개월이 지나면서는 사고를 일으킨 구조적 배경으로 옮겨갔다는 것은 말하자면 신문의 보도 관점이 변했다는 것을 의미한다.

2) 방사선 피폭 허용량의 불확실성

시벨트,[10] **베크렐**[11]**의 난해함**

재해정보는 생명 및 재산과 연관되는 가장 근원적 정보다. 그러나 방사선은 눈에 보이지 않고 냄새도 소리도 없다. 하물며 방사능 오염이나 피폭량에 관한 정보는 흰색에 가까운 불확실 정보부터 끝없이 검은색에 가까운 불확실 정보까지 폭넓은 불확실 영역을 갖고 있는 정보로 간단하게 흑백을 분간할 수 있는 것이 아니다. 따라서 사람들은 이를 어떻게 판단하여 행동할 것인지 스스로 선택해야 한다.

그러나 생각해보면 세상에는 모든 것이 불확실 정보이며 흑백이나 ○×가 분명한 것은 조금밖에 없다. 우리들은 일상생활에서 무의식적으로 리스크를 판단하여 불확실 부분에서 흑백을 분간하며 행동한다.

그럼에도 불구하고 방사선은 쉽지 않다. 이번 사고로 빈번하게 나온 시벨트, 베크렐은 지금은 일상용어가 됐다. 그러나 이전에는 전혀 익숙하지 않았던 단어였고, 자연과학을 전문으로 하는 사람 이외는 거의 이해할 수 없었다. 더욱이 반감기[12]란 경시적 변화, 핵종(核種)[13]에 기인한 차이, α선, β선, γ선[14]의 방사선 종류 차이, 내부 피폭[15]과 외부 피폭,[16] 급성 장애와 만성 장애

---

10) 시벨트(Sv)는 사람이 방사선을 쬐였을 때의 영향정도를 나타내는 단위.
11) 베크렐(Bq)은 방사능 물질이 방사선을 방출하는 능력을 측정하기 위한 국제단위.
12) 방사성 원소나 소립자 따위의 질량이 시간에 따라서 감소할 때, 그 질량이 최초의 반(半)으로 감소하는 데 걸리는 시간.
13) 원자 내 전자의 구름을 지닌 특정한 종류의 핵을 지칭하는 것으로 핵종은 흔히 양성자와 중성자의 총 수(질량수)를 나타내는 왼쪽 위첨자와 양성자 수(원자번호)를 나타내는 왼쪽 아래첨자를 지닌 원소기호로 표기된다.
14) α선은 방사선의 하나로, 알파 붕괴로 인해 방출되는 알파 입자의 흐름을 말한다. β선은 방사선의 하나로 원자핵의 베타 붕괴에 의하여 방출되는, 음전자 또는 양전자의 흐름을 말한다. γ선은 방사성 물질에서 나오는 방사선의 하나로 극히 파장이 짧은 전자기파로, 물질을 투과하는 힘이 몹시 강하다. 병원에서 환자들의 암을 치료하는 데 쓰인다.
15) 생체 내에 들어온 방사성 핵종이 발하는 방사선에 의해서 생물체가 받는 피폭.
16) 진단용의 X선 피폭처럼 생체의 외부에 존재하는 방사선원에 의한 방사선에 의해서 생물체가 받는 피폭.

등 이런 조건을 고려하여 시벨트나 베크렐을 생각하면 거의 많은 사람들은 쉽게 이해할 수 없을 것이다.

　방사선의 피폭 허용량은 불확실한 어느 지점에서 선을 그어 인위적으로 결정되며 연간 1, 20, 100, 250밀리시벨트 등 몇 가지 부분으로 선을 그어 흑백이 결정된다. 그 판단은 각각 과학적 평가를 기초로 하고 있으나 일반인으로서는 매우 알기 어렵다. 더욱이 곤란한 것은 학자, 연구자에 따라서도 평가 및 구분에 차이가 있고 대상자의 연령이나 성별, 체질이나 병력에 따라서도 다르다. 30킬로미터 지역 밖의 후쿠시마시나 코리야마시의 학교나 유치원의 운동장 이용 시의 방사선량 기준을 둘러싼 견해차로 코사코 토시소우(小佐古敏荘・내각관방참여[도쿄대학 대학원교수])가 사임한 것이 좋은 예다. 그리고 국제기준과 국내기준이 일치하지 않는 경우도 있다.

　의사를 포함하여 과학자가 건강에의 영향이란 관점에서 확률론적 데이터를 제시하지만 기준점의 확정은 행정기관 또는 개인들이 다른 위험과 비교하여 결정하기 때문에 최종적으로는 과학보다 사회, 정치, 개인에게 맡겨진다. 그 결과 다른 선택, 생활 행동이나 사회 현상을 낳는다. 이렇듯 방사능 오염에 관한 재해정보는 매우 까다로운 문제를 내포하고 있다.

　불확실 정보와 사재기・불매

　이번 재해에서는 몇 가지 특징적 사회현상도 나타났다.

　질서를 잘 지키고 자원봉사자 활동이 이제까지와는 다르게 활발했다는 점은 외국으로부터 칭찬을 받은 반면, 재해지역이 농・어촌 또는 지방 도시임에도 불구하고 자동판매기 털이나 피난가옥에서의 절도 등의 범죄가 증가하는 경향을 보였고, 사재기・불매의 소비자 행동도 현저하게 나타났다.

　사재기는 계획 정전으로 박차가 가해져서 가솔린, 건전지, 쌀과 빵, 인스턴트 라면 및 식품, 화장지, 기저귀, 설탕, 소금 등 전혀 관계없는 것까지 행해졌다. 어느 음료수 판매회사에서는 원전 폭발 직후, 계약 해지가 이어져 판매량이 급감했다. 주요 고객인 외국인이 도쿄로부터 탈출·피난했기 때문이었으나 도쿄의 수돗물에서 방사능이 검출된 이후는 반전되어 수요를 따라갈 수 없을 정도로 증가했다. 재해지역에의 지원 제공, 영유아가 있는 부모의 사재기도 있었을 것이지만, 그래도 수요를 훨씬 상회하는 사재기였다. 생산 저하로 인한 공급부족, 물류 장애가 있었다 하더라도 2부에서도 다루었고 교과서에서도 소개된 1973년 화장지 소동과 같은 양상을 보였다. 당시 영상 등을 보여주면 학생들은 믿을 수 없다는 표정을 지었지만 여기에서 얻은 교훈을 살리지 못했던 것이다.

방사능 오염이 농수산물이나 축산물로 파급되자 사재기와는 반대로 이번엔 불매가 증가했다. 잠정적이라고는 하나 기준치가 결정되자 야채, 물, 우유, 까나리, 차, 죽순·산나물의 출하 정지나 오염지에서의 방목, 쌀 재배나 목초 이용 금지 그리고 소고기, 버섯, 사슴·멧돼지의 출하·수렵 금지가 계속됐다. 더욱이 하수처리 찌꺼기 오염, 풀장과 해수욕 이용 논쟁, 원자력 발전소 주변 주민이나 공업 제품을 포함한 생산물의 방사능 오염검사 및 오염 제거, 오염물질이나 오염을 제거한 토양의 처리 문제 등 지진이나 쓰나미 재해와는 직접적 관련이 없는 전혀 다른 이제까지 경험하지 못했던 문제와 여기저기서 끊임없이 이어지는 오염의 확대·확산으로 불안이 커져갔다. 여러 가지 기준 설정이 이야기되는 가운데 사람들은 안전한지 위험한지, 어느 정도 안심해도 좋은지 그렇지 않은지 짐작이 가지 않았다. 누구의 말이나 어느 조직이나 기관이 말하는 것을 믿으면 좋은지도 알 수 없는 상황에 놓이면서 결국 주위 상황을 지켜보면서 개인이 판단해서 기준을 만들고 행동하게끔 내몰렸다. 사재기는 그 결과로 나타난 것이다.

피해지인 후쿠시마현이나 이바라키현에서는 학교 급식에서 현지 생산식품을 소비하는 것이 문제가 됐고, 필자가 살고 있는 다마(多摩) 지역에서도 후쿠시마현이나 이바라키현에서 생산된 야채가 매우 싸게 판매되고 있었음에도 불구하고 계속되는 태풍으로 공급 부족이 될 때까지 판매 상황은 극단적으로 좋지 않았다.

관광이나 여행에도 영향이 나타났다. 관광지인 후쿠시마현의 아이즈(会津) 지역은 인파가 완전히 사라졌다. 수학여행지가 변경됐고, 여름이 되면 항상 가족 여행이나 젊은 사람들로 북적되던 우라반다이(裏磐梯)도 담수어에서 방사성 물질이 검출된 호반은 한산한 모습이 됐다. 인근 호텔은 원자력발전소 사고 피해지 주민들의 피난처가 됐다. 가을이 됐지만 회복의 전망은 어둡기만 했다.

이러한 불매나 관광·여행을 자제하는 것을 간단하게 경솔한 판단이라고 할 수는 없다. '과민한 반응을 하지 않도록', '침착하고 냉정한 행동을'이라고 여러 번 호소해도 기준치는 올라만 갔다. 불확실한 부분에 대해 학자에 따라서 기준치 설정에 차이가 있게 되면 각자 나름대로의 판단에 따라 불매나 식품을 피하는 것은 당연하다. 불매나 식품을 피하는 것은 개인 레벨에서 끝나지만 어린이의 학교 교육 및 건강 문제라면 단순하게 끝나지 않는다. 문부과학성이 결정한 학교 교정의 토양 방사선 기준치 20밀리시벨트에 대해 부모나 주민이 벌인 심한 항의 및 반대 운동이 대표적 사례다. 결국 문부과학성은 그 수치를 낮추기로 했다. 위험성에 대한 정보 교환이 이뤄지고, 반대운동을 뒷받침했던 것은 바로 인터넷이었다.[17]

한편, 오염 제거는 6월경부터 오염지역의 일반주민이나 지자체에서 자율적으로 시작했고, 일본 정부도 방침을 정해 움직이기 시작했다. 오염 제거

---

17) · 미하마의 카이- http://www.jca.apc.org/mihama/fukushima/monitoring/fukushima_minitoring.htm
  · 후쿠시마 원자력발전소 사고-먼저 주변주민의 피난을!, 어린이를 지키자!, 영상다큐멘트 - http://www.eizoudocument.com/
  · SAVECHILD 방사능 오염으로부터 어린이들을 보호하자- http://savechild.net

기준은 처음에는 5밀리시벨트였으나 주민이나 지자체의 강한 요청으로 1밀리시벨트까지 내렸다. 안타깝게도 매스미디어가 1밀리시벨트를 제안, 주도한 것은 아니었다.

최종적으로는 완전하게 사고 이전의 수치까지 점점 낮추면 기준선 재설정이라는 난제는 해결되겠지만, 문제는 그때까지 시간이 오래 걸린다는 점이다. 원자력발전소 사고로 방사선량의 허용기준, 피폭 허용량에 대한 정보의 불확실성 문제가 부상됐고, 개인 및 사회가 불확실한 정보에의 대응 및 리스크 판단을 강요받았다.

4. 불확실 정보를 전제로 한 사회

1) 정상화 편견 및 공포행동화 편견

재해정보의 정보 전달과정을 고려할 때 정보의 생산·발신과 더불어 정보 수용, 평가, 판단의 중요성을 놓쳐서는 안 된다. 동일본 대지진에서도 볼 수 있듯이, 지진·쓰나미 재해와 방사능 오염 재해는 같은 정보라도 사람에 따라 받아들이는 방법이 제각각이었다. 위험을 알리는 정보를 받는 경우, 특히 정보의 신빙성에 문제가 있거나 애매한 정보 또는 불확실 정보인 경우 수용과 대응 행동에 차이가 크다.

경보나 예지정보를 받은 경우, 수신자에게는 '정상화 편견(bias)'과 '공포행동화의 편견'이란 상반된 두 가지 원리가 작용한다고 한다. '정상화 편견'이 작동하면 사람들은 사태가 절박하고 명백해질 때까지 자신은 괜찮다고 위험을 최소화한 채 경보나 예지정보를 과소평가하여 낙관적 정보를 선택적으로 수용한다. 앞에서 다루었던 신문이나 TV의 안전·안심에 치우친 방사능 오염 보도도 송신자인 주류 매스미디어가 지닌 구조적인 차원의 문제점도 있었지만 정상화 편견의 심리상황을 반영한 예라고 할 수 있다.

 '공포행동화 편견'의 경우 예지정보나 경보에 과민하게 반응하여 최대로 공포감을 갖게 되고 과도한 방어 및 피난행동에 나서 집단적으로 확산되면 패닉에 도달하게 된다. 소위 같은 정보를 한 쪽은 제한 없이 백(白)으로 낙관시하고, 한편은 제한 없이 흑(黑)으로 비관시하여 대응행동을 취하는 것이다. 이러한 것은 둘 다 맞다고도 할 수 있고 틀렸다고도 할 수 있다. 실제로는 수용자의 심리는 이 사이에서 흔들리며 움직이기 때문이다. 이 흔들림을 움직이게 하는 것, 즉 사람들의 정보수용태도와 대응행동을 좌우하는 것은 과연 무엇일까.

 개인에 따라서는 성격이나 경험·체험 등을 생각할 수 있고, 주거환경, 지형이나 지반 등도 큰 요인이다. 정보 수용은 개인이나 조직이 처한 상황에 따라서도 좌우된다. 사회적으로는 그 시기의 정치·경제·사회 상황, 이를 반영한 사회 전체의 심리 상황 및 시대의 분위기가 영향을 미친다.

 1973년 이즈섬 근해 지진 때의 여진정보 소동, 고베 대지진 때의 연속 지진 유언비어 등의 배경에는 재해 직후의 긴장되고 불안한 심리상황이 있었다. 1973년 난기(南記) 지진 쓰나미 유언비어 소동은 오일 쇼크로 인한 고도성장의 좌절이란 특수한 사회 심리상황과 시대적 분위기가 있었다. 시대와 그 사회 자체가 불안정하여 사람들이 동요하기 쉬운 심리 상황이었다.

 『화성으로부터의 침공』(H·켄드릴)도 유사했다. 1938년 화성인이 지구를 습격했다는 중계방송 형식의 라디오 드라마가 마치 아니 땐 굴뚝에 연기가 나지 않는다는 식으로 패닉에 가까운 소동을 일으킨 것은 대공황 시작의 경제적 불안 심리와 나치의 오스트리아 합병 및 침략으로 다가오는 전쟁의 발자국 소리처럼 실로 시대의 불안한 공기가 있었기 때문이라고 켄드릴이 지적했다.

 공동체가 무너지고 대중 사회화 현상이 진행되면서 매스미디어는 시대의 분위기, 사회심리상황을 반영함과 동시에 한편으로는 이를 만들어내기도 한다. 디지털 미디어 시대를 맞이하여 정보는 개인의 정리되지 않은 혼잣말까지 대규모로 전달되고 미디어와 미디어를 복합적으로 흘러 다닌다. 규범·자신감(自信感)이 상실되고 정체성이 희박해진 사람들과 사회는 이를 어떻게 받아들일까. 사람들은 불확실 정보나 신빙성이 결여된 정보에서 무엇을 묻고 어떻게 대처할지 궁금하다.

2) 불확실 정보, 미나미간토 지진예측

인터넷으로 발표된 지진예측

2003년 9월 한 개의 지진예측정보가 간토지방을 중심으로 매우 널리 퍼졌다. 어느 민간 연구자의 예측정보였으나 발표방법, 유통, 사람들의 반응 등 불확실 정보와 이에 대응하는 사회 현실의 모습을 구체적으로 보여주는 좋은 사례다.

정보발신원은 분명했다. 민간 연구자인 야스가다케난로쿠(八ヶ岳南麓) 천문대 지진전조관측센터의 쿠시다 요시오(串田嘉男) 씨가 9월 7일, 인터넷 홈페이지 상에서 공표했다. 내용은 '9월 16일·17일±2일에 M7.2±0.5의 지진이 미나미간토(南關東)에서 발생하고 큰 여진이 10월 말 전후 및 12월 말 전후에 일어난다'라는 세 가지 가설의 지진발생 가능성을 예측하는 것이었다. 전달 방법은 '센세이셔널하거나 또는 일방적으로 보도되지 않도록 모든 자세한 데이터 해석의 정보를 있는 그대로 전달하기 위해서' 인터넷이라는 미디어를 선택했다.

쿠시다 씨의 예측 방법은 FM전파를 관측하여 이상변동 현상과 지진발생과의 상관관계에 주목하여 경험적으로 지진 전조를 검지 및 예측하는 것이었으나 아직 연구의 실험 단계이기 때문에 정보는 회원에게 유료로만 보내졌다. 회원은 개인과 기업·관공서 관계자로 당시 약 1,000여 명 정도였고, 정보를 실제로 본 사람은 약 4,000명이었다. 이들은 장소 및 규모 등에서 지진이 발생하면 대재해를 초래할 수 있다는 염려에서 예측정보를 공개했다.

지진발생 전에 어떻게 FM전파에 변동이 일어나는 것인지, 쿠시다 씨 자신도 인정하고 있으나 그 메커니즘과 과학적 인과관계는 분명하지 않다. 그래서 기상청이나 지진예지연락회, 많은 지진학자는 회의적 또는 부정적이었고, 9월 10일의 정부·지진조사위원회의 기자회견에서도 기자로부터의 질문에 위원장은 과학적 근거가 없다고 답변했다. 그러나 일부 학자나 연구자들은 이 방법으로도 지진 예측이 가능하다고 지지하기도 했다.

이러한 예측정보는 신문 및 방송 등 주류 매스미디어에서는 뉴스로 보도되지 않았으나 홈페이지에서의 공표 다음날 쿠시다 씨가 30회 동안 기사를 연재한 주간아사히의 9월 8일 발매 호(9월 19일 호)에 4페이지에 걸쳐 보도됐다. 주간아사히 지면뿐만 아니라 당일 신문의 주간지 광고 및 수도권 전철 내의 광고에서도 다음과 같이 소개됐다. "9월 중순, M7.0 이상/관동 대지진 설의 정확도/민간연구자가 FM전파에서 이제까지 없었던 '이변' 관측/본지에 실린 놀라운 정보."

12일에는 쿠시다 씨를 비롯하여 전자파 전문가나 지진학자 120명이 모여 지진예측에 관한 검토회를 열었다. 검토회에 대해『마이니치신문』,『요미우리신문』,『도쿄신문』이 1단에서 3단으로 작게 보도한 것 외에도 Yahoo뉴스(마이니치신문)도 보도했다. FM도쿄의 'i·iv 뉴스'에서는 비디오 스트리밍으로 검토회 모습을 전송했다. 방송에서는 15일 아사히TV의 "J채널" 등 몇 개의 TV프로그램이나 라디오프로그램이 방송했다.

예측공표로부터 2주일 후인 20일(토) 오후 0시 54분, 치바(千葉)현 남부, 깊이 70km을 진원으로 하는 M5.8의 지진이 발생했다. 군마(群馬)현을 제외하고 수도권에서 진도 4의 진동이었다. 이미 예측정보가 널리 알려져 있었기 때문에 지진이 일어났을 때, 각지에서 동요가 일어났다. 쿠시다 씨는 이 지진이 예측결과의 오차 범위 내 지진이라고 밝혔다.

발신원까지 거슬러 올라가는 정보행동

그 해 9월 하순, 도(都)내의 3개 대학, 학생 약 600명을 대상으로 정보의 입수처·경로, 방법·수단, 정보내용, 정보에의 대응 등을 기입식으로 조사한 결과 20일까지 2주일 동안 이 지진 예측 정보를 알고 있던 학생은 약 반수인 48%에 달했다.

정보는 사람으로부터 전해진 것이 80% 이상으로 거의 대부분을 차지했으나 3분의 1 이상인 36%는 학생 스스로 직접 정보원에 접촉하여 입수했다(복수응답). 이 중에 가장 많은 것이 인터넷으로 36%이고 뉴스사이트, 인터넷 홈페이지, 인터넷 게시판이 거의 3분의 1씩이었다. TV는 31%, 신문, 버스·지하철 내 광고가 12%로 버스·지하철 내 광고가 주간지(9%)보다 높았다. 정보발신에서 큰 역할을 수행한 주간아사히의 기사를 적어도 대학생들은 전철 내 광고보다 보지 않았고 신문을 정보원으로 하는 응답에도 기사 그 자체가 아니라 신문의 주간지 광고를 열거한 응답이 몇 개나 있었다. 주간지의 신문 및 버스·지하철 내 광고의 정보전달력은 앞서 기술한 것처럼 이 조사에서도 다시 입증됐다. 이외에도 정보원은 지진연구자라는 권위자로부터의 정보, 아르바이트와 같은 직장·사업소 등 다양했다.

사람으로부터 전해진 간접정보는 친구·가족이 많았으나 전철 안 등에서 들었다는 사람도 8명(3%)에 달했다. 입수방법은 직접 대화 및 구전이 81%로 압도적이었으나 문자도 15%에 달해 정보를 전하는 매체로서 휴대전화를 중심으로 한 문자가 적지 않은 역할을 담당했다는 것을 알 수 있었다.

인터넷에서 주목할 부분은 학생 및 학생의 정보 입수처로 발신자의 홈페이지까지 거슬러 올라가 직접 지진예측정보에 접촉하는 케이스가 적지 않다는 사실이다. 발신자에게는 9월 16일까지 55만, 22일까지 92만 명의 대규모 접속이 쇄도했다고 한다. 매스미디어 보도가 적었던 이유도 있었으나 정확한 정보를 발신자에게서 구하는 행동이 적지 않았다.

무책임하고 정보의 신빙성이 결여되어 있고, 정보원이 불분명하며 더욱이 정보가 너무 많아서 잘 알 수 없다는 등 인터넷의 폐해가 자주 지적되고 있으나 이런 정보유통을 보면 적어도 조사된 대학생들은 복수의 사이트를 조사하고 옥석 혼재의 홈페이지 또는 게시판을 분별있게 구별하여 이용하고 있었다. 항간에서 지적되고 있는 것처럼 분명히 인터넷에는 여러가지 단점이 있으나 이 조사에 한해서는 부정적인 영향은 그다지 없었다.

많았던 사업소로부터의 정보와 적었던 유언비어

학생은 1인 평균 1.38개의 루트로부터 정보를 얻고 있었다. 그 중에는 지진연구소→ 초등학교 선배→ 아르바이트 선배→ 친구→ 본인의 5단계에 이르는 다층적 정보루트도 존재했다. 발신원으로부터 복합적·중층적으로 정보가 유통되는 실태를 엿볼 수 있다. 더욱이 정보유통과정의 각 부분에 문자메시지가 매개하고 때로는 국경을 넘어 광범위하게 전해지는 등 지진예측정보의 유통은 실로 디지털 미디어 시대의 특징을 단적으로 보여준다.

그러면 예측정보를 사람들은 어떻게 받아들이고 행동으로 연결했던 것인가.

그 전에 당시의 지진정보에 관한 상황을 파악할 필요가 있다. 그 해는 2번이나 일어난 미야기(宮城)현의 대지진, 게다가 관동 대지진발생 80주기로 방재의 날에 직하형 지진을 상정한 방재훈련이 실시됐고, 그 전후로 많은 TV나 신문이 지진 특집도 편성했다. 지진예측정보가 범람하는 불확실 정보환경 하에서 지진에 대한 관심이 높았던 시기에서의 예측정보였다. 그러나 기록상으로는 패닉이나 혼란스런 행동 및 반응은 볼 수 없었고 침착한 대응에 머물렀다.

정보유통의 최대 특징은 '직장·아르바이트에서 주의하라고 들었다', '아르바이트의 조례 시간에 연락을 받았다' 등 회사·사무실로부터 예측정보가 조직적으로 전달됐다는 것이다. 학생 본인뿐만 아니라 부모·친구 등을 매개한 사업소로부터의 정보전달도 많았다. 구체적으로 기업명을 명기한 곳도 많아서 엘리베이터 회사, 레저 관련기업, 편의점 등 사람이 모이고 안전이 요구되는 업종들이 대부분이었다.

그러나 이는 의외의 결과가 아니다. 앞서도 소개했으나 유료 회원을 대상으로 예측정보가 팩스로 유통되는 체제였고, 참가 회원 1,000명 중 기업 및 사업자가 많았기 때문이다. 정리된 내용을 보면 대응의 내용 및 정도는 제각각이었으나 예방적 의미에서 정보를 얻었다고 하면 기업이 리스크 관리를 위해 무엇인가 대응을 취하는 것이 오히려 당연한 것이었다. 이는 이제까지 없었던 새로운 움직임, 지진예지·예측에 대한 대응이었다. 기업·사업소로부터 또는 부모를 통한 정보는 매스미디어 보도와 달리 냉정하게 받아들이고 유통되는 경향이 강하다. 인터넷의 정보원까지 거슬러 올라가는 정보행동과 함께 지진예측이란 불확실 정보유통에서 이제까지 없는 새로운 성향이 나타났다고 할 수 있다.

정보유통과정에서 가공·변형되는 유언비어는 유통된 양의 비율에 비하면 전체적으로 적었다. '고이즈미(小泉) 수상과 황실이 도쿄에서 피신했다', '이 이야기는 혼란을 초래하기 때문에 매스미디어에는 발표하지 않는다고 도쿄대학 지진연구소가 말했다', '정보기관은 지진이 일어날 날을 알고 있으나 패닉을 예상하여 이와 같은 소문을 통해 서서히 정보를 흘리고 있다'처럼 교재에 싣고 싶을 정도로 전형적인 것을 포함해 전혀 유언비어가 없었던 것은 아니지만, 어느 것이나 이들 유언비어가 널리 유통되어 영향을 미쳤다는 흔적은 없었다.

3) 불확실 정보를 전제로 한 사회

불확실성을 그대로 전달

주류 미디어인 TV나 신문은 인터넷 정보의 신빙성과 정리되지 않은 잡다함을 비판한다. 그리고 정부는 헛소문이나 유언비어의 온상이 되면 규제하려고 한다. 분명히 동일본 대지진 때에도 트위터나 체인메일을 통해 유언비어 정보가 퍼졌다. 트위터의 소문, 스팸메일을 통한 유언비어의 빠른 유통은 인터넷 사회의 한 특징이지만 어느 것이나 큰 소동이나 패닉에는 이르지 않았다. 오히려 트위터나 메일이 그 유언비어를 진정시키는 작용을 했다. 이 외에도 많은 유언비어가 퍼졌기 때문에 정부가 주의를 호소하여 인터넷 규제의 움직임도 보였으나 유언비어는 어느 재해 시에도 자주 볼 수 있는 전형적인 것으로 정보원까지 더듬어 가보면 비교적 간단하게 진위를 판명할 수 있다.

방사능 오염은 아직 기준점을 공유하기 어려운 불확실 정보이고 다루기도 어렵다. 재해정보는 생명과 재산에 관계하는 가장 중요한 정보이며 또한 이 정보는 불확실성, 애매함을 피할 수 없다. 올포트와 포스트만이 제시한 유명한 유언비어 법칙인 'R(rumor)= 중요성(Importance)×애매성(ambiguity)'에 딱 들어맞는 전형적인 예이다.

따라서 소문이나 패닉을 초래하지 않기 위해서는 불안이나 억측을 불러일으키지 않도록 재해정보의 생산방법, 전달방법 및 수용방법이 매우 중요하다.

우선 정보의 생산방법은 소문이나 패닉을 염려하여 데이터나 정보를 조작하거나 감추지 않고 수치나 데이터를 전부 공개하고 애매함과 중요성의 정도, 불확실 정보도 분명하게 알리는 것이 중요하다. 오염 실태나 건강에의 영향에 관해 불확실한 부분이 있어도 이들 정보와 수치를 충실하게 전달하고, 과학적인 여러 가지 가설이나 해석을 있는 그대로 자세하게 소개하는 것이 소문과 유언비어의 확대나 패닉을 억제하는 것으로 이어진다.

동일본 대지진의 방사능 오염 재해에 관해서는 정보나 데이터 공개가 충분하지 않았다. 인터넷보다 앞서서 초기의 스피디(SPEEDI)나 기상자료, 알고 있는 각 지역의 오염도 공개가 필요했다. 이것이 중요한 판단 재료이고 공개되면 처음에는 당황해하더라도 신중하게 설명하고 주의를 호소하면 사람들은 신속하게 사태의 추이를 예측하여 피난을 포함하여 냉정하게 행동하는 데 도움이 됐을 것이다. 애매한 데이터라도 데이터 수가 많아지고 커버하는 지역이나 종류가 증가하면 판단재료가 될 수 있다. 토양오염, 식품오염에 관해서도 신속하게 실태를 조사하고 알고 있는 것부터 데이터를 있는 그대로 공표했어야 했다. 실제로는 TV나 신문 등의 매스미디어가 아니라 인터넷으로부터 이런 정보를 얻은 사람들의 움직임 그리고 형성된 여론이 행정기관을 움직이는 경향이 현저했다.

　방사능 오염과 성질은 다르지만 지진의 예지 · 예측의 불확실 정보에 관해서도 마찬가지다. 2003년의 미나미간토 대지진 예측 때, 정보원이 인터넷에 직접 자세하고 신중하게 근거 관측데이터와 해석 · 예측을 공개했다. 앙케이트에 대답한 학생들은 당시 어떤 의미로는 가장 인터넷에 친숙하고 숙달된 계층이었다. 많은 사람들이 발신원까지 거슬러 올라가 정보를 확인하여 이성적으로 판단했다. 사업소는 리스크 관리의 관점에서 냉정하게 예측 정보를 받아들이고 합리적으로 대응했다. 디지털미디어가 보급되면서 많은 사람들의 일상생활에 깊이 침투해 있는 현재, 인터넷 사용이 익숙해져서 관동 대지진 때와 같이 애매모호한 정보가 원인이 되어 유언비어나 패닉이 일방적으로 확대될 가능성은 낮다.

　물론 정보의 수용자인 시민이 원자력발전이나 방사능 또는 지진에 관해 그 한계를 포함하여 과학적 지식을 갖추고, 정상화 편견이나 공포 행동화 편견에 빠지지 않도록 정보수용 리터러시를 보다 향상시킬 필요가 있다. 이미 지금의 대학생들은 초등학교 때부터 수업에서 인터넷을 배우고 사용하고 있으나 교육에서 보다 이를 적극적으로 다루는 것도 필요하다.

불확실 정보를 전제로 한 사회

신문·잡지의 활자가 독점했던 매스미디어의 세계에 라디오·TV의 방송이 등장했던 것과 같이 현재 활자와 방송이 나누고 있는 미디어 세계에 기존 매스미디어와는 다른 새로운 인터넷 미디어, 소셜 미디어의 정보 세계가 생기면서 공존하는 사회가 됐다. 매스미디어는 정치·경제·사회에서 생활·문화까지 커버하는 종합적, 망라적, 일반적 정보미디어이지만 인터넷의 정보 세계는 오히려 분야가 한정적인 전문 정보에 강하다.

재해정보는 생명과 재산이 관여되기 때문에 매우 일반적이지만 동시에 기상, 화산, 지진·쓰나미, 의료 등 전문적인 정보의 성격을 지닌다. 신문이나 방송은 한정된 공간이나 시간을 채우는 것이나 인터넷은 정보의 양이나 내용의 길이로부터도 자유롭기 때문에 그 영역에서 사건이나 사고, 뉴스나 의제설정이 벌어지게 되면 매우 활성화된다. 반대로 관심이 낮아질 때에는 자연스럽게 축소 정체된다. 그리고 주제가 시대의 토픽, 사회적 관심사인 때는 활발해진다. 어떤 의미에서는 매우 높은 전문 저널리즘적 성질도 갖추고 있다.

이제까지 기존 매스미디어는 송신자가 수용자인 시민이나 사회의 얼굴을 보면서 반응이나 영향을 고려하여 정보를 내보냈다. 수용자인 시민은 한정된 정보에 영향을 받으면서도 이를 취사선택하여 신중히 헤아려서 행동했다. 디지털 시대, 소셜 미디어 시대가 되면서 사람들은 넘치는 정보를 취사선택하는 시대가 됐다. 그리고 정보가 충분하지 않은 때는 스스로 질문하여 모은 정보를 선택·고려하여 행동해야 하는 시대가 됐다.

구전이나 잡담의 경우는 언어뿐만 아니라 억양·음색·말씨, 표정 또는 몸짓·손짓, 말하는 사람의 버릇이나 인품, 직업, 담화 장소의 분위기까지 무의식적으로 읽어내며 자신의 오감을 발휘하여 커뮤니케이션을 한다. 휴대전화나 스마트폰, 소셜 미디어는 구전이나 잡담을 한 번에 글로벌 레벨까지 확대하는 상황을 낳고 감각기관의 외연화를 초래했으나 장소의 분위기를 종합적으로 판단할 수는 없다. 정보를 취사·선택, 정리, 편집하는 앱이나 툴이 개발되고 사이트도 생겨나며 시스템적으로 정비는 이뤄지고 있다. 모바일에 의해 외연화된 새로운 감각기관으로 리터러시도 익숙해지고 있다. 그러나 이는 이제 막 시작된 단계다. 이제부터 디지털 시대와 더불어 개발, 성장하며 발전할 것이다. 이런 의미에서 3·11 동일본 대지진을 경험한 현재는 매스미디어 시대 및 대중사회의 시대로부터 매스미디어와 인터넷의 공존 시대, 디지털미디어 시대라는 새로운 사회적 전환기로 접어들었다.

세상을 ○×로 모두 구분할 수는 없다. 실제로는 세상에서 100% '백(白)'과 '흑(黑)'으로 확실하게 구분할 수 있는 정보는 거의 없고 거의 대부분의 정보는 불확실하며 사회나 생활의 세분화·전문화가 진행되면서 이런 현상은 계속 증가한다. 극단적으로 말하자면 정보의 거의 대부분은 미디어가 찾아내어 만들어낸 가상이며 우리들은 그런 사회에서 살고 있다. 소위 불확실 정보가 전제인 그러한 환경에서 살고 있다. 고도정보화사회라고는 하나 재해 정보에 대해서도 불확실한 정보, 애매모호한 정보가 넘쳐나는 사회이고 이를 받아 들이고 허용하며 냉정하게 대응하는 유연하고 융통성 있는 생활 및 문화가 요구되는 시대다.

마치는 글

동일본 대지진의 쓰나미로 인한 희생자는 2만 명에 이르렀으나, 이는 대부분 막을 수 있었거나 또는 크게 줄일 수 있는 것이었다. 지진발생에서부터 쓰나미 급습까지 약 30분, 메이지(明治), 쇼와(昭和)의 산리쿠 쓰나미 때와 같이 시간적 여유가 있었고, 시간도 메이지 · 쇼와 때와는 달리 낮 시간, 게다가 쓰나미 경보가 발령되어 통지 전달체제도 작동되고 있었던 중이었다. 그럼에도 불구하고 이 정도의 희생은 어쩔 수 없었던 것일까.

다이쇼(大正) 2년에 태어나 지금의 이시마키(石巻) 출신인 모친은 생전에 자주 쇼와 산리쿠 쓰나미의 비참함을 이야기 하셨는데 살아 계시다면 뭐라고 하실까 궁금하다. 쓰나미는 이시마키시에서 최고 10m나 되어 142명의 희생자가 발생했다. '쓰나미 텐덴코'로 유명한 야마시타 후미오(山下文男)씨도 이전부터 반복해서 경종을 울렸으나(『시리즈 자연 재해를 알고 예방한다2, 쓰나미와 방재-산리쿠 쓰나미 처음과 마지막-』, 2008), 이런 체험과 전승도 활용하지 못했다.

센다이(仙台)시 와카바야시(若林)구나 나토리(名取)시, 후쿠시마 제1원자력발전소에 가까운 미나미소우마(南相馬)시나 나미에마치(浪江町) 등 평야부의 해안에서도 피해가 컸다. 쓰나미 상습지대인 리아스식 해안과는 다르다며 방심하지는 않았는지라는 생각이 든다. 오래전 사회과 시간에 확실히 그렇게 배운 것처럼 말이다.

나고야에서 근무하던 시절, 본서 2부에서 다뤘던 유언비어 소동이 일어났던 때, 난기(南紀)의 쓰나미 상습지대를 취재하여 방송했으나 도쿄에 돌아와 1975년에는 '간토 쓰나미 비화'라는 제목의 프로그램을 기획하여 도쿄대학지진연구소의 하토리 토쿠다로(羽鳥德太郎) 강사와 이즈반도의 이토(伊東)에서 보소(房総)반도까지 간토의 해안지대를 취재하면서 걸었던 적이 있었다. 또 다시 쓰나미 피해는 없을 것이라 생각하며 마지막으로 방문한 99리 해변이었으나 동일본 대지진으로 모바라(茂原)의 쥬센지(鷲山寺)에 2,154명에 달하는 쓰나미 희생자 공양탑, 쵸센무라(長生村)의 혼코지(本興寺)에 800명이나 되는 희생자의 성명을 써놓은 위패를 봤을 때 크게 놀랐다. 에도시대의 엔로크(元禄) 지진 때에는 쓰나미가 해안으로부터 2~3km까지 밀려와 보소 전체에서 6,500명이 희생됐다. 일할 사람이 없어서 기슈(紀州)에서 어민을 이주시켜 복구했다고 할 정도였다. 보소에 난기와 같은 지명이 많은 것은 아마 이때문일 것이다. 게다가 메이지 10년에는 지진도 없었는데도 쓰나미가 밀려와 희생자를 냈다. 칠레 지진과 같은 것이었다. 이를 보면 평야부의 해안이라 하더라도 결코 안전하지는 않았다.

재해는 시대와 사회에 따라 '항상 새로운 얼굴을 하고 나타난다'고도 하며 동시에 '잊을 만하면 찾아온다'라고도 한다. 지리적 위치, 지형, 지반 등 긴 안목으로 보면 지진・쓰나미, 분화, 풍수해 어느것이나 다 같은 장소에서 일어난다. 나고야에서 근무했던 시절, 난기의 재해를 조사했을 때, 미에현의 재해사(災害史)를 정리했던 기상대 직원이 한탄하는 것을 본 적이 있다. 당시 향토사 붐으로 시・정・촌 역사 편찬이 계속됐으나 사회경제사, 문화사가 중심이었고 같은 장소에서 반복해서 많이 일어나는 재해사에 대한 관심이 적어 기록이 매우 적었다는 것이다.

도시화, 고도산업화가 진행되고 사회이동이 증가하면서 지역공동체가 무너지고 재해정보를 부모 자식 간, 지역 간에 전달하는 일이 줄어들고 있다. 디지털시대, 재해정보는 신속하고 상세하고 광범위하게 복수로 유통된다. 기기도 발달하여 전달방법, 통보체제도 매우 잘 정비됐다. 예전과 비교하면 종류도 매우 많고, 문자메시지뿐만 아니라 영상이나 음성으로 또는 종이, 전자 매체에서도 대규모의 다양한 형태로 전달 및 기록할 수 있게 됐다. 이러한 기록을 기억하고, 교육 현장이나 일상생활, 지역이나 사회생활 속에서 몸에 익혀 재해대응에 활용하는 것이 무엇보다 중요하다.

지진·쓰나미, 화산 분화, 태풍이나 호우, 자연의 움직임이 아무리 거세고 사납다고 해도 피해가 전혀 없었다거나 또는 매우 적었다라고 하는 것처럼 이후에는 재해가 이런 새로운 얼굴을 하고 나타날 수는 없는 것인가. 3.11을 계기로 다시 기원해보고 싶고 이렇게 되어야 한다고 생각한다.

*

제2판 간행으로부터 약 6년, 디지털미디어의 발전과 보급이 현저하다. 이런 때 동일본 대지진이 일어났다. 이런 상황에 맞춰 이번 신판에서는 2부를 제외하고 대폭 가필 수정했다. 참고한 주요 논문은 다음과 같다.

- 「어느 지진쓰나미 유언비어소동- 요동기의 지진예지와 미디어의 정보전달」, 『방송교육개발센터-기요(紀要)』 제8호, 1993년(제2부)
- 「멀티미디어 시대의 재해정보」, 『방송학연구, 특집·고베 대지진』 No.46, NHK방송문화연구소, 1996년(주로 제3부)
- 「지진예지정보와 보도- 동일본지진 불확실 정보를 고찰한다」, 『NHK방송문화조사연 구연보』 제44집, NHK방송문화연구소, 1999년(제1부, 3부, 4부)
- 「검증·디지털 전자미디어 시대의 재해정보- 2000년 우스잔산 분화」, 『방송연구와 조사』 2000년 9월호, NHK방송문화연구소(제1부, 3부)
- 「인터넷 공간에서의 저널리즘·시론-『어느 화산학자의 독백』을 예로」, NHK방송문화연구소, 2002년 9월호(제3부, 4부)

- 「멀티미디어 시대의 보도 유통- 미나미간토 대지진예측은 어떻게 유통됐는가」NHK방송문화연구소, 2003년 12월호(제4부)」
- 「『정상화의 편견』이 발생한 원자력발전소 보도- 방사능재해의 정보 전개를 읽고푼다」, 『Journalism』 2011년 7월호, 아사히신문사(제4부)

마지막 원자력발전소 보도에 관한 부분은 2011년 6월 단계에서 정리한 것이나, 분석 내용 및 방향성을 전체적인 집필 목적에 맞게 이후의 움직임을 가필하여 4부에서 넣었다.

출판업계의 환경이 어려운 중에서 리베르다의 덴고 쓰네오(田悟恒雄) 씨가 흔쾌히 출판을 맡아주어 전면적인 도움을 받았다. 다시 한 번 감사드린다.

참고문헌

【第1部】

山下文男,『シリーズ繰り返す自然災害を知る・防ぐ2:津波と防災ー三陸津波始末ー』, 古今書院, 2008.

ＮＨＫ取材班,『ドキュメント有珠山噴火』, 日本放送出版協会, 1978.

虻田町教育委員会編,『噴火の人間記録-有珠山から感謝をこめて-』, 講談社, 1978.

同,『2000年有珠山噴火・その記録と教訓』, 物語虻田町史・別巻, 2002.

気象庁編,『火山噴火予知連絡会20年のあゆみ』, 1995.

同,『火山噴火予知連絡会最新10年のあゆみ』, 2005.

岡田弘,『有珠山 火の山とともに』, 北海道新聞社, 2008.

「検証・普賢岳災害報道」,『新聞研究』No.481, 1991.8.

「特集・普賢岳災害報道」,『月刊民放』, 1991.12.

気象庁編,『氣象百年史』, 日本氣象学会, 1985.

荻原尊禮,『地震學百年』東京大學出版会, 1982.

地震予知連絡会,『地震予知連絡会20年の歩み』, 建設省國土地理院, 1990.

浅田敏,『地震-發生・災害・予知-第2版』, 東京大學出版会, 1984.

上田清夫,『日本の地震予知』, サイエンス社, 1982.

【第2部】

中央気象台,『昭和２１年１２月２１日南海道大地震調査概報』, 1947.

三重県南部地区防災気象連絡会, 尾鷲測候所編,『三重県南部災異誌』, 1966.

和歌山県,『和歌山県災害史』, 1963.

和歌山地方気象台,『紀州災異誌』, 1968.

「伊勢湾台風調査報告」,『気象庁技術報告』第7号, 1961.

「チリ地震津波調査報告」,『気象庁技術報告』第8号, 1961.

『戦後50年朝日新聞見出しデータベース』1960－1969, 1970－1979年版, 朝日新聞, 1995.

財団法人大宅壯一文庫,『大宅壯一文庫索引目錄』, 1983.

『地震列島』, 朝日新聞社 1974.

【第3部】

ＮＨＫ放送文化研究所,「阪神大震災の放送に関する調査」,『放送研究と調査』, 1995.5.

東京大學社会情報研究所,「『阪神・淡路大震災』におけるちゅみん住民の対応と災害情報の伝達に関する調査」.

日本新聞協会研究所,「阪神大震災とメディア(主として新聞)に関するアンケート調査」,『新聞研究』No527, 1995.6.

日比野純一,「多文化・多民族社会を招くコミュニティ放送局」, 津田正夫・平塚千尋編『新版 パブリック・アクセスを学ぶ人のために』, 世界思想社, 2006.

梅田ひろ子,「『目で聞くテレビ』がめざす放送バリアフリー」, 同上書.

平塚千尋,「地域災害情報機関としてのケーブルテレビ」,『放送研究と調査』, 1995.6.

松浦哲郎,「検証3・11報道: 大震災下でラジオが命や心を支える南三陸町に立ち上げた臨災局」,『Journalism』2011.9.

「大規模災害とインターネット」,『INTERNET MAGAZINE』No.4,5, 1995.4,5.

「ある火山学者のひとりごと」, http://www.arukazan.jp/bbs/.

総務省,「大規模災害等緊急事態における通信確保の在り方―最終とりまとめ―」
http://www.soumu.go.jp/menu_news/s-news/01kiban02_02000043.html.

サーベイリサーチセンター,『宮城県沿岸部における被災地アンケート調査報告書』, 2011.

日本民間放送連盟・研究所,『東日本大震災時の役割に関する総合調査』, 報告書, 2011.

東日本リサーチセンター,『「東日本大震災」に関する調査』, http://www.erc-voice.co.jp/.

執行文子,「東日本大震災・とネットユーザーはソーシャルメディアをどのように利用したのか」,『放送調査と研究』, 2011.8, 9.

野村総研,「震災に伴うメディア接触動向に関する調査」, http://www.nri.co.jp/news/2011/110329.html.

杉本誠研,「特集・大震災報道6ケ月:ニコ動でテレビ震災報道を配信, 一足飛びに始まった協業の意味」,『Journalism』, 2011.10

眞下卓也,「特集・その時それから私たちは何を伝えたか: 大きすぎて捉えきれない―絶望と無力感のなかで, TV&Radio&Net@IWATE」,『調査と情報』, 2011.7~8.

佐藤和文,「特集・東日本大震災と報道 第4回:地域社会との新たな関係づくり―震災で一気に顕在化したネットへのニーズ」,『新聞研究』, 2011.9.

【第4部】

インプレスR&Dインターネットメディア研究所編,「震災復興 インターネット」,『インターネット白書2011』,インプレスジャパン, 2011.

山本祐介,「同, 震災におけるTwitterの動きと今後の課題」, 同上書.

阿部勝征,『巨大地震-正しい知識と備え-読売新聞社』, 読売新聞社, 1997.

宇佐美宅,『地震と情報』, 岩波新書, 1974.

東大新聞研究所,『地震余地と社会的反応』, 東京大学出版会, 1979.

同,『続・地震余地と社会的反応』, 東京大学出版会, 1981.

阿倍北夫・三隅二不二・岡部慶三編,『応用心理学講座3: 自然災害の行動科学』, 福村出版, 1988.

広瀬広忠,『巨大地震-余地とその影響-』, 東京大学出版会, 1986.

広井脩,『災害情報と社会心理』, 北樹出版, 2004.

神沼克伊・平田光司監修,『地震予知と社会』, 古今書院, 2003.

日本地震学会予知検討委員会編,『地震予知の科学』, 東京大学出版会, 2007.

島村英紀, 講談社文庫,『「地震予知」はウソだらけ』, 講談社, 2008.

R・ゲラー,『日本人は知らない「地震予知」の正体』, 双葉社, 2011.

上田誠也,『地震予知はできる』, 岩波科学ライブラリー79, 岩波書店, 2001.

地震調査研究推進本部 http://www.jishin.go.jp/main/index.html.

纐纈一起,「地震学の限界と地震災害情報」,『日本災害情報学会第13回研究発表大会予稿集』, 2011

内閣府,『平成23年版防災白書』, 2011.

徳田雄洋,『震災と情報—あのとき何が伝わったか』, 岩波書店, 2011.

武田邦彦,『放射能と生きる』, 幻冬舎新書, 211.

小出裕章,『原発はいらない』, 幻冬舎ルネッサンス, 2011.

荻上チキ, 光文社新書,『東日本大震災の流言・デマ』, 光文社, 2011.

デマサイトの検証一覧.

http://wiliki.zukerran.org/index.cgi?%a5%c7%a5%de%a4%b5%a5%a4%a5c8%b0%ec%cd%f7.

G・W・オルポート, L．ポストマン, 南博訳,『デマの心理学』, 岩波書店, 1958.

H．キャントリル, 斉藤耕二・菊池章夫,『火星からの侵入』, 川島書店, 1971.

역자후기

일본인들에게 자연재해는 삶의 일부분이다. 일본은 거의 매일 지진이 발생한다고 해도 과언이 아닐 정도로 지진발생 빈도가 높다. 태풍의 길목으로 매년 적지 않은 피해도 본다. 이뿐만이 아니다. 일본하면 온천을 떠올리듯이 일본은 아직도 활동을 멈추지 않고 있는 화산도 다수다. 그리고 지진, 태풍, 화산 등의 끊임없는 자연재해는 일본을 세계 최고 수준의 재해 대비 체계를 갖춘 국가로 만들었다.

하지만 자연의 가공할 위력은 재해를 막기 위한 인간의 노력을 한순간에 수포로 만든다. 수없이 많은 예산과 과학적 지식을 총동원해서 재해를 막고자 노력하면 어느 정도 피해 규모를 막을 수는 있어도 재해 자체를 완벽하게 막을 수는 없는 것이 현실이다. 지진으로부터 가장 잘 대비가 갖춰진 일본조차도 지난해 발생한 동일본 대지진으로 수만 명의 사람들이 목숨을 잃었다. 지진의 여파로 진원지로부터 멀지 않은 후쿠시마 원자력발전소가 피해를 입었고 심각한 방사능 노출이 이어지면서 동일본 지역 전체가 방사능 오염지역이 되고 말았다. 후쿠시마 원자력발전소의 방사능 유출로 이제 이들 지역은 더 이상 사람이 살 수 없는 불모지로 변했다. 동일본 대지진의 쓰나미 피해지역은 시간이 지나면서 점차 복구가 가능할 전망이지만 후쿠시마 원자력발전소의 방사능 유출로 오염된 이들 지역은 최소한 향후 수십 년간 사람이 접근조차 할 수 없게 됐다. 동일본 대지진으로 인한 쓰나미와 방사능 오염이 일본의 국력까지 쇠락시킬 정도로 큰 영향을 미친 것이다.

지구 온난화의 영향까지 겹치면서 자연재해의 발생 빈도와 피해 규모는 갈수록 커지는 추세다. 수마트라섬의 지진이 일으킨 쓰나미는 사망자가 20만 명에 달했다. 국내에서도 매년 폭우와 태풍으로 인한 수많은 인명 및 재산 피해가 반복되고 있다. 지난 해에는 유례 없는 집중호우로 서울의 한복판 우면산에 폭우로 인한 산사태가 발생하면서 수십 명의 사망자가 발생했다. 춘천에서도 팬션에 머물던 대학생들이 산사태로 순식간에 아까운 목숨을 잃었다. 작년 집중호우로 인한 산사태의 피해만도 인명피해 63명, 재산피해 7,477억에 달한다. 폭우와 태풍 피해만 우려되는 것이 아니다. 비교적 지진의 안전지대로 알려졌던 한국도 2012년 상반기에만 규모 2.0 이상의 지진이 31회나 기록됨으로써 이제는 지진 안전지대라는 신화가 더 이상 통용되기 어려워졌다. 그러나 재해를 준비하고 대비하는 일본인들의 노력에 비하면 우리의 재해에 대한 인식과 대비는 상당히 부족한 수준이다. 만약 동일본 대지진과 같은 재해가 우리나라에서 발생했다면 그 피해 규모는 가히 상상을 초월할 것이다.

설마 하는 인간의 방심을 비웃기라도 하듯이 지금까지 자연재해는 숱한 인명과 재산피해를 일으켜 왔고, 앞으로도 그럴 것이다. 가공할 자연재해를 막는 것은 인간의 능력 밖이다. 다만 철저한 대비를 통해 피해를 최소화할뿐이다.

동일본 대지진으로 희생된 이들을 헛되게 하지 않는 길은 동일본 대지진이 준 교훈을 살려서 똑같은 실수를 되풀이 하지 않는 것이다. 그런 점에서 『재해보도와 미디어』의 한국어판 발간은 비록 일본의 사례이기는 하지만 재해 시 미디어의 역할에 대해 체계적인 분석과 적지 않은 시사점을 제공한다는 점에서 참고할 부분이 적지 않다. 이번 한국어판 발간으로 학술적인 차원에서 재해와 미디어에 관한 본격적인 논의의 단초를 여는 계기가 되었으면 하는 바람이다.

『재해보도와 미디어』의 한국어판 발간은 수많은 분들의 도움이 없었다면 불가능했다. 가장 먼저 흔쾌히 번역서의 발간에 동의해주신 본서의 저자 히라츠카 선생님께 감사의 말씀을 드린다. 히라츠카 선생님께서는 NHK방송문화연구소의 연구원으로 재직 중일 때부터 유학생이었던 역자에게 많은 도움을 주셨다. 일본에서 개정판 발간과 거의 동시에 한국어판 발간의 기회를 갖게 된 것도 전적으로 히라츠카 선생님의 호의 덕분이다. 『재해보도와 미디어』의 번역서 발간에는 방송문화진흥회의 저술번역 지원사업이 큰 힘이 됐다. 또한 볼 때 마다 훌륭한 학자로서 좋은 저서를 써달라는 당부를 잊지 않는 도서출판 논형의 소재두 사장님께 감사의 마음을 전하고 싶다. 직장 동료이자 선후배 연구자들인 상지대학교 언론광고학부 장영민, 박용규, 배진한, 이희복, 정의철, 양문희 교수님께도 감사의 말씀을 드린다. 끝으로 항상 든든한 동반자이자 사랑하는 아내인 박재은, 벌써 아빠의 키를 훌쩍 추월할만큼 듬직하게 자란 큰 아들 원호, 아직은 천방지축인 둘째 아들 태현, 인생의 대선배이자 스승인 어머니께 이 책을 바친다.

색인

(ㄱ)

가와라판　39, 40, 41, 42, 127

게시판　21, 24, 41, 129-131, 139, 154, 158-168, 192, 197-200, 226, 235-236

경계 선언　46, 59, 203, 205, 206, 207, 208

고베 대지진　7-11, 14, 19-24, 125-127, 129, 132, 134-135, 142-143, 146-147, 149-150, 152-158, 160, 170-171, 174, 187-188, 193, 195, 203, 232, 244

공백역　53, 56, 67, 88, 95, 102

공식 계정　194, 200

공포행동화 편견　231-232

관동 대지진　54, 63-64, 67, 75, 78, 84, 86, 88, 91-93, 95, 97, 98-101, 105, 109-110, 127, 146, 187, 234, 236, 239

관측강화지역　53, 55-56, 87

구전　68, 75, 79, 121, 127, 129, 131, 137-138, 169, 174-175, 181, 183, 187, 216, 218, 235, 240

귀가 곤란　19, 171, 182-183, 205

긴급경보방송　46, 49

긴급지진속보　59

(ㄴ)

나마즈에　41

눈으로 듣는 텔레비전　146-148

니코니코 동영상　168, 177-178

(ㄷ)

데이터 방송　152-153, 161

도카이 지진　187, 196, 202, 204-209, 211-212, 214-215, 218

도카이 지진 예지정보 체계

동일본 대지진　19-21, 40, 42, 49-50, 59-60, 125, 133, 140, 143-146, 148, 150-151, 153, 168, 170-173, 175-177, 179-183, 187-191, 194, 196-197, 201, 208, 210, 218-219, 224, 231, 238, 241-244, 249-250

디지털 미디어　125, 137, 138, 140, 150, 169, 170, 187, 188, 192, 233, 236

디지털미디어　21, 188, 191, 239, 241, 244

디지털 정보격차　181

(ㄹ)

라지코　177

리아스식 해안　47, 51, 69, 71-72, 81, 83, 242

링크집　　159, 161, 163

(ㅁ)

멀티미디어　　21, 125-126, 128-129, 148,
　　244-245
메일링 리스트　　25, 139, 160-161
무로토 태풍　　42
문자방송　　125, 128, 152-153, 155
물자 부족　　118-119, 135
미나미간토 대지진예측　　245
미디어 특성　　125, 132, 136-137, 139-
　　142, 153
미야케지마섬　　162-165, 168, 198, 226

(ㅂ)

방사능 오염　　19, 22, 157, 168, 171, 182,
　　187-188, 202, 218-219, 221-223, 225-
　　231, 238-239, 249
뱅크런소동
　　도요가와 신용금고　　119

분화　　21, 24-40, 86, 96, 118, 126, 152,
　　156-168, 193, 198-199, 226, 243-244
불매　　228-230
불확실 정보　　187-190, 202, 204, 206,
　　208-212, 214, 219, 227-228, 231, 233,
　　236-241, 244
블로그　　25, 139, 146, 160, 173, 182,
　　192, 194, 196-197, 223, 226

(ㅅ)

사재기　　118-119, 187, 214-215, 228-
　　229
산리쿠 쓰나미　　20, 170, 242
소셜 미디어　　21, 125-126, 139-140,
　　142, 168, 171-174, 176, 178-183,
　　191-192, 194, 198, 200-202, 240
스마트폰　　21, 140, 175, 177, 183,
　　190-191, 240
스피디　　222, 238
쓰나미 경보　　46, 47-51, 59, 87, 213,
　　242
쓰나미 텐덴코　　40, 242

(ㅇ)

아마미 호우수해　　145
액상화　　19
여진정보　　58, 135, 210-211, 214-
　　218, 222, 232
열운　　26-34, 36-38
예지정보체제　　206
오일쇼크　　118, 120
우스잔산　　21, 24-35, 37-38, 152,
　　156-163, 165, 167, 193, 200, 244
우스잔산넷　　160-162, 200
운젠후겐다케　　27, 37-38
원세그　　140, 172
유튜브　　168, 173, 226
이세완만 태풍　　44, 70, 81-83
인터넷 저널리즘　　162, 164, 202
일기예보　　41-43, 95, 159
일본 침몰　　87, 93, 98, 120

임시재해방송국　144-145, 147, 193
SNS　21, 139, 153, 168, 172-175, 182, 192, 197

(ㅈ)
재해대책기본법　45
재해 약자　146, 183
재해용 음성 메시지　157, 179
재해정보　20-25, 27, 29, 39, 41-42, 59, 123, 125-126, 128, 132, 134-135, 137-138, 140, 142-144, 146-147, 149-153, 156, 160, 159, 165, 168, 171, 174, 177, 180, 182, 187-189, 191-193, 195-198, 200-202, 226-228, 231, 238, 240-241, 243-244, 250-251
　라이프라인 정보　157, 179
　생활 정보　23, 74, 130, 133-134, 143-144, 146, 149-152, 157, 178-179, 181, 193-195
　안부 정보　133, 145
　안부 정보　154, 178-179
　피난 정보　48, 194
전원상실　20, 150, 168-169
전조현상　53, 56, 58-59, 108, 203, 207
정보 과정　132
정보 약자　146
정보행동　125, 128-130, 235, 237
정상화 편견　231-232, 239
정전　20, 23, 42, 50, 139, 142, 150-151, 155, 169-171, 174-177, 179, 182-183, 194, 228
종말론　119-120
지역 미디어　23, 151, 195
지역미디어　12, 22, 134, 149
지역 신문　72-73, 75, 78, 104
지역신문　73-74, 76, 85, 101-103, 106, 111, 158, 194
지진　19-25, 28, 30, 34, 38-42, 44, 46-61, 63-72, 75-118, 120-121, 123, 125-130, 132-136, 139-163, 165, 167-168, 170-183, 187-191, 193-197, 201-219, 222, 224, 229, 231-245, 249-250
　관동　54, 63, 64-65, 67, 75-78, 84, 86, 88, 91-93, 95, 97-102, 105, 109-110, 127, 146, 187, 234, 236, 239
　난카이　57, 82, 84, 86
　네무로반도 연안　93, 102, 212
　니가타　22-23, 25, 52, 144, 148, 150, 181, 204, 211
　니가타 주에츠　22, 150
　니혼카이　203
　도난카이　54, 57, 61, 69-70, 75, 78-79, 81-84, 101, 204, 208
　도카치오키　53-54, 253
　도호쿠 지방　151
　미야기현 연안　50-51, 172
　샌페르난도　55
　수마트라　48, 250
　수마트라섬　250
　안세난카이　47, 57

엔슈나다(오키)-(→ 도카이-) 56,
　67, 76, 93, 95-96, 101-103, 106,
　108-110, 112-114, 117, 204, 207
　이즈오지마 근해 58
　호에 57, 65, 81
　홋카이도 25-26, 31, 33, 47-49,
　　52-53, 87-88, 96, 98, 152, 157-159,
　　161, 167, 173, 203, 212-214
　효고현 남부 155, 196
지진방재대책강화지역 58, 205
지진방재대책강화지역판정회 58
지진방재대책특별조치법 203
지진예지 51-60, 66, 86-89, 91-94,
　96-97, 108, 121, 187-188, 202-211,
　213, 215, 222, 234, 237, 244
지진조사연구추진본부 203
지진조사위원회 204, 208, 234
지하철 광고 113, 190
직전 예지 52, 58, 59, 114
직하형 지진 19, 22, 41, 56, 86, 92,
　170, 204, 236
집중호우정보 43

(ㅊ)
칠레 지진 쓰나미 44, 71, 79, 81-82

(ㅋ)
카이 지진 206
커뮤니티FM 23, 128, 139-140, 142-
　147, 150-152, 177, 193-196
　　FM나가오카 23, 144, 181
　　FM모리구치 143, 152

FM와이와이 24, 144, 146
케이블TV 23-25, 125, 128-131, 134,
　139-140, 142, 148-152, 155, 157,
　169, 193-196
　　기센누마 케이블TV 150
　　미야기케이블TV 150-151
　　산리쿠 브로드네트 150
　　엔·씨·티(NCT) 23-24, 150

(ㅌ)
태풍정보 41-43
트위터 21, 139-140, 145-146, 160,
　168-169, 172-174, 178-183, 191-
　192, 194, 196, 197, 200-201, 238
특정관측지역 52-53, 56, 88

(ㅍ)
판정회 58-59, 204, 206-207
패닉 26, 36-37, 54, 58, 118, 132,
　211-212, 214-215, 222-223, 232,
　236-239
페이스북 21, 139-140, 172-173,
　180-181
평야부 51, 83, 242-243
폭풍경보 42-43
플레이트 이론 51, 53-54
PC통신 125, 130, 134-135, 138,
　142, 153-156, 158

(ㅎ)
핫스팟 224-225
해구형 지진 187, 204, 208

해저드맵　26
허용피폭선량(피복선량기준)　220
화산류　10, 12, 25-29, 31-38, 156-157, 162, 164
화산분화 예지연락회　25, 28, 33, 37, 160, 165
화산학자의 독백　163-164, 198, 202, 226, 244
화쇄난류　26
화쇄류　253-254
화장지 소동　229
히다가와강　44-45